Roland W. Moser

Jesus Christus, der Arzt

Roland W. Moser

Jesus Christus, der Arzt

Krankheit und Heilung in der Bibel

Paulusverlag Freiburg Schweiz

Bibliografische Information der Deutschen Bibliothek
Die Deutsche Bibliothek verzeichnet diese Publikation
in der Deutschen Nationalbibliografie;
detaillierte bibliografische Angaben
sind im Internet abrufbar über
http://dnb.d-nb.de

Layout & Umbruch: Verlagsservice Esther Camenzind, Bern
Umschlagbild: Duccio di Buoninsegna (um 1255–1319).
Heilung des Blindgeborenen
Umschlaggestaltung: Maurice Greder, Freiburg Schweiz
ISBN 978-3-7228-0822-2

Inhalt

Im Gedenken an
Frau Dr. med. Claudia Omar-Amberg
Ärztin mit betenden, heilenden
und segnenden Händen
1947–2008
R.I.P.

«Seid stets bereit, jedem Rede und Antwort zu stehen, der nach der Hoffnung fragt, die euch erfüllt.»

1 Petr 3,15

«Der erste Trunk aus dem Becher der Naturwissenschaft macht atheistisch, aber auf dem Grund des Bechers wartet Gott.»

Werner Heisenberg (1901–1976)

«Mit den Gesetzen der Schöpfung befasst sich die Naturwissenschaft; mit den Absichten des Schöpfers die Religion.»

Wernher von Braun (1912–1977)
Raketenforscher

«In allem Streben und Forschen suche ich hinter dem Geheimnis des Lichtstrahls ehrfürchtig das Geheimnis des göttlichen Geistes.»

Max Planck (1858–1947)
Begründer der Quantenphysik

Dank

Für das Zustandekommen dieses Buches ist nicht nur der Autor allein verantwortlich. Es ist im Wesentlichen auch das Verdienst von Mitmenschen in seinem geistigen Umfeld und ein Geschenk geistiger Wechselwirkungen.

Mein besonderer Dank geht an Pater Dr. Benedikt Schwank OSB, Prof. em. für Neues Testament, Erzabtei Beuron. Ohne seine spirituellen Impulse wäre diese in Jesus Christus begründete Zusammenschau von Medizin und Theologie nicht entstanden. Die Frage des Arztes Jesus an den Kranken am Teich Betesda: «Willst du gesund werden?» (Joh 5,6), ist nicht eine rhetorische Frage, die schon eine Antwort enthält. Sie ist lebenswichtig und gilt auch uns.

In besonderem Maße danken möchte ich auch Herrn Dr. theol. André Flury, Spitalseelsorger am Inselspital Bern, der mich in das Alte Testament einführte und mich mit den wesentlichen Texten der Gottes- und Nächstenliebe vertraut machte. Seine Vorlesungen und Predigten haben mich zu diesem interdisziplinären dialogischen Projekt über Krankheit und Leiden, Heilung und Heil in biblischer Zeit inspiriert und ließen den Wunsch nach einer Kontextualisierung mit kritischen Fragen zur modernen Medizin keimen.

Den Herren Paul Joos und Werner Wägli habe ich es zu danken, dass «Jesus Christus, der Arzt» beim Paulusverlag Freiburg Gastrecht bekommen hat und einem größeren Leserkreis zugänglich gemacht werden konnte.

Ein besonderer Dank geht auch an Herrn Maurice Greder, Leiter des Paulusverlags, der das Werk in das Verlagsprogramm aufgenommen hat, und an Herrn Hans Thomas, Lektor, der bei der Redaktion, dem Satz und dem Layout des Manuskript keine Mühe scheute, um dem Buch zu einer sorgfältigen Ausstattung zu verhelfen.

Merzligen, am Hochfest der Gottesmutter Maria 2012

Roland Moser

Geleitwort

Vor vielen Jahren während der «Beuroner Bibeltage» erfuhr ich zu meiner Freude, dass unter den Teilnehmern auch ein Arzt aus der Schweiz war. Und wie sich herausstellte, war es ein Arzt (*Facharzt FMH für Gynäkologie und Geburtshilfe*), der noch mitten im beruflichen Leben stand, der sich daneben aber auch noch Zeit nahm für die Theologie und näherhin für die Heiligen Schriften.

Eine solche Zusammenschau von Medizin und Theologie ist mir von Kind auf vertraut. Schon meine Eltern, der Vater und auch die Mutter, waren approbierte Ärzte, heute sind es noch meine Schwester, eine Nichte und ein Schwager. Als ich später in Jerusalem lehrte, begegneten mir mehrmals Studentinnen und Studenten, die parallel Theologie und Medizin studierten. Offenbar rücken sich diese beiden Disziplinen immer näher. Dabei wissen beide, dass es neben der Verwandtschaft und dem fruchtbaren Miteinander auch klare Grenzen gibt, die von keiner Seite her überschritten werden dürfen. (Etwa bewusste Selbstlosigkeit kann niemals in Medikamenten verabreicht werden.).

Dr. med. Roland Moser betrachtet sein Arztsein als einen lebenslangen Weg, der sich seinem Ende nähere. Und da besinnt er sich zu Recht auf die letzte Ursache für diese einzigartige Geistesverwandtschaft von Medizin und Theologie: Sie ist begründet in Jesus Christus selbst, der durch seine Menschwerdung irdisches und ewiges Heil verbunden hat. Er ist unser «Heiland» geworden, er heilt uns – an Leib und Seele. In ihm fallen auch Gottes- und Nächstenliebe zusammen, da Gott selbst unser Nächster geworden ist. Alle Kirchenväter sahen in dem barmherzigen Samariter, der die Wunden des schwer Verletzten verbindet, ein Bild dieses uns heilenden Herrn, unseres Arztes.

Unter fünf exemplarisch aus dem Neuen Testament ausgewählten Heilungen finden sich nicht zufällig zuerst die Heilung der blutflüssigen Frau und die Heilung der Schwiegermutter des Petrus. Bewusst und angeregt von seinem medizinischen Fachgebiet wählt Roland Moser Frauenkrankheiten aus. In einer seiner jüdischen Umgebung geradezu revolutionär erscheinenden Weise ist Jesus mit Frauen umgegangen. So ist es gut, dass uns heute von berufener Seite diese Tatsache wieder lebendig vor Augen gestellt wird. Denn alles spricht dafür, dass wir auch in unserer Zeit umzudenken haben. Seit die weibliche Eizelle entdeckt worden ist, gibt es keinen Platz mehr für jene in der Bibel vorherrschende, patriarchalische Vorstellung vom männlichen Samen, der nur in den Ackerboden gelegt, von ihm empfangen wird. Was sonst in der Natur schon längst selbstverständlich war – bei jeder Apfelblüte sprechen wir vom Fruchtknoten und vom Blütenstaub –, das muss in der Kirche von heute offenbar immer noch erst richtig ankommen.

Die neue Sicht scheint mir ebenso umwälzend zu sein wie die neue Sicht des Weltbilds zur Zeit Galileis. Moser leistet in seinem Buch zu diesem Umdenken einen wichtigen Beitrag. Denn er zeigt uns jenen Arzt, der ohne Berührungsängste für Frauen genauso da ist wie für Männer: als ihr Heiland. Dabei weist der Autor eindrucksvoll auf, wie in Jesus das Urbild jenes göttlichen Arztes in Erfüllung geht, das schon am Sinai angekündigt wurde: «Denn ich bin der HERR, dein Arzt» (Ex 15,26).

Beuron, am Fest der Menschwerdung Gottes 2009

DR. BENEDIKT SCHWANK OSB
Prof. em. für Neues Testament

Einladung

«Ich bin der Herr, dein Arzt»
Exodus 15,26

Geburt, Gesundheit und Krankheit, Leiden und Tod, Heilung und Heil, Freude und Trauer, Hoffnung und Angst, Schuld und Sühne gehören immanent zum Leben jedes Menschen. Der Umgang damit prägt die menschliche Kultur. In der Geschichte der Menschheit gibt es viele Wege, damit umzugehen. Im christlichen Mittelalter werden sie eingebunden in den eschatologischen Weltlauf verstanden. Im Übergang von Gesundheit zu Krankheit und im Übergang von Krankheit zu Gesundheit wird im individuellen Leben des Menschen der eschatologische Prozess vom Paradies über das irdische Leben zum Tod und zur Auferstehung nachvollzogen. «Hinter jedem Kranken steht der leidende Christus (passio Christi) wie hinter jedem Arzt der heilende Christus (Christus medicus) steht» (*Engelhardt, S. 18*) (18)[1]. Das irdische Leben ist «eingebunden in den Beutel des Lebens» (1 Sam 25,29) und eingetragen im «Buch des Lebens» (Ps 69,29) zwischen Paradies und Auferstehung. Zwischen dem Paradies (constitutio), dem irdischen Leben (destitutio) und der Auferstehung (restitutio) besteht eine lebendige wechselwirkende Beziehung. Die Prädikation «restitutio (ad integrum)» wird noch heute in der Medizin verwendet. Jesus Christus lehrte und praktizierte die ganze Vielfalt von Aspekten, Zusammenhängen, Wechselwirkungen und Zugangsweisen zur Heilung und zum Heilwerden.

Vom Arzt Jesus Christus berichten ist mehr als ein historischer Rückblick. Was will der Arzt Jesus uns modernen Menschen, die wir dem Glauben an steten Fortschritt und unbegrenzte technische

1 Die in Klammer gesetzte Zahl verweist jeweils auf den entsprechenden Titel in «Verwendete Quellen».

Machbarkeit huldigen, heute sagen? *Engelhardt* nennt sechs zentrale Dimensionen von Krankheit und Leiden in ihrer Subjektivität und Objektivität, in ihrer biologischen und kulturellen Realität: Wahrnehmung, Ausdruck, Bewertung, Verhalten, Behandlung sowie soziale Reaktionen und kultureller Kontext (*Engelhardt, S. 13*) (18).

Arztsein ist ein lebenslanger Weg der Handreichung. Wenn ein Arzt dem Ende seiner Laufbahn sich nähert, so scheint es daher wohl verständlich, dass er nicht nur Rückblick auf seine eigene Tätigkeit hält, nicht nur zurückschaut, wie sich in immer rascherer Folge sein eigenes Fach entfaltet und verändert hat, sondern sich auch auf das Dauernde besinnt, das den Geist seiner Wissenschaft ausmacht. Was ist das Dauernde? Welches sind seine Wurzeln? Das Verfalldatum von dem, was man gelernt hat, hat sich beschleunigt und ein beängstigendes Ausmaß angenommen. Die moderne technisierte Medizin mit ihrer Fülle an Machbarem ist auf den interdisziplinären Dialog und die enge Zusammenarbeit mit den Geisteswissenschaften angewiesen. Zum Geist der Medizin und zum Dauernden gehören Nächstenliebe und Verfügbarkeit, wie sie Jesus Christus gelehrte und praktiziert hat.

Wir können nicht von Fakten und vom Beweiswissen, das auf Überprüfbarkeit beruht, allein leben. Die Materie des Lebens besteht nicht aus Zahlen, sondern aus Licht und Schatten, aus Freude und Trauer. Die Begriffe Krankheit und Leiden sind nicht identisch, haben aber eine gemeinsame Schnittmenge. Körperliche Leiden und Schmerz lassen sich so wenig objektiv messen wie psychisches. Ferner: Die Begriffe Krankheit und Kranke dürfen nicht gleichgesetzt werden. Krank ist der Mensch, die Person, sie ist mit einer Krankheit behaftet. Es gibt unheilbar Leidende, die keine unheilbare Krankheit haben, und Kranke, die nicht leiden. Das verpflichtet den Arzt und die Gesellschaft, zu unterscheiden zwischen Krankheit und kranken Menschen. Das Leben muss erfahren und erlitten werden. Wir leben im Vertrauen und in der Hoffnung. Der Glaube steht zwischen dem Beweiswissen und dem unverbindlichen Meinen, das kein *Beziehungsgeschehen* ist. Glaube unterscheidet sich von dem grundlosen Paradox eines «blinden Vertrauens» (infantiler Verzicht auf eine eigene Entscheidung). Glauben (lat. credere) heißt: Erkennen, anerkennen, sein Herz geben (lat. cor dare). «Glaube ist eine Urform menschlicher Erkenntnis» (*P. Albert Ziegler SJ*).

Die Wurzeln der von Jesus gelebten und von den Aposteln bezeugten Gottes- und Nächstenliebe, die Wurzeln von Glaube und Hoffnung wider alle Hoffnung finden sich im Alten Testament. Das Alte (erste) Testament enthält das höchste Gebot: Das *sch^{e}ma Jisrael* («Höre», Israel). Das sch^{e}ma Jisrael ist eines der Lieblingsgebete des Judentums, es ist das erste Gebet, das ein jüdisches Kind lernt, es ist seit Jahrtausenden integraler Bestandteil des jüdischen Gottesdienstes, und es sind die letzten Worte vieler jüdischer Märtyrer. Dtn 6,4 beginnt mit den Worten des sch^{e}ma Jisrael: «Höre, Israel! Jahwe, unser Gott, Jahwe ist einzig. Darum sollst du den Herrn, deinen Gott, lieben mit ganzem Herzen, mit ganzer Seele und mit ganzer Kraft. Diese Worte, auf die ich dich heute verpflichte, sollen auf deinem Herzen geschrieben stehen. Du sollst sie deinen Söhnen wiederholen. Du sollst von ihnen reden, wenn du zu Hause sitzt und wenn du auf der Straße gehst, wenn du dich schlafen legst und wenn du aufstehst. Du sollst sie als Zeichen um das Handgelenk binden (Teffilin). Sie sollen zum Schmuck auf deiner Stirn werden (Kipa). Du sollst sie auf die Türpfosten deines Hauses und in deine Stadttore schreiben» (Dtn 6,4–9). Das Alte Testament enthält das Doppelgebot der Gottesliebe (Dtn 6,4–9) und der Nächstenliebe (Lev 19,18). Wer sich Jahwe zuwendet, der muss sich auch in Ihm den Menschen zuwenden: «An den Kindern deines Volkes sollst du dich nicht rächen und ihnen nichts nachtragen. Du sollst deinen Nächsten lieben wie dich selbst. Ich bin der Herr» (Lev 19,18). Unter dem «Nächsten» verstand Israel vor allem den Volks- und Glaubensgenossen; doch sind nach Lev 19,34 auch alle Fremden, die Gastrecht genießen, in das Gebot der Nächstenliebe mit eingeschlossen: «Der Fremde, der sich bei euch aufhält, soll euch wie ein Einheimischer gelten, und du sollst ihn lieben wie dich selbst; denn ihr seid selbst Fremde in Ägypten gewesen. Ich bin der Herr, euer Gott» (Lev 19,34).

Jesus hat das Gesetz der Nächstenliebe in der Bergpredigt auf alle Menschen ausgedehnt (Mt 5,43), ebenso das Doppelgebot der Gottes- und Nächstenliebe im großen Gebot (Lk 10,27–28) und im Gleichnis vom barmherzigen Samariter (Lk 10,29–37). Wo findest Du größere Gottes- und Nächstenliebe als bei Jesus Christus, dem Messias, dem Gottessohn? Wo findest Du größeren Gehorsam gegenüber dem göttlichen Vater als bei Jesus, in der Tat seiner «Selbstentäußerung» (grch. kenosis), in der bewussten Annahme seines Todes um der Menschen willen? «Er erniedrigte sich und war gehorsam bis zum Tod, bis zum Tod am Kreuz. Darum hat ihn Gott über alle erhöht und ihm den Namen verliehen, der größer ist als alle Namen, damit alle im Himmel, auf der Erde und unter der Erde ihre Knie beugen vor dem Namen Jesu und jeder Mund bekennt: ‹Jesus Christus ist der Herr› – zur Ehre Gottes, des Vaters» (1 Phil 2,8–11).

Die Schola Christi als Schola Caritatis

Am Anfang steht ein leidender Mensch, der die Hilfe eines andern Menschen anruft, und der Angerufene will helfen. So war es sicherlich schon bei Menschen in urzuständlicher Kulturgruppen, von uns pejorativ «Primitive» genannt. Was steckt in diesem Verhalten? Zunächst, dass der Mensch ein soziales Wesen, ein «Zoon politikon» ist. Nur bei solchen Wesen besteht differenzierte Kommunikation, die anrufen kann, verstanden wird und Sympathie, Mitleiden erzeugt. Mitleid aber weckt Helferwillen. Es gibt kein Verstehen ohne Sympathie. Jesus versteht Krankheit als Leiden eines Menschen mit Bewusstsein, Sprache und Kontakten. Die ärztliche Tätigkeit umfasste einen großen Teil des täglichen Wirkens Jesu: Orthopraxie auf dem Fundament der Nächstenliebe, Wirksamwerden der Caritas in der tätigen Nächstenliebe, Überwindung von Polarisierung durch Liebe. Jesu Lehre und Wirken, seine Ortho-Doxie und seine Ortho-Praxie verschaffen uns einen Zugang zum «Mysterium Caritatis» (*Studer*) (86). Die Schola Christi ist auch eine Schola Caritatis. Der, der die Gottes- und Nächstenliebe lehrte und praktizierte, musste am Kreuz sein Blut vergießen. Ihm wurde keine Caritas zuteil.

Ob *Henri Dunant* in der Krypta seines Herzens an das Gebot Jesu zur Feindesliebe erinnert wurde, als er sein humanitäres Werk, das Schweizerische Rote Kreuz, gründete? Es war auch vergossenes Blut, das die Geburt des Schweizerischen Roten Kreuzes (SRK) auslöste. Am 24. Juni 1859 erkannte Henry Dunant (1828–1910) auf dem Schlachtfeld von Solferino – «Inter arma» (zwischen Waffen) – angesichts von 40'000 Verwundeten die dringende Notwendigkeit organisierter Hilfe für Freund und Feind: «Caritas» (tätige Nächstenliebe). «Inter arma caritas». Sein Stiftungswerk, dessen archetypisches Symbol, das rote Kreuz auf einem weißen Tuch, heute weltweit verstanden wird, nicht bloß als heraldische Umkehr der schweizerischen Landesfahne, sondern als Symbol für vergossenes Blut, für die Verletzlichkeit der körperlichen und seelischen Integrität des

Menschen und gleichzeitig der Bereitschaft und der Verpflichtung zu deren Wiederherstellung. Dunant erhielt 1901 den Friedensnobelpreis (*Moser*) (59).

Gerade auch durch seine *Heilungen* wird Jesus Christus, der Arzt, zum Maßstab für humanitäre Krisenintervention und Konfliktbewältigung, bald zweitausend Jahre *vor* der Gründung der Menschenrechtsorganisation Human Rights Watch (1978). Für Christen ist Matthäus 25 absolutes Kriterium (Mt 25,31–45): «Denn ich war hungrig, und ihr habt mir zu essen gegeben; ich war durstig, und ihr habt mir zu trinken gegeben; ich war fremd und obdachlos, und ihr habt mich aufgenommen; ich war nackt, und ihr habt mir Kleidung gegeben; ich war krank, und ihr habt mich besucht; ich war im Gefängnis, und ihr seid zu mir gekommen» (Mt 25,35–36). Was haben die «Gerechten» auf diese Worte Jesu geantwortet? Und was hat Jesus ihnen erwidert? Seine Antwort ist eindeutig: «Was ihr für einen meiner geringsten Brüder *getan* habt, das habt ihr mir getan» (Mt 25,40) und: «Was ihr für einen dieser Geringsten *nicht getan* habt, das habt ihr auch mir nicht getan» (Mt 25,45). Unterlassen (Passivität) ist gleichbedeutend wie Tun. Für eine Verständigung von Menschen unterschiedlicher Religionen und Weltanschauungen über ethisches Verhalten ist der von Immanuel Kant (1724–1804) formulierte Kategorische Imperativ unentbehrlich: «Handle so, dass du die Menschheit, sowohl in deiner Person als in der Person eines jeden anderen, jederzeit zugleich als Zweck, niemals bloß als Mittel brauchst.»

Der Mensch ist beseelter Leib, Person, Individuum zu jedem Zeitpunkt seines Lebens, von der befruchteten Eizelle bis zu seinem Tod. Er ist eine Person, ob gesund oder krank. Merkmal der Person ist ihr Hypostase-Sein (lat. ihre «Subsistenz»), jene Eigentümlichkeit, als geistige Natur bei sich selbst zu sein. Selbstbewusstsein, Verantwortung und Transzendenz sind die Merkmale der Person. Daher ist jede Zeitspanne, die dem Tod abgerungen werden kann, das kostbarste Geschenk, das Menschen einander geben können. Kann das der Mensch wirklich – ganz allein, ohne Gott? Die Würde der menschlichen Person ist der gemeinsame Nenner von «salus und voluntas». Diese Würde bedeutet, dass der Mensch ein absoluter Wert ist. Dann wird eins klar: Nur dort, wo es Menschenwürde gibt, gibt es auch Menschenrechte, und nur dort, wo es Menschenrechte gibt, gibt es auch Menschenwürde. Und nur dort, wo es Freiheit gibt, gibt es auch

Menschenwürde. In der jüdisch-christlichen Glaubensüberlieferung wird das Fundament gelegt von jener einmaligen Würde und Geltung des Menschen, die in seinem Verhältnis zu Gott begründet ist.

Die Personalität des Menschseins verbietet es (nicht nur dem Arzt) ein für allemal, im Individuum nur einen «Fall» zu sehen. Die bedeutenden Theologen der Tradition haben in jeweils ihrer Perspektive und Sprache das Personengeheimnis des Menschen reflektiert. Nur auf diesem soliden geistesgeschichtlichen Fundament des Menschseins (Körper, Leib, Seele, Geist, Transzendenz, Personengeheimnis) kann der anthropologische Mensch reflektiert und behandelt werden. Es sind auch unabdingbare Voraussetzungen für das Verständnis der «Zeichen der Zeit» in der Medizin, für das Erkennen und Werten von verschiedenen gesellschaftlichen Strömungen im Umgang mit Schwangerschaft, Geburt und Wochenbett, Mutterschaft, Krankheit, Schmerz, Leiden und Tod, Heilen und Heil, Wissen und Weisheit. Je mehr der Mensch von Geist bestimmt wird, umso mehr wird er lebendiger, be-geisterter Leib. ganzheitlicher Mensch. Die Komponente des bewussten leib-seelischen Mitseins ist für das Person-Werden (Ich-Annahme) des Menschen von der Kindheit an von größter Bedeutung.

Die Schola Christi als Schola Dignitatis

Die Schola Christi ist auch eine Schola Dignitatis. Die Medizin, aus Nächstenliebe und Helferwillen geboren, hat Triumphe feiern dürfen, seitdem sie die Wege angewandter Naturwissenschaft verfolgt. Es bestehen kaum Zweifel, dass moderne Medizin für unzählige Kranke und Leidende, für Opfer von Naturkatastrophen, Unfällen und Gewalt segensreich ist. Die moderne Medizin wächst jedoch mit ihren Fortschritten auch immer mehr in schwierige sittliche und weltanschauliche Fragestellungen hinein. Der Arzt wird zum interdisziplinären Grenzgänger zwischen Philosophie, Ethik und Theologie. Die naturwissenschaftliche Medizin nahm dem Tod viel Land weg, aber sie kann heute so wenig wie früher der Intuition des Arztes entbehren, sei es wo das naturwissenschaftliche Wissen noch nicht weit genug gediehen ist, sei es wo psychisches Leiden nach anderen Kategorien der Erhellung und Behandlung verlangt, als Naturwissenschaft zu bieten vermag. Heute muss man sie wieder darauf besinnen, dass

Medizin mehr als Naturwissenschaft und mehr als Heiltechnik ist. Krank ist der ganze Mensch, die Person. Diese Person ruft den Arzt um Hilfe an. Wie kommt der Arzt mit den verschiedenen Leiderfahrungen zu Rande? Ganz verschiedene interdisziplinäre Kategorien stehen zur Verfügung. Sie alle bleiben Fragment angesichts des Leidens unschuldiger Kinder.

Wie sprechen die Menschen einer Epoche oder einer Kultur untereinander oder miteinander über Krankheit und Tod? Zur Zeit Platons (427–347 v. Chr.) war Heilkunde in erster Linie Hygiene (grch. Hygieia) – «hygieinou episteme», Lehre von der Gesundheit und ihrer Erhaltung. Bei den Ärzten stand Hygieia, die griechische Göttin der Gesundheit, Gemahlin von Äskulap, höher im Rang als die heute so wirkmächtige Panakeia, die Göttin der Pharmakotherapie. Der Arzt – ein «therapeutes» – war ein dienender, aufmerksamer Begleiter.

Panakeia (Medikamente) und Chiron (Chirurgie) haben allmählich Hygieia (Diätetik) verdrängt. Ganz sanft und unbemerkt hat das reparative Denken das Verständnis von Heilung abgelöst. Zu den abertausenden, vorwiegend unnötigen Röntgenbildern die «geschossen» (!) werden, ohne dass der Patient vorher klinisch richtig und fachkompetent untersucht wurde (angeschaut, abgehört, berührt und betastet), gesellen sich abertausende, vorwiegend unnötige Medikamente. Der reparaturbesessene Chiron kämpft gegen verantwortungsbewusste Chirurgen, die sich bewusst sind, dass die *Indikation* für einen Eingriff – «Körperverletzung zu Heilzwecken» – Wissen und Weisheit erfordert, während Tun Handwerk ist. Komplikationen und Todesfälle bei hochbetagten polymorbiden Kranken lassen sich nicht mit dem Hinweis auf schwerwiegende Chirurgie begründen und rechtfertigen.

Doch Vorsicht; man täusche sich nicht: Panakeia ist nicht weniger aggressiv als Chiron. Der Arzt ist verpflichtet, gegen das Leiden vorzugehen, Krankheit anzugehen (lat. aggredere), und ihr nicht den freien Lauf zu lassen. Er ist ein «Krieger» (*Klaesi, S. 24*) (48). Kriegführung gegen Schmerz und Leiden erfordert *Aggression*, Hilfe jetzt und heute, nicht ein Zuwarten ohne Übernahme von Verantwortung. Verordnete Medikamente sind nicht indifferent. Panakeia ist für oder gegen etwas, fördert oder hemmt. Viele Medikamente sind *gegen* etwas gerichtet, daher tragen manche Gruppen das Präfix «Anti» (grch. gegen): Antiallergika, Antianämika, Antiarthrotika, Antiasthmatika, Antibiotica, Antidepressiva, Antidiabetika, Antiepileptika, Antihämorrhagika, Antihypertensiva, Antikoagulantien u. a. m. Das Wort «Aggression» hat etymologisch nicht nur die heute darunter verstandenen Facetten von Gewalt – gegen andere oder sich selbst. Auf einen Menschen zugehen und ihm die Hand reichen ist auch Aggredere. Ärztliche Aggression – das Aggredere des hippokratischen Arztes – muss so aussehen: affektfrei, strukturiert, wohlgeordnet, verantwortungsbewusst, in ethische Grenzen eingebunden, barmherzig.

Dazu ein Vergleich: Die höchste Form von Aggression begegnen wir bei *Michelangelo* (1475–1564). Bei seiner Arbeit als Bildhauer nahm der Meister der Hochrenaissance einen Meißel und einen Hammer in seine Hände und meißelte in den Marmor in aller Feinheit sein Meisterwerk, die *Pietà* von St. Peter im Vatikan, «das schönste Marmorwerk, das es heute in Rom gibt, und kein Meister kann es gegenwärtig besser machen» (*Jacobo Galli*, 1499). Welche gewaltige Polarität liegt in der Aggression des Bildhauers, in der Dosierung des Agredere im Kampf mit dem Stein, damit dieser nicht zersplittert, sondern die *Pietà* entsteht, ein Bekenntnis von persönlichem Erleben und Erleiden. Als Michelangelo den Stein bearbeitete, waren bei seinem Aggredere gegen den Marmor Meißel und Hammer in seinen Händen geführt von der Liebe und nicht von teuflischer Zerstörungswut.

Pietà

Jetzt wird mein Elend voll, und namenlos
erfüllt es mich. Ich starre wie des Steins
Inneres starrt.
Hart wie ich bin, weiß ich nur Eins:
Du wurdest groß –
… und wurdest groß,
um als zu großer Schmerz
ganz über meines Herzens Fassung
hinauszustehn.
Jetzt liegst du quer durch meinen Schoß,
jetzt kann ich dich nicht mehr
gebären.

Rainer Maria Rilke (1875–1926)
Aus: Das Marien-Leben (1912)

Nur durch Compassio des Meisters konnte die Pietà entstehen. Und so gilt auch für die Aggression des Arztes beim Umgang mit Panakeia und Chiron die Dosierungsfrage. Diese kann nicht von einem kartesianischen Denksystem übernommen werden. Es ist unverdiente Gnade, welche den Beruf zur Berufung macht. Meißel und Skalpell können zerstören und heilen. Der Chirurg verwundet und verbindet, er schneidet und schlägt, doch seine Hände heilen, denn er ist demütig und wähnt sich nicht gottgleich (vgl. Ijob 5,17–18). Der Patient stirbt nicht zu 50% oder lebt zu 50%. Er stirbt oder lebt. Der «Zufall» ist keine Erklärung, sondern der Bruder der Willkür. Der Begriff «informed consent» wurde 1957 geprägt, war jedoch sinngemäß schon in der Antike bekannt. Der Arzt muss die Last der Verantwortung tragen. Heute, in einer Medizin-Ära und Gesellschaft, wo die Arztidee in manchen Disziplinen auf den reparativen Krankheitsmanager eingeschrumpft ist, erinnert man sich mancherorts wieder an dieses heilkundliche Urwissen.

Naturwissenschaft ist nicht Natur, sondern ein Gegenstand des Menschen: Anwendung des menschlichen Denkens auf die Natur zum Zweck von deren Erforschung und der Gewinnung von Erkenntnissen. Naturwissenschaft ist an sich etwas Großartiges, ein riesiges Monument des menschlichen Geistes. Die Segnungen sind bewundernswürdig. Der potentielle Fluch liegt in der Einseitigkeit und in der Maßlosigkeit, im ungebremsten äußeren Fortschritts- und Wachstumszwang, im immer rücksichtsloser auf ökonomische Leistungssteigerung ausgerichteten Denken sowie in der Blindheit gegenüber den Grenzen und gegenüber der Sinnfrage. Die Beschränkung auf das Messbare der Materie hat dem Menschen materielle Macht von noch nie dagewesenem Umfang in die Hände gelegt.

In manchen Bereichen – auch an einzelnen Sachverhalten in der Medizin – müssen wir schmerzhaft erkennen, dass das Denken sich dem Machbaren beugen muss. Dass der Kentaur Chiron, der Halbgott der Chirurgie, nicht das Zertifikat für Heilsmacht besitzt, sollte sich allmählich herumgesprochen haben. Argumente lassen sich bei komplexen Fragestellungen immer finden. «Im heiltechnischen Betrieb eines Akutspitals lauert die Versuchung, unheilbar kranke Menschen zu verlassen – innerlich und äußerlich, ihr Sterben in ein technisches Problem zu verwandeln» (*Nager, S. 170*) (69). «Der Arzt, der bei der Visite an der Tür vorbeigeht mit der Begründung, dass man dort ja doch nichts mehr tun könne, … gibt einem ganz bestimmten und umfassenden Konzept von Zweck und Absicht der Medizin sowie vom Sinn und Inhalt der ärztlichen Aufgabe, wie er sie sieht, Ausdruck. Er bestimmt beides so, dass für ihn am Bett eines Moribunden nichts Wesentliches zu tun bleibt» (*Rössler, S. 183*) (78). Das Argument, dass die «Tötung auf Verlangen» der Leidensverkürzung diene, mag auf einen ersten flüchtigen Blick richtig erscheinen, stellt aber in Tat und Wahrheit «eine anmaßende Grenzüberschreitung dar, die weite Dämme unzulässiger Selbstherrlichkeit einreißt» (*Meves, S. 86*) (56).

Die große Tradition philosophischer Besinnung auf den Geist der Medizin und das Arzttum ist versandet. Das Erbe haben Vorstellungen von Machbarkeit und Wunscherfüllung angetreten. Wir dürfen dem Wahn des Machbaren nicht unreflektiert unterliegen. Der Mensch darf nicht alles machen, was er denken kann. Mit dem «Arztsein in unserer kranken Zeit» befasste sich schon im Jahre 1986 das IX. Kumpfmühler Symposium. In seinem Vortrag «Vom Sinnvollen in der Medizin» ermahnte *Franz Escher* die Ärzteschaft, ihr Tun und Lassen allein am ganzheitlich verstandenen Wohl der ihr anvertrauten Kranken und Leidenden zu orientieren (*Escher*) (20). Das Machbare kann besessene Selbstverwirklichung sein und weder sinnvoll noch weise. Der Drang nach Wissen entspringt einer kritisch-rationalen, verstehen wollenden Grundhaltung.

Die Physiker *Albert Einstein, Werner Heisenberg* und *Max Planck* waren ebenfalls beseelt von einem Drang nach Wissen, aber nicht nur. Sie alle kannten die Feinheiten moderner Naturwissenschaft; sie wussten aber auch um die großen Zusammenhänge und Tiefendimensionen, die uns die Geisteswissenschaften erschließen. Einzelwissen ist noch lange nicht Weisheit. Wie der weltberühmte Basler Biologe *Adolf Portmann* verspürten sie alle eine Sehnsucht nach Weisheit und nach Gott. Die Sehnsucht nach Weisheit entspringt einer irrational-mystischen, das erlösende Einheitserlebnis suchenden Grundhaltung. Mit aller Deutlichkeit stellt sich die tiefe Religiosität gegen den Atheismus einer linearen monokausalen darwinistischen Erklärung der Schöpfung. «Jedem Naturwissenschaftler, der Augen für die Schönheit der Schöpfung und den Mut zur Demut hat, muss es vor der Lieblosigkeit und daher Hässlichkeit der darwinistischen Mechanismen grauen. Gewiss spielen Mutation und Selektion in der Schöpfung eine Rolle, aber keine ausschließliche» (*Thürkauf, S. 116*) (90). Das letzte Buch, das Prof. Portmann schreiben wollte, sollte

«Die Gottesanbeterin» heißen. *Max Thürkauf* hat dieses Werk weitergeführt und im Geiste seines Meisters vollendet (*Thürkauf*) (90). Aus Liebe wird Liebe. Der Herr Jesus Christus hat es uns vorgelebt und uns zur Nachfolge aufgefordert.

Das Sprichwort «Schuster, bleib bei deinen Leisten» gilt auch für den Arzt, der sich diesem schwierigen Thema stellt. Wenn ich den Versuch trotzdem gewagt habe, dann deshalb, weil es zwischen dem Arztsein und Christsein zahlreiche tief verwurzelte Wechselwirkungen gibt, denen in unserer heutigen Gesellschaft höchste Aktualität zukommt, und weil ich meine Freude über den Glauben und den Dank über die Berufung zum Arzt mit-teilen möchte. Dazu benötige ich einen Vorschuss an Sym-pathie.

Es ist ein Wunder

Die Beschäftigung mit den vielschichtigen Fragen von Heilung und Heil ist ein fragmentarischer Beitrag zur Erschließung neuer Formeln, die sich als neue Gefühlswelten, neue Lebensperspektiven erweisen könnten. Durch ihren Symbolgehalt vereinigen sie wissenschaftliche und spirituelle Kräfte und bringen sie miteinander in Einklang. Die Arbeit wurde dadurch, so hoffe ich, zu einer Liebeserklärung, und sie gilt, da kann es keinen Zweifel geben, meinem Herrn und Lehrer Jesus Christus Medicus und dem Arzttum, der Heilkunst. Es hatte diesen stellenweise visionären Rahmen gebraucht, um mich über Wunder äußern zu können.

es ist ein wunder

es ist ein wunder
was ist ein wunder?
gezeugt zu werden
zu zeugen
geboren zu werden
zu gebären
gelebt zu werden
zu leben
geschaffen zu werden
zu schaffen

geträumt zu werden
zu träumen
geliebt zu werden
zu lieben
gebraucht zu werden
zu brauchen
gedacht zu werden
zu denken
gefühlt zu werden
zu fühlen
gestorben zu werden
zu sterben
es ist ein wunder
ist es ein wunder
es ist

Kurt Marti (52)

Die Präambel ist eine Einladung zum Nachdenken über die Wechselwirkungen dieser höchst aktuellen Fragen und zum interdisziplinären Dialog über Heilen und Heil. Was will uns Jesus Christus zu diesem Thema sagen? Was können heutige Ärzte, Pflegende, Kranke und Leidende, von Schmerz gequälte und Sterbende von Jesus Christus lernen?

Jeder Mensch ist Bürger zweier Welten, einer sichtbaren und einer unsichtbaren. Beide sind gleichermaßen *Wirklichkeiten* in unserem Leben. Naturwissenschaft ist nicht Natur, sondern Anwendung des menschlichen Denkens auf die Natur. Kulturgeschichte ist ein Weg zurück in die Vergangenheit. Wer die Gegenwart verstehen will, der muss sich in der Vergangenheit auskennen. Diese Aussage gilt in besonders hohem Maße auch für die Heilkunst, für das Arzttum und seine Geschichte. Um Theologie und Medizin zu verknüpfen, theologische und medizinhistorische Forschung im wechselwirkenden Dialog zu verflechten, muss versucht werden, den Zeitabstand zu überbrücken, damit Vergangenes Gegenwart wird. Theologisch-medizinische Beziehungen aufzeigen zu wollen beinhaltet auch die Gefahr, sich in fragwürdiger Esoterik und im Aberglauben zu verirren. Wissenschaftliche Erkenntnisse bedingen immer wieder die Anknüpfung der Vergangenheit an die Zukunft durch weise Anwendung der Gegenwart. «Die Kenntnis der Geschichte lernt relativieren: sie bewahrt vor rückwärts gewandten wie vorwärts gerichteten Utopien» (*Gasser, S. 1*) (24). Die Abhandlung steht unter dem Leitstern der Rechenschaft am Ende einer ärztlichen Laufbahn. Der Eindruck von «Polarität ist die lebendige Konstellation des Sich-Ergänzenden» (*Gebser, S. 26*) (25), die man mit unserer Ratio nicht ungestraft im Cartesianischen Dualismus gegeneinandersetzen darf.

Diese Besinnung soll im Kontext mit den Evangelien geschehen. In meinem Herzen sind Bilder von Kranken und Leidenden. Der Umgang mit Kranken und Leidenden, Erfahrung von Heilem und Unheilem, von Reinem und Unreinem, von Schuld und Sühne sind Ursprung, Motivation und Fundament zur Beschäftigung mit dem Thema. Mein(e) Beruf(ung), meine Mutter sel., meine Frau, meine Tochter und der Lobgesang einer Frau – das Magnificat (Lk 1,46–55) – weckten in mir das Bedürfnis zum Bau einer Brücke vom Ufer, wo der Hippokratische Eid angesiedelt ist, über den Fluss der Zeitwende, hinüber in das Land des Neuen Testaments, und sie waren es, die in mir den Drang für die Spurensuche nach Heilung und Heil in der Heiligen Schrift auslösten. Dazu kam der Wunsch, als Gynäkologe und Geburtshelfer nach Neuem – mir Unbekanntem – zur Rolle der Frau im Umfeld von Jesus zu suchen.

Die Suche hat sich gelohnt. Ich stieß auf frische Quellen, an denen ich mich stärken konnte und die mich für die weitere Wanderung motivierten: Walter Bühlmann, Dietrich von Engelhardt, Gisbert Greshake, Marie-Louise Gubler, Walter Kirchschläger, Frank Nager, Gianfranco Ravasi, Peter Stulz, Peter Trummer u.a.m. Ich habe sie an manchen Stellen zitiert. Durch die Literatursuche wurde ich an Leonardo da Vinci (1452–1519) erinnert: «Wer zur Quelle gehen kann, gehe nicht zum Wassertopf.»

Der Zugang zu den Heilungen Jesu erfordert zunächst eine *Begriffsklärung*, nämlich die Klärung des jüdischen Krankheits- und Leidensbegriffs sowie der Begriffe von Sünde und Sühne. Eine Begriffsklärung ist außerordentlich wichtig und hat Konsequenzen für das Verständnis. *Immanuel Kant* (1724–1804) begründet: «Gedanken ohne Inhalt sind leer, Anschauungen ohne Begriffe sind blind» (*Kant, PhB 505, B75, S. 130*) (41). Dieser Satz aus Kants «Transzendentaler Logik» ist von zentraler Bedeutung und gehört zu den bekanntesten Zitaten der «Kritik der reinen Vernunft». Unsere pluralistische Konsum- und Vergnügungsgesellschaft gebraucht vielerorts beliebige Anschauungen ohne genaue Begriffe und Gedanken ohne Inhalt, nicht nur dort, wo es um Fragen von Religion und Sünde geht, aber dort ganz besonders. Anschauungen ohne Begriffe und Gedanken ohne Inhalt gehören zu den «Zeichen der Zeit» (*GS 4*) (73).

Der Umgang mit Gesundheit und Krankheit, Heilung und Heil, Schuld und Sühne prägt die menschliche Kultur, wie einleitend schon gesagt wurde. Die genaue Definition und Unterscheidung von Sünden gegen Gott und Sünden gegen Menschen gehört zur Begriffsklärung. In der Geschichte gibt es viele Wege, um mit dem Thema Sünden umzugehen: Verdrängen, Leugnen (Schoah), Schuldgefühle. Sünden gegen Menschen sind auch Sünden gegen Gott. Aus dem Gesagten ergibt sich eine lange alttestamentliche Hinführung zu den Heilungen Jesu, in denen Matthäus einen Hinweis darauf sieht, dass Jesus als der verheißene leidende Gottesknecht die Leiden der Menschheit auf sich nimmt. Sie ist für das Verständnis der Heilungen Jesu von essentieller Bedeutung.

Spurensuche in der Bibel heißt, mit konkreten Texten arbeiten. Eine sachlich begründete Auswahl drängte sich auf. Aus dem reichen Schatz eine solche zu treffen war nicht einfach. Zudem musste von seinem Umfang her das Thema «Krankheit» eingegrenzt werden. Das bedingte für dieses Buch den Verzicht auf eine Behandlung des Themenkreises «Dämonen, Besessenheit, Exorzismus». Dazu kommt noch, dass für das Verständnis der jesuanischen Heilungen zuerst eine Darstellung des biblischen Verständnisses von Krankheit und Heilung, von Heil und der Botschaft Jesu vom Reich Gottes nötig ist. Eine solche Darstellung dient der Strukturierung. Sie ist daher an den Anfang gestellt und vor der eigentlichen «Fallbesprechung» – der Exegese der ausgewählten neutestamentlichen Texte – angesiedelt. Auch scheint es mir eminent wichtig, die Aspekte der urchristlichen Wundertaten Jesu für die Leserin und den Leser in einem kurzen Kapitel vorgängig zu klären. Und schließlich muss unter den genannten Kautelen (lat. cautela «Vor-sicht») auch der Arzt vor-gestellt werden, dem das Buch gilt: Jesus Christus, der Arzt. Nur so kann aufgezeigt werden, wie Jesus seine Botschaft vom kommenden Gottesreich nicht nur in Worten verkündete (Orthodoxie), sondern auch die Gotteserfahrung Israels («Ich bin Jahwe, dein Arzt» Ex 15,26) in die Tat umsetzte und neu erfahrbar machte (Orthopraxie). Alles in allem: eine lange Hinführung zum eigentlichen Thema und zum Kern der exegetischen Abhandlung von fünf ausgewählten exemplarischen neutestamentlichen Heilungstexten. Später werden die exegetischen Erkenntnisse mit ärztlichen Erfahrungen und mit dem Problemkreis der modernen Medizin konfrontiert. Der Epilog enthält die Schlussgedanken.

Fünf exemplarische Heilungen

«Relata refero» (Legein ta legomena)
(Ich berichte [nur] das Berichtete)
Herodot, Geschichte 7, 152, 3.
Lateinische Version
(Bartels, S. 155) (4)

Aus den zahlreichen jesuanischen Krankengeschichten wurden fünf exemplarische Heilungstexte ausgewählt. Die Auswahl der fünf neutestamentlichen Heilungstexte ist «sachlich» begründet: Zunächst einmal wurde aus körperfokussierter Sicht in der *Konkordanz* (50) nach Frauenkrankheiten gesucht. Die erste Krankenheilung Jesu findet sich bei Mk 1,29–31. Zudem begegnet uns in dieser Stelle im Evangelium zum ersten Mal eine Frau. Die «Heilung der an Blutungen leidenden Frau» aus dem Markusevangelium (Mk 5,25–34) und den synoptischen Parallelstellen im Matthäusevangelium (Mt 9,20–22) und im Lukasevangelium (Lk 8,43–48) durch Jesus gilt als eine ganz ungewöhnliche Heilung eines spezifischen Frauenleidens (Genitalblutungen) und von allen Frauenheilungen des Neuen Testaments als die schwierigste und ist trotzdem eine vielfach vernachlässigte Perikope. Bei der zweiten ausgewählten Perikope von der «Heilung der Schwiegermutter des Simon» handelt es sich um die Heilung eines unspezifischen (Frauen-)Leidens, um das «Symptom» Fieber, das auch kranke Männer und Kinder aufweisen können (Mk 1,29–31 / Mt 8,14–15 / Lk 4,38–39). Aussatz (Mk 1,40–45) und Blindheit (Mk 10,46–52) wiederum sind spezifische «Organerkrankungen». Einen ganz besonderen Stellenwert haben Jesu Heilungen am *Sabbat*. Bei der Auswahl dieser letzten exemplarischen Perikope wurden die Synoptiker verlassen und wurde einem johanneischen Text der Vorrang gegeben: «Die Heilung eines Kranken am Teich Betesda» (Joh 5,1–18). Zugrunde gelegt wurden die neutestamentlichen Zeugnisse der Wunderheilungen Jesu, wie sie in der Bibel

Exemplarische Heilungen	
Heilung der blutflüssigen Frau	Mk 5,25–34 / Mt 9,20–22 / Lk 8,43–48
Heilung der Schwiegermutter des Simon	Mk 1,29–31 / Mt 8,14–15 / Lk 4,38–39
Heilung eines Aussätzigen	Mk 1,40–45 / Mt 8,1–4 / Lk 5,12–16
Heilung eines Blinden bei Jericho	Mk 10,46–52 / Mt 20,29–34 / Lk 18,35–43
Heilung eines Kranken am Reich Betesda	Joh 5,1–18

überliefert sind. Die ausgewählten Perikopen bilden das tragende Grundgerüst jesuanischer Heilungen.

Die ärztliche Tätigkeit umfasste einen großen Teil des täglichen Wirkens Jesu. Sein Krankheitsverständnis ist umfassend: Krank sind nicht nur die körperlich Behinderten, krank sind auch Menschen, die psychisch nicht mehr zurechtkommen; krank sind Menschen, die aufgrund ihrer sozialen Stellung ins Abseits gerieten wie Zöllner und Prostituierte; krank sind Menschen, die von den übrigen wegen ihrer «Schuld» als «Sünder» geächtet wurden. Vorbehaltlos wendet sich Jesus diesen Menschen zu: Er kennt keine «Klassenmedizin», er kennt trotz gegenteiliger religiöser Vorschriften keine Kontaktängste, er kennt keine «Ansteckungsgefahr», er kennt keine gesellschaftlichen oder kultischen Ausgrenzungen und Abwertungen, wie immer sie auch begründet sein mögen. Und ganz besonders kennt er auch keine Ausgrenzungen und Abwertungen der Frauen und des Weiblichen. Jesus lässt sich gerade von «Ausgestoßenen, Befleckten, Unreinen» berühren. Damit verkündet er leibhaftig erfahrbar seinen Gott, den einen Gott, der ein Gott aller Menschen ist. Doch verkündet Jesus seine Botschaft von Reich Gottes nicht nur mit Worten, er macht die Grunderfahrung Israels («Ich bin Jahwe, dein Arzt» Ex 15,26) neu erfahrbar.

Auf den Zusammenhang von Krankenheilung und Reich Gottes wird in den synoptischen Evangelien mehrmals hingewiesen (vgl. Mt 4,23; Lk 9,1–6). Es geht in den neutestamentlichen Heilungsgeschichten nicht darum, dass Jesus auf wundersame Weise medizinisch unheilbare «Fälle» erfolgreich behandelt, vielmehr werden hier subtile und gewichtige Fragen der Person, der Individualität, der Menschenwürde berührt, bereinigt und geheilt. Die «Wunderfrage» ist komplex und vielschichtig. Ich kann den Streit zwischen Vertreterinnen und Vertretern der historisch-kritischen und der tiefenpsychologischen Exegese weder schlichten noch lösen. Der Aspekt einer «Durchbrechung von Naturgesetzen» ist dem biblischen Weltbild und seiner Vorstellung vom Wirken Gottes nicht angemessen. Theologie befasst sich nicht mit Naturwissenschaft, und Naturwissenschaft gibt keine Antworten auf letzte Fragen. Die neutestamentlichen Wunderheilungen sind in erster Linie Perikopen von Jesus Christus Medicus. Er, der Arzt, ist der eigentliche Mittelpunkt. Die Kranken kommen durch die Begegnung in eine (Schicksals-)Gemeinschaft (lat. communio, grch. koinonia) mit Jesus Christus und erhalten so Anteil an seinem Befreiungswerk von der zwingenden Macht der Sünde. Durch die Gemeinschaft mit Jesus erhalten sie gnadenhafte Gemeinschaft mit Gott. Sie bekommen Anteil an den von Gott geschenkten Heilsgütern. Sie werden aber auch frei von der vor- und außerchristlichen Unheilsära «unter dem Gesetz». Jesu Heilungen sind ein «Vorauszeichen» auf eine neue, heile Welt.

Es ging *den* Menschen um die Zeitenwende sehr schlecht. Ist das nicht eine einfache Pauschalisierung? Die Menschen zur Zeit Jesu «trugen schwere Lasten»: die Last des Gesetzes und der pharisäischen Vorschriften, das «Joch des Gesetzes» (Mt 11,28–30). Jesus hat sich dazu geäußert. Darin war Jesus ein «Grenzgänger»; er überschritt Grenzen (Mk 7,24–30; 5,34) und brachte menschliche Kontakte zustande. Jesus erkannte den Kontext zur Krankheit mit ihrem Sitz im Leben der Kranken. Die Identifikation Jesu mit den Kranken und Leidenden bewirkt Gemeinschaft. Im Spannungsfeld zwischen Leiden und Hoffen ist Gemeinschaft Erfahrung von Gnade und Tröstung. Den von Jesus bewirkten und vollzogenen Heilungen stehen die alttestamentlichen Fragen von Schuld und Sühne, von Rein und Unrein gegenüber. Ging es *allen* Menschen um die Zeitenwende sehr schlecht? *Welche* Menschen litten unter dem «Joch des Gesetzes»? *Weshalb* litten sie? *Wer* suchte den Arzt Jesus Christus auf?

Die Leviten lesen

Der Pentateuch – die ersten fünf Bücher der Bibel – bildet ein Ganzes, das von den Juden die *tora,* «Gesetz, Weisung», genannt wird. «Vieles und Großes ist uns durch das Gesetz, die Propheten und die anderen Schriften, die ihnen folgen, geschenkt worden. Dafür ist Israel zu loben wegen seiner Bildung und Weisheit» (Vorwort zum *Buch Jesus Sirach*) (7). Die Tora hatte nicht nur zu Beginn unserer Zeitrechnung ihre Bedeutung und Gültigkeit, sondern hat sie bis heute. Jesus sagte: «Denkt nicht, ich sei gekommen, um das Gesetz und die Propheten aufzuheben. Ich bin nicht gekommen, um aufzuheben, sondern um zu erfüllen» (Mt 5,17). Das Buch Levitikus (das 3. Buch Mose im Pentateuch) unterbricht gewissermaßen die alttestamentlichen Erzählungen. Es enthält fast ausschließlich Gesetze; unter vielen anderen auch die Vorschriften über Rein und Unrein (Lev 11–15) und das Heiligkeitsgesetz (Lev 17–26).

Ordnung und Anspruch

Ordnung und Anspruch sind wesentliche Aspekte des Alten Testaments. Sie regeln die Beziehung der Menschen untereinander und zu Gott. Ich zitiere *Abt Dominicus M. Meier OSB* von Königsmünster: «Gesetze, Vorschriften, Regeln – das Recht ganz allgemein durchdringt unser Leben von der Geburt bis zum Tod. … Ein Blick zurück in die Anfänge der christlichen Gemeinden zeigt, dass die Glieder der christlichen Gemeinden das Recht des römischen Reichs sicher weithin als eine ihnen fremde und feindliche Macht erlebten: Es stempelte sie zu Atheisten ab, drängte sie in den Untergrund und schuf bisweilen Märtyrerinnen und Märtyrer. Daneben übernahmen die ersten Christen aber auch rechtliche Verhaltensregeln aus dem kulturellen Erbe der jüdischen Tradition. … Die Christen erkannten die Heilsbedeutung der Gesetze und der Tradition des Alten Testamentes nicht an, sondern dokumentierten in ihren Gesetzen, dass das Heil den Gläubigen durch den Tod und die Auferstehung Christi zuteil werde» (*Meier, S. 103f.*) (53). Mit Ausnahme des Dekalogs (Zehn Gebote) haben die frühen christlichen Gemeinden nur wenige moralische Normen aus dem Judentum übernommen. Im mosaischen Gesetz (Dekalog) ist das Zusammenleben in menschlichen Gemeinschaften grundgelegt. In der *Epistula ad Diognetum* entfaltet um das Jahr 200 ein uns unbekannter Verfasser einen Grundzug des Ehelebens der Alten Kirche: «Die Christen der ersten Jahrhunderte hielten sich in ihrem Eheleben wie auch in anderen Bereichen an das Brauchtum und die Gesetzgebung ihrer Umwelt, soweit diese nicht dem Evangelium widersprachen. Die Christen heiraten wie alle ... Auf Erden weilen sie, aber im Himmel sind sie Bürger. Sie gehorchen den erlassenen Gesetzen, und mit der ihnen eigenen Lebensweise überbieten sie die Gesetze» (*Munier, S. 90*) (65).

Ordnung und Anspruch regeln auch in unserer Gesellschaft die Beziehungen und das Zusammenleben der Menschen. Es gibt Vorschriften, die eingehalten werden müssen. Das Recht (lat. ius) regelt die Beziehungen der Menschen untereinander, jedoch nicht die Beziehung zu sich selbst oder zu Gott. Recht ist im objektiven Sinn Ordnung, im subjektiven Sinn Anspruch. Der Theologe und Kirchenrechtler *Urs Brosi* schreibt dazu: «Recht und Moral stehen in einer wichtigen Verbindung zueinander, insofern das Recht das Gute und Gerechte fördern und das Übel verhindern soll. Recht und Moral haben eine Schnittmenge: Unversehrtheit an Leib und Seele. Das Recht ist eine Forderung von außen, eine Forderung der Gemeinschaft. Das Gewissen ist eine Forderung von innen. Recht kann punktuell (situativ) auch Unrecht schaffen. Keine Rechtsordnung kann alle möglichen Lebenssituationen adäquat vorhersehen und regeln» (*Brosi, S. 5f.*) (10).

Der exegetische Umgang mit den alttestamentlichen Gesetzen erfordert Respekt und Wertschätzung des Pentateuch, um nicht das christliche Humanum von der gemeinsamen Deckungsfläche von Moral und Recht zu verdrängen. Es geht bei den alttestamentlichen Gesetzen nicht nur um die Beziehung der Menschen untereinander, sondern vor allem um die Beziehung und das Zusammenleben mit JHWH (Lev 12 und 15). Das Gesetz Lev 15 gilt für Mann *und* Frau. Es bezieht sich auf die geschlechtlichen Unreinheiten – die physiologischen und pathologischen «Ausflüsse» der Urogenitalorgane – *bei-*

der Geschlechter. Gerade dieser Aspekt wird von einzelnen modernen Exegeten und Exegetinnen verschwiegen, wenn sie Lev 15,19–21 isoliert zitieren und darin ein leib- und frauenfeindliches Gesetz sehen. So gesehen, könnte Lev 15,1–18 ebenso sehr als männerfeindlich empfunden werden. Eine «zentrale Vision für eine gesündere Gesellschaft müsste in der Überwindung des destruktiven Feminismus bestehen» (*Christa Meves, S. 14*) (56). Das Alte Testament gibt uns dazu einige Richtlinien und ein Leitbild: Nicht Machtkämpfe werden uns Segen bringen, sondern gegenseitiger Respekt. Beide – *isch* und *ischscha* – sind Abbild Gottes (Gen 1,27). Das Ordnen der Welt in «rein» und «unrein» darf nicht mit einer moralischen Wertung verwechselt werden. Es geht um viel mehr, um die Beziehung zu Gott. Vielleicht sollten wir wieder einmal «die Leviten lesen» – aber nicht mit unseren eigenen Augen und vorgefassten Meinungen, sondern mit den Augen der Buchautoren, um einen besseren Zugang zu ihren Erkenntnissen zu bekommen.

Jesus kam nicht, um die Gesetze und Gebote und die Propheten aufzuheben, sondern um sie zu erfüllen (Mt 5,17–19). Jesus hat auf die alttestamentlichen biblischen Fragen angesichts des Leidens heilende Antworten gegeben und Heilung gebracht. Er kam als Salvator Hominum (JHS), als Retter und Heiler der Menschen.

Zugang zum neutestamentlichen Verständnis von Heilung und Heil

Den von Jesus bewirkten und vollzogenen Heilungen stehen die alttestamentlichen Fragen von Schuld und Sühne, von Rein und Unrein gegenüber. Dieses Verständnis setzt die Kenntnis des Alten Testaments und die Auseinandersetzung mit den konkreten Heilungstexten des Neuen Testaments voraus. Erst nach genauer Textlektüre und Verknüpfung der gemachten Beobachtungen mit theologischen Zusammenhängen erkennen wir auch den Nazarener Arzt, der die Heilungen gewirkt hat und am Kreuz sterben musste. Die biblischen Texte müssen im Kontext mit der Zeit ihrer Entstehung gelesen und verstanden und das biblische Menschenbild vor dem Hintergründ der jüdisch-christlichen Tradition betrachtet werden. Es ist jedoch unser Recht, die eigenen neu auftauchenden Fragen in das Gespräch mit der Bibel einzubringen. In einer globalisierenden

Welt ist es geboten, über den eigenen Horizont – die irdische Begrenzung des persönlichen Gesichtsfeldes – hinauszuschauen und ungeschützt Fragen zu äußern, auch wenn diese meine Fachkompetenz überschreiten. Dass ich bei den Fragen von Heilung, Heil und Unheil immer auch mein eigenes Leben reflektiere und behandle, möchte ich weder verkennen noch verschweigen.

Es ist kein Wunder, wenn in der heutigen Situation Forscher und Ärzte auf die Bibel zurückgreifen, um in der «Norma normans non normata» nach religiösen und ethischen Antworten auf ihre Fragen und Anleitungen für ihr Handeln zu suchen, denn der Wunsch von denen, die durch ihren Beruf in der Dunkelheit der Krankheit, des Leidens und des Sterbens heimisch sind, durch menschliches Tun Keime des Lichts und des Lebens aufleuchten zu lassen, wird nie aufhören, solange es Menschen gibt. Aber wie spreche ich in einer Welt des Leidens von Gott, so dass es nicht zynisch ist? Wie spreche ich am Krankenbett mit der sterbenden Mutter, mit dem sterbenden Vater, so dass es kein Gerede über Schmerz und Leiden ist wie bei den Freunden von Hiob (Ijob 5,27). Es darf keine Rechtfertigung des Leidens geben. Woran erkennt man den christlichen Arzt? Er begegnet zuerst Gott, bevor er den Kranken begegnet. Er erhebt sein Herz zu Gott, bevor er das Herz des Patienten operiert, der sich ihm anvertraut hat. Betend partizipiert er am Gottesverhältnis Jesu. Die Psychotherapeutin *Christa Meves* betet «allnächtlich für die Patienten, die sie gerade an diesem Tag mit all ihrer Sorgenlast besuchten» (*Meves, S. 71*) (56).

Der Nazarener Arzt Jesus Christus

Jesus ist kein «(Wunder-)Macher» sondern Bezugsperson, Ansprechpartner – nicht anonymes Team, heute dieses, morgen ein anderes. Jesus ist vorbehaltloses Gegenüber, das den Kranken eigenständiges Handeln ermöglicht. Die Kranken und Leidenden werden von ihm dadurch geheilt, dass sie neu dazu befähigt werden, *Person* (grch. prosopon) mit *Menschenwürde* zu sein, Mensch in leib-geistiger Einheit und Existenz mit reflexem Selbstbewusstsein. Jesus gibt ihnen das zurück, was sie verloren haben: Ich-Bewusstsein, Selbst-Bejahung, Selbst-Bestimmung in gesetzlichen Grenzen. Grenzen, die an die Benediktus-Regel erinnern: «Siehe das Gesetz, unter dem du dienen willst; wenn du es beobachten kannst, tritt ein, wenn du es aber nicht kannst, geh in Freiheit fort» (*RGB 58,10*) (76). Die Ganzheitlichkeit Jesu im Denken (Herz), in der Lehre (Orthodoxie) und im Tun (Orthopraxie seiner Hände) ist eine dauernde Herausforderung für den modernen Arzt: selber immer Mensch sein und den Kranken das Menschsein ermöglichen, selber beseelter Leib sein und ein ungeteiltes Herz und Hände haben, die handeln. Die Hilferufe, die Klagen, die Bitten von Notleidenden bekommen einen neuen Klang, der inniger und drängender ist, seit der Mensch angesichts des Bundesmahles Jesu, des Kreuzes und der Auferstehung die unermessliche Liebe Gottes erfahren hat. Nur was angenommen ist, kann geheilt werden.

Am Anfang steht ein leidender Mensch

Die Suche nach einer Auswahl exemplarischer Texte ist kein einfaches Unterfangen und wird in jedem Fall persönliche Neigungen widerspiegeln. Die Konkordanz kann bei der semantischen Textanalyse helfen, auch *quantitative* Aspekte von Krankheit, Leiden und Tod zu gewinnen. Häufig verwendete Worte («Schlagworte») und Wendungen können ihren Stellenwert hervorheben, widerspiegeln aber auch die Schreibweise des Verfassers. Der unkritische Bibelleser kann den (falschen) Eindruck gewinnen, dass im Alten Testament nur eine große «Not» herrscht: «Zorn» und «Blut» dominieren (lat. dominus)! Das Wort «Not» kommt in der Bibel insgesamt 189-mal vor, 154-mal im Alten Testament und 35-mal im Neuen Testament. «Unrein» ist ein belastendes Problem; es kommt 179-mal vor. «Krank»heit indessen ist mit 27/22 praktisch ausgewogen. Von den 111 Texten, die «Wunder» (Zeichen) erzählen, finden sich 38 im Neuen Testament usw. An dieser Stelle habe ich eine große Tabelle – «Schlagworte» im Zusammenhang mit Krankheit und Heilen (geordnet nach der Häufigkeit im Neuen Testament) – wieder aus dem Manuskript entfernt. Ich kam zur Überzeugung, dass gegenüber solchen «Fallzahlen» gewisse Vorbehalte anzumelden sind und dass eine solche Aufstellung uns in der Sache wohl kaum wesentlich weiter bringt. An die Stelle von quantitativem Messen muss *qualitatives* Werten treten.

Ich bin daher leicht beunruhigt, wenn ich mir vergegenwärtige, dass ich die ausgewählten exemplarischen Beispiele von Wunderheilungen Jesu analysieren und deren komplexe Exegese entfalten will und dass mein Essay zudem als Brücke dienen soll, auf der interdisziplinäre Handreichung und Verständigung zwischen Theologie und Medizin geschehen kann. Ich möchte dieser Aufgabe gerecht werden beziehungsweise ihr gewachsen sein, denn an sich wäre mein Thema durchaus als Passage geeignet, als Übergang von der wissenschaftlichen Realität der Medizin zur geistigen Sphäre der Theologie. Mein Unbehagen in Bezug auf die Übergangsfunktion meiner Abhandlung hat wenig mit der Sache – mit dem Arztberuf und der Medizin – zu tun als vielmehr mit dem Zweifel, ob mein Thema auch ein Thema für die Leserin und für den Leser ist. Das Experiment wenigstens möchte ich wagen.

Am Anfang steht ein leidender Mensch, der die Hilfe eines anderen Menschen anruft, und der Angerufene will helfen. Will er wirklich helfen? Diese Frage stellt sich nicht nur uns. Es war auch eine Frage um die Zeitenwende, in jener Zeit, in der Jesus seine Wunder wirkte. Das Neue Testament überliefert uns im Gleichnis vom barmherzigen Samariter (Lk 10,30–37) zu dieser Frage zwei aktuelle gesellschaftliche (Krankheits)-Bilder: Das erste Bild: «Er sah ihn und ging weiter» (Lk 10,31–32). Das zweite Bild: «Dann kam ein Mann aus Samarien, der auf der Reise war. Als er ihn sah, hatte er Mitleid, ging zu ihm hin, goss Öl und Wein auf seine Wunden und verband sie» (Lk 10,33–34). Ein weiteres Bild aus der heutigen Zeit, ein tägliches Bild in unseren Städten soll die beiden biblischen Situationsbilder ergänzen: Ich sehe einen bettelnden, drogenabhängigen jungen Menschen mit seinem Hund in der Spitalgasse in Bern (nicht auf dem gefahrvollen Weg von Jerusalem nach Jericho) am Boden sitzen. Sehen heißt wahrnehmen! Es gibt verschiedene Voraussetzungen, um dieses traurige Bild, «was ein Gegenstand der Empfindung ist, und eine intensive Größe hat» (*Kant, PhB 505, B208, S. 265*) (41), wahrzunehmen und in diesem Menschen den leidenden und hilfebedürftigen Mitmenschen zu sehen. Würde sich Jesus abwenden und weitergehen, oder würde er stehen bleiben? Warum gehe ich weiter? Es gibt mehrere Bedingungen der Möglichkeit von *Erkenntnis*; Erkenntnis, die nicht allein den Philosophen, Psychologen und Theologen interessiert, sondern ebenso sehr auch den modernen Arzt interessieren muss:

– Die philosophische Bedingung: das «Dreierteam» der Erkenntnis: Sinne + Verstand + Vernunft. Die regulativen Prinzipien der leitenden Vernunft mit ihren «Soll-Vorschriften», in deren Anwendung ich frei bin (Freiheit des menschlichen Willens)
– Die biologische Bedingung: sehende Augen, die Fähigkeit zu visueller (sinnlicher) Wahrnehmung
– Die psychologische Bedingung: z.B. das schlechte Gewissen angesichts meiner vollen Einkaufstaschen, mit denen ich am Bettler vor dem Burgerspital («Christo in pauperibus» steht über dem Portal) vorbeigehe
– Die theologische Bedingung: Gleichnisse in der Verkündigung Jesu, z.B. vom reichen Mann und vom armen Lazarus [hebr. Eleazar «Gotthilf»] (Lk 16,19–31).

Anrufen geschieht verbal oder averbal. Der leidende Gesichtsausdruck eines Menschen ist ein Appell. Die *Wahrnehmung* der Person des leidenden Mitmenschen ist die Voraussetzung für Zuwendung und Hilfe. Nur Erfahrung gestattet es dem Arzt, Krankheiten zu klassifizieren und Krankheitsbilder abzugrenzen. Jesus Christus, der Arzt, will uns dabei helfen. Er will uns helfen, monokausales lineares Denken zu überwinden. Der Glaube bricht die eindimensionale Gegenwart auf und lässt lineares monokausales Denken bewusstwerden. Die Wunderheilungen Jesu, von denen das Neue Testament spricht, sind keine Durchbrechungen von Naturgesetzen. Sie haben aber auch nichts gemeinsam mit sogenannten Spontanheilungen, wie sie auch moderne Medizin kennt. Jesu Heilungen haben ganz andere Aspekte des Heilens: sozio-kulturelle-religiöse Aspekte. Es sind Aspekte, die auch nicht der Esoterik oder der Alternativ- oder Komplementärmedizin zugeordnet werden dürfen. Es sind auch nicht medizinische «Spitzenleistungen» nach heutiger Vorstellung technisch-chirurgischer Macher. Oder sind es doch «Spitzenleistungen», weil sie dem christlichen Arzt das Blickfeld für andere Sichtweisen von Leiden, Heilung und Heil öffnen, weil sie aufzeigen, dass «Kranksein und Heilen nicht bloß eine private Angelegenheit Einzelner sind, dass der Umgang mit Krankheit und Heilung eine politische Bedeutung hat» (*Eigenmann, S. 62/66*) (16/17)?

Umgang mit Krankheit und Heilung hat auch heute eine politische Bedeutung. Im Vordergrund stehen jedoch nicht mehr die biblischen Aspekte. Der Politiker sagt: «Krankes Gesundheitswesen».

Der Dichter deutet: «Unserer Krankheit schwer Geheimnis schwankt zwischen Übereilung und zwischen Versäumnis» (*Goethe*). Im Spannungsfeld moderner Medizin prallen Größe und Gefährdung, Gesinnung und Haltung aufeinander. Heute ist dieses Spannungsfeld zu einer Zerreißprobe geworden – und auch Ansporn zu ethischer Reflexion: eine Gratwanderung. Wird es uns gelingen, eine begehbare Brücke zu bauen zwischen Machbarem und Wünschbarem? Willst du gesund werden? (Joh 5,6).

Damit wird die «Diagnosenliste» *wesentlich* – um etwas Wesentliches – erweitert. Zu den etwa vierzigtausend Krankheitsdiagnosen kommt im neuen Gewand wieder die alttestamentliche Frage des Menschen nach seiner Beziehung zu Gott: «Ich bin der Herr, dein Arzt» (Ex 15,26). Die Beziehung zwischen Gott und dem Menschen ist die Arzt-Patienten-Beziehung im Alten und Neuen Testament und auch im Heute und Jetzt. Damit tauchen Fragestellungen auf, welche nach dem Zusammenhang von Krankenheilung und Reich Gottes suchen und neue, ganz andere Wege für therapeutisches Handeln aufzeigen könnten.

> *«Kein Mensch kann leben ohne ein dauerndes Vertrauen zu etwas Unzerstörbarem in sich.»*
> Franz Kafka (1883–1924) (40)

Das Unzerstörbare im Menschen und in der Schöpfung wahrnehmen, darin liegt auch in unserer Zeit das uneingeschränkte Wunder der Heilungen Jesu, «denn von der Größe und Schönheit der Geschöpfe lässt sich auf ihren Schöpfer schließen» (Weish 13,5). Vision und Motivation zum Arztsein «sub specie regni Dei». Es gibt kein Gedeihen der Arbeit ohne Anbindung an den Schöpfer.

Krankheiten im Alten Orient

«Wie lange noch, Herr, vergisst du mich ganz? Wie lange noch verbirgst du dein Gesicht vor mir? Wie lange noch muss ich Schmerzen ertragen in meiner Seele, in meinem Herzen Kummer Tag für Tag? Wie lange noch darf mein Feind über mich triumphieren? Blick doch her, erhöre mich, Herr, mein Gott, erleuchte meine Augen, damit ich nicht entschlafe und sterbe, damit mein Feind nicht sagen kann: «Ich habe ihn überwältigt», damit meine Gegner nicht jubeln, weil ich ihnen erlegen bin. Ich aber baue auf deine Huld, mein Herz soll über deine Hilfe frohlocken. Singen will ich dem Herrn, weil er mir Gutes getan hat» (Psalm 13).

Im Alten Orient hat es praktisch die gleichen Krankheiten gegeben wie heute. Die Klagen und die vertrauensvollen Bitten tönten gleich wie unsere Klagen und Bitten, wie unser Vertrauen, unsere Hoffnung, unsere Dankgebete. Ich zitiere dazu meinen Lehrer *Prof. Hans Goldmann*: «Auch damals litt man an Schwindsucht und Rheuma, man starb an Wassersucht und Krebs. Kindbettfieber und Epidemien rafften die Menschen in ihrer Blüte dahin. Alle die Kranken und Leidenden schrien nach Hilfe, Hilfe die nur möglich ist durch Verstehen des Krankheitsgeschehens, Verstehen jetzt und heute, nicht in Jahrhunderten. So musste sich der Arzt zu seinem spärlichen Wissen eine vollständige Theorie, ja eine Philosophie von Gesundheit und Krankheit machen, die jede Krankheit begreifen ließ und Anweisung für therapeutisches Vorgehen gab. Die Theorie war diffus, so diffus, dass sie schwer zu widerlegen oder zu beweisen war, aber gerade darum vieles, ja alles zu erklären schien. Bestand sie zwei Generationen, so war sie geheiligte, unumstößliche Wahrheit.

Nirgends so sehr wie an der Geschichte der Medizin kann man lernen, wie falsch es ist, zu meinen, dass wir in unserem Wissen stetig fortschreiten. Vielmehr glauben wir immer, zu wissen. Der Neuerwerb echten Wissens ist stets mit einer Sisyphusarbeit an Überwindung alten – geheiligten – Scheinwissens verknüpft. Wie schwer ist der Weg gerade in der Medizin mit ihrem ehrwürdigen und durchaus berechtigten Grundsatz: «primum non nocere». Schade ich nicht, wenn ich anders handle als große Vorfahren? Dazu kommt noch, dass, was bisher nicht geheilt werden konnte, bald die Etikette «unheilbar» bekommt. Das ist ungefähr das Schlimmste, was geschehen kann; denn es stempelt den, der sich gegen eine solche Krankheit versucht, zum Phantasten und den, der ihr den Lauf lässt, zum ernsten Vertreter der Zunft. Dabei ist die Frage durchaus berechtigt, woher wir den Mut nehmen, zu glauben, alles verstehen und alles beeinflussen zu können. Doch das ist eine metaphysische Frage, die wohl kaum zwingend beantwortet werden kann» (*Goldmann, S. 7f.*) (28).

In der Alten Welt ist jede Krankheit das Werk dämonischer Kräfte. Dämonen oder Götter können alle Arten von Krankheiten und Übeln schicken. Die Art der Krankheit ist für die Menschen jener Zeit nur von recht untergeordnetem Interesse. «Der erzürnte Gott oder Geist, der versöhnt oder gebannt werden muss, interessiert. Wenn man erkennt, *wer* das Leiden erzeugt, ist der erste Schritt zur Heilung getan: Denn dann liegt es in der Macht des Menschen, dem Unheil wirkungsvoll entgegenzutreten, indem man die beleidigte Gottheit versöhnt» (*Goldmann, S. 6*) (28). Es ist ein weiter Weg von diesen Vorstellungen, die noch heute die Krankheitsauffassung urzuständlicher Völker und Menschen – von uns Primitive genannt – beherrschen, zu den Sätzen, die die hippokratische Schrift über die heilige Krankheit, die Epilepsie, einleiten: «Sie scheint mir», sagt *Hippokrates*, «in nichts göttlicher oder heiliger als die anderen Krankheiten, sondern hat den gleichen Ursprung wie die andern.» Mit solcher Haltung beginnt im Grunde moderne Heilkunde. Man wäre versucht, nun damit fortzufahren, Krankheit allgemein zu definieren. Das ist schwer. Wichtiger für unsere Gedankengänge ist es, die Tätigkeit des Arztes zu umschreiben: Krankheit vermeiden und Kranken zu helfen. Jesus Christus war Arzt «sub specie regni Dei»!

Ich bin der Herr, dein Arzt

«Ich bin der Herr, dein Arzt» (Ex 15,26) heißt es im Alten Testament «in einer Selbstprädikation Gottes gegenüber Israel angesichts des

Auszugs aus Ägypten, und deshalb werde Israel keine jener Krankheiten erleben, die Ägypten getroffen haben» (*Kirchschläger, S. 109*) (47). Fünfhundert Jahre vor Christi Geburt, ohne Kenntnis des Dekalogs (Ex 20,1–21) und ohne Wissen um ein göttliches Gebot der Liebe des Nächsten, wie es das 3. Buch Mose (Lev 19,18) postuliert und Jesus in der Bergpredigt neu betont und erweitert hat (Mt 5,43–45), schwört der griechische Arzt den *Hippokratischen Eid*: nach bestem Wissen und Vermögen seine Kunst nur zum Heile der Kranken anzuwenden, niemandem tödliches Gift zu reichen, auch nicht, wenn er darum bittet; auch keinen Rat über solche Gifte zu erteilen; keine Abtreibungsmittel zu geben; nie Patienten sexuell zu missbrauchen; Geheimnisse, die sein Beruf ihn erfahren lässt, strikte zu bewahren. Die hippokratischen Ärzte dienten unter dem «Gesetz» ihres Eides. So waren schon im klassischen Altertum alle Ansätze gegeben, den Geist neuzeitlicher Medizin anzubahnen. Diese Tradition wurde erfolgversprechend vom Hellenismus aufgenommen und weitergeführt. Naturphilosophen hatten postuliert, dass nur das Denken den Menschen vom Tier unterscheidet. Hellenistische Ärzte trieben eifrig Anatomie und Physiologie am Tier.

Da brachen jüdisch-christliche Gedanken in die hellenistische Welt ein, und damit tauchten Probleme auf, die man bisher nie in Erwägung gezogen hatte. Was ist der *Sinn* von Krankheit, Elend und Tod im Heilsplan Gottes? Die einfache Formel der Sündenvergeltung wird schon im Buch Ijob (27,5) abgelehnt. Also muss Krankheit in Gottes Ratschluss einen anderen Sinn haben. Vielleicht soll uns nur Gelegenheit zu Mildtätigkeit und zu Erbarmen gegeben werden; vielleicht soll durch Krankheit des Menschen Kraft erprobt werden, Prüfungen zu bestehen. Vielleicht ist uns Menschen Gottes Plan überhaupt nicht verständlich.

Seht ihr nicht das Rebmesser in meiner Hand?

Vom Arzt Lukas stammt das Sprichwort «Arzt, heile dich selbst!» (Lk 4,23). So ist es kein Wunder, dass immer schon Ärzte Hand angelegt haben, um angesichts des aufwühlenden Problems, jetzt und augenblicklich helfen zu müssen, die Grundwissenschaften voranzutreiben, wenn gesichertes Wissen ungenügend war. Darf aber ein Arzt den Willen Gottes, verstanden oder unverstanden, durchkreuzen, indem er sich vermisst, Krankheiten – nicht durch demütige Bitte um göttliche Gnade, sondern durch menschliches Handeln – heilen zu wollen?

Das Problem und der Versuch, es zu lösen, sind sehr schön in einem talmudischen Midrash behandelt, den *Hans Goldmann* in seiner Rektoratsrede erzählt hat: «Rabbi Ismael und Rabbi Akiba gingen durch die Straßen Jerusalems. Ein Mann ging ihnen nach, um etwas von ihrem gelehrten Gespräch zu erlauschen. Sie trafen einen Kranken. ‹Meister›, sagte der zu den Rabbis, ‹was muss ich tun, um geheilt zu werden?› ‹Das und das musst Du tun, und Du wirst genesen›, antworteten sie. Da mischte sich der Mann ein, der jenen nachgegangen war. ‹Wer sandte diesem armen Mann die Krankheit?› Sie antworteten: ‹Der Heilige, gepriesen sei er.› Da sagte der Mann: ‹Ihr mischt Euch in etwas, was Euch nichts angeht. Gott hat gestraft, und ihr wollt heilen! Handelt Ihr nicht gegen seinen Willen?› ‹Was ist Dein Beruf?›, fragten darauf die Rabbis. ‹Ich bin ein Landmann, seht Ihr nicht das Rebmesser in meiner Hand?› ‹Wer schuf den Weinberg?›, fragten sie ihn. ‹Der Heilige, gelobt sei sein Name.› Da sagten die Weisen: ‹Du schaltest in dem Weinberg, der nicht Dein ist? Er schuf den Weinberg und Du schneidest die Reben.› Der Bauer antwortete: ‹Würde ich nicht gehen und alles Unkraut schneiden und wegräumen, sicherlich gäbe der Weinberg nicht die geringste Frucht.› ‹Dann, Du Narr, hast Du nicht bei Deiner Arbeit gehört, was geschrieben steht: Des Menschen Tage sind wie das Gewächs der Felder. Genau wie der Weinstock ohne Pflege nicht gedeiht und Frucht trägt, sondern stirbt, so ist es mit des Menschen Leib. Der Mensch braucht Kräuter und der Arzt, der ist der Winzer.›» (*Goldmann, S. 9f.*) (28).

Trotz aller klugen Versuche, das Arzttum zu rechtfertigen, blieben Ambivalenz und Missbehagen. Geistlicher Trost und Mildtätigkeit gegenüber den Kranken waren wichtiger als tatkräftige Fortsetzung der hellenistischen Tradition, die erst allmählich, fragmentarisch und verzerrt über arabische und hebräische Übersetzungen wieder in der abendländischen Welt Eingang fand. Dann aber wurde jedes Wort als unumstößliche Wahrheit betrachtet, und nicht einmal der Augenschein (Autopsie) war imstande, offensichtliche Irrtümer zu korrigieren. Die große medizinische Tradition war versandet. Erst der frische Wind der Renaissance gab neue Impulse. Es bedurfte aber großen Mutes, meist begleitet von den schwersten Gewissensqualen, von den «geheiligten» Vorschriften abzuweichen und neue Wege zu suchen. Ständige Gewissensnöte beim Beschreiten neuer Wege gehören zur Haltung des echten Arztes, zugleich mit der Verpflichtung, diese neuen Wege zu suchen, wenn die alten versagt haben. Jene inneren Konflikte haben nichts mit Religiosität zu tun. Als eine Forderung von innen hat jedoch das Gewissen eine wesentliche Schnittmenge mit dem Evangelium. Für Christen ist Matthäus 25 absolutes Kriterium (Mt 25,31–45).

Vom Joch des Gesetzes

Wer die Frage nach den Krankheiten zur Zeit Jesu zu beantworten sucht, der muss sich zunächst mit der wesentlich komplexeren Frage nach den *Ursachen* der Leiden und des Unheil-Seins der Menschen jener Zeit befassen. Denn krank ist nicht nur der Körper vieler Menschen, sondern auch der Körper der Gesellschaft, der Körper eines ganzen Volkes, der Körper Israels. Kranksein und Leiden jener Zeit sind vielschichtig und entstammen einem umfassenden theologalen und soziokulturellen Verständnis. Woran litten denn die Menschen jener fernen Zeit? Was sind die Ursachen von Krankheit, Leiden und Tod? Medizinhistoriker und Ärzte fragen nach Diagnosen und Ätiologien. Doch «nicht die Diagnose einer Krankheit, sondern das Leiden des Kranken und seine Probleme stehen in biblischer Zeit im Vordergrund. Das Kranksein spielt sich – mit Ausnahme genau umschriebener ansteckender Krankheiten (wie z.B. Aussatz), die von den Priestern kontrolliert wurden – in einer Grauzone ab, wo menschliche Erfahrungen, traditionelle Vorstellungen und Vorurteile sowie vitale Interessen der Volksgemeinschaft es dem Kranken schwer machen, seinen Zustand anzunehmen. Kranksein ist grundsätzlich Symptom eines ‹Unheilszustandes›; und dieser Unheilszustand hat seine Ursache» (*Gubler, S. 57*) (34).

Doch bevor in einem umfassenden Sinn nach den Ätiologien (griech. aitia, Ursache) von den Krankheiten des Menschen und der Gesellschaft, von Kranksein, Unheil, Heilung und Heil gesucht werden kann, müssen die Probleme erkannt, also doch eine Diagnose (grch. Unterscheidung, Erkenntnis) der Übel gestellt werden. Nur so wird es möglich sein, dem Mitmenschen kausale Hilfe oder Abhilfe zu vermitteln oder zu bringen und Unheil in Heil zu verwandeln. Es geht also zunächst um die Analyse gesellschaftlicher Instanzen, um kulturelle, religiöse und ideologische Deutungsstrukturen und politische Machtstrukturen, neben den medizinischen, psychiatrischen, psychologischen und sozialen Fragen von Krankheit und Leiden (*Eigenmann*) (16). Krankheit ist ein äußerst vielschichtiges Phänomen: «Wo ein Mensch in irgendeiner Weise in seiner Vitalität, seiner Zeit, seinem Lebensraum, seiner sozialen Stellung oder seiner Gottesbeziehung beeinträchtigt und eingeschränkt wird, ist er krank» (*Gubler, S. 57*) (34). Die alttestamentliche Gottesbeziehung prägte die Menschen. Welchen Stellenwert hat die Beziehung zu Gott für den modernen Menschen, für die pluralistische Gesellschaft heute noch? Es gibt ein dringliches «Zeichen der Zeit» (*GS 4)* (73): zu erkennen, dass Sünden gegen Menschen auch Sünden gegen Gott sind.

Die Person des Kranken stellt eine Einheit dar, in der alle Teile in Wechselwirkung stehen: einst und jetzt. Es lässt sich ohne Simplifizierung kein krankes Organ allein betrachten. Vor allem begreift der Kranke sich selbst als Einheit, die vom Psychischen her dominiert wird. Jede auch noch so banale Krankheit ist eine Beeinträchtigung des Lebens. Die physische und psychische Schmerzgrenze, bei der ein leidender Mensch die Hilfe eines anderen Menschen anruft, ist individuell und von seiner Person und seinem ganzem Umfeld abhängig. Wann ist diese Grenze erreicht, wo der Kranke in der Klage um Hilfe schreit, wenn sein Leben als «einziges Gut» bedroht ist: «Herr, wie lange noch wirst du das ansehn? Rette mein Leben vor den wilden Tieren, mein einziges Gut vor den Löwen!» (Ps 35,17)?

Es gab und gibt Kranke, die nicht leiden, und Leidende, die nicht krank sind. Der Psychiater *Jakob Klaesi* formulierte in seiner Berner Rektoratsrede 1950: «Nicht jeder mit einer unheilbaren Krankheit Behaftete ist auch ein unheilbar Leidender, aber viele von diesen letztgenannten haben keine unheilbare Krankheit. Diejenigen, welchen eine an sich heilbare Störung zur Ursache einer immer tiefer greifenden dauernden Schwäche, Hinfälligkeit und Verkümmerung wird, sind in der überwiegenden Mehrzahl, die andern, die trotz einer unheilbaren Krankheit nicht lebensuntüchtig werden, erfreulicherweise häufig, denn eine unheilbare Krankheit ist nicht ohne Weiteres ein Siechbett, sie ist ein Prüfstein – nicht eine unüberwindliche Schranke, sondern ein Tor zu einer neuen Welt, – nicht ohne Weiteres ein Fluch, vielmehr eine Aufgebot der allerinnerten, ureigensten, wertvollsten Kräfte – und eine Berufung» (*Klaesi, S. 3*) (48).

Die Menschen zur Zeit Jesu «trugen schwere Lasten»: die Last des

Gesetzes und der pharisäischen Vorschriften, das «Joch des Gesetzes». Das sagt das neutestamentliche biblische Zeugnis (Mt 11,28–30). Das alttestamentliche «Joch des Gesetzes» ist ein bei den Rabbinen häufiges Bildwort. Mehrere Perikopen des Alten Testaments verwenden es in einem weisheitlichen Zusammenhang, verbunden mit der Vorstellung von der leichten Mühe und vom Finden der Ruhe:

- «Bring deine Füße in ihre Fesseln, deinen Hals unter ihr Joch! Beuge deinen Nacken, und trage sie, werde ihrer Stricke nicht überdrüssig! Mit ganzem Herzen schreite auf sie zu, mit voller Kraft halte ihre Wege ein! Frage und forsche, suche und finde! Hast du sie erfasst, lass sie nicht wieder los! Denn schließlich wirst du bei ihr Ruhe finden, sie wandelt sich dir in Freude. Ihre Fessel wird dir zum sicheren Schutz, ihre Stricke werden zu goldenen Gewändern. Ein Goldschmuck ist ihr Joch, ihre Garne sind ein Purpurband» (Sir 6,24–30).
- «Beugt euren Nacken unter ihr Joch, und nehmt ihre Last auf euch! Denen, die sie suchen, ist sie nahe, und wer sich ihr ganz hingibt, findet sie. Seht mit eigenen Augen, dass ich mich nur wenig bemühte, aber viel Ruhe gefunden habe» (Sir 51,26–27).
- «In meinem eigenen Land will ich Assur zerschmettern, ich will es auf meinen Bergen zertreten. Dann wird sein Joch von ihnen genommen, und seine Last fällt von ihrer Schulter» (Jes 14,25).
- «Ich will doch lieber zu den Großen gehen und zu ihnen reden; denn sie kennen den Weg des Herrn, das Recht ihres Gottes. Doch auch sie haben das Joch zerbrochen, die Stricke zerrissen» (Jer 5,5).
- «Gut ist es für den Mann, ein Joch zu tragen in der Jugend» (Klgl 3,27).

Bei der Verwendung der Richtschnur der historisch-kritischen Exegese im Umgang mit Texten des Alten Testaments sind Respekt vor anderen Kulturen und Vorsicht geboten.

Das Joch auswechseln

Jesus kannte dieses Joch sehr genau. Er rief die Beladenen zu sich: «Kommt alle zu mir, die ihr euch plagt und schwere Lasten zu tragen habt. Ich werde euch Ruhe verschaffen. Nehmt *mein* Joch auf euch und lernt von mir; denn ich bin gütig und von Herzen demütig; so werdet ihr Ruhe finden für eure Seele. Denn mein Joch drückt nicht, und meine Last ist leicht» (Mt 11,28–30). Die Wendung «ein Joch auf sich nehmen» besagt, die Vorschriften oder Lehren eines anderen übernehmen. Das Joch Jesu ist ein «sanftes Joch» (Mt 11,30). Sprichwörtlich waren bei den jüdischen Schriftgelehrten die Aussagen vom «Joch des Gesetzes» oder vom «Joch der Herrschaft des Himmels». «Seele» bezeichnet hier – wie im Alten Testament – das «Ich» des Menschen.

Wenn gesagt wurde, die Menschen zur Zeit Jesu trugen schwere Lasten, die Last des Gesetzes und der pharisäischen Vorschriften, das Joch des Gesetzes, löst das in uns nicht sogleich eine Vergleichsfrage aus, nämlich die Frage, welches Joch tragen die Menschen unserer Tage, die ohne Gesetzeslast in Freiheit leben und der Beliebigkeit huldigen und doch mehr denn je den Arzt aufsuchen? Sollten wir heute die Redewendung vom «Auswechseln des Jochs» vielleicht umschreiben mit «zu einem anderen Lehrer in die Schule gehen, die Universität wechseln oder sogar in ein anderes Land auswandern», wenn das Joch zu stark drückt und die Last der Gegenwart nicht mehr tragbar erscheint?

Die Frage dreht sich um das physische und psychische Sich-Zurecht-Finden im Jetzt und Heute in Bezug auf Vergangenheit und Zukunft. Der Anstoß zur Neubesinnung auf Ziele und Wege ist immer wertvoll. Es erneuert die alte sokratische Frage, die sich um keine Gesetze und Vorschriften schert: «Und was wird er – oder sie – am Ende davon haben, wenn er – oder sie – zu dir in die Schule geht?» (*Bartels*) (5). Jesus ist der neue Lehrer und der junge Arzt. Er ist der Weg und die Wahrheit und das Leben; niemand kommt ohne ihn zum Vater (Joh 14,6). Er zeigt uns den Weg zum Leben und erfüllt uns mit Freude (Apg 2,28). Es steht dir frei zu wählen, zu welchem Lehrer du in die Schule gehen willst, welchen Arzt du aufsuchen möchtest, in welchen gesetzlichen Grenzen du dienen willst. Es gibt und braucht überall im Leben Grenzen. Die Benediktus-Regel erinnert an die Grenzen der Selbstbestimmung: «Siehe das Gesetz, unter dem du dienen willst; wenn du es beobachten kannst, tritt ein, wenn du es aber nicht kannst, geh in Freiheit fort» (RGB 58,10) (76).

Israel, das Volk Jahwes

Das deuteronomische Gesetzbuch war als Urkunde des Vertrages zwischen Jahwe und Israel dargestellt worden. Das Gesetzbuch erscheint als Bundescharta, als Verfassungsurkunde eines Bundes, der wie ein Vertrag vorgestellt wird: Jahwe wird Israels Gott sein, und Israel wird Jahwes Volk sein unter der Bedingung, dass es die Gebote hält. Segen und Fluch sind die Sanktionen (lat. feierliche Bestätigung und Strafbestimmung) für die Einhaltung des Vertrages (*BJ, Kommentar zu Dtn 27,9–10*) (7).

Der Bund – Moses Rede im Lande Moab

«Heute, an diesem Tag, verpflichtet dich der Herr, dein Gott, diese Gesetze und die Rechtsvorschriften zu halten. Du sollst auf sie achten und sie halten mit ganzem Herzen und mit ganzer Seele. Heute hast du der Erklärung des Herrn zugestimmt. Er hat dir erklärt: Er will dein Gott werden, und du sollst auf seinen Wegen gehen, auf seine Gesetze, Gebote und Rechtsvorschriften achten und auf seine Stimme hören. Und der Herr hat heute deiner Erklärung zugestimmt. Du hast ihm erklärt: Du möchtest das Volk werden, das ihm persönlich gehört, wie er es dir zugesagt hat. Du willst auf alle seine Gebote achten; er soll dich über alle Völker, die er geschaffen hat, erheben – zum Lob, zum Ruhm, zur Zierde –; und du möchtest ein Volk werden, das ihm, dem Herrn, deinem Gott, heilig ist, wie er es zugesagt hat» (Dtn 26,16–19). «Mose und die levitischen Priester sagten zu ganz Israel: Sei still, und höre, Israel: Heute, an diesem Tag, bist du das Volk des Herrn, deines Gottes, geworden. Du sollst auf die Stimme des Herrn, deines Gottes, hören und seine Gebote und Gesetze halten, auf die ich dich heute verpflichte» (Dtn 27,9–10).

Mose und die levitischen Priester, die für die Verwaltung der Tora zuständig sind (Dtn 10,8; 17,18), geben zusammen eine amtliche

Interpretation des in Dtn 26,17–19 angezeigten Bundesschlusses. Israel soll in Ehrfurcht stille sein, weil die Initiative ganz bei JHWH liegt. Er hat Israel «heute» zu seinem Volk gemacht mit der Konsequenz, dass Israel den Geboten gehorcht. Die Zeitangabe «heute» wird von nun an Leitwort (*Stuttgarter Kommentar zu Dtn 27,9–10; 26,16*) (87). Der Bund ist der Grund, das Gesetz zu halten. Segen für Gehorsam, Fluch für Ungehorsam. Damit ist das Verhalten des Menschen nicht mehr autonom. Durch das Gesetz wird das religiöse und sittliche Handeln des einzelnen Menschen und des ganzen Volkes Israel vertraglich an den Willen Gottes gebunden (grch. Theonomie, Gottesgesetzlichkeit). Die Bundescharta Jahwes mit dem Volk Israel schließt nach der Art der altorientalischen Verträge mit Segen und Fluch: Segensverheißung und Fluchandrohung, Ankündigung von Kriegen und Verbannung (Dtn 28,1–68).

Gesundheit und Krankheit als Spiegel der Gesellschaft

Die Realität der Gesellschaft wird im Körper des einzelnen Menschen sichtbar. Der Körper des Menschen ist ein Modell für die politische Körperschaft (Gesellschaft, Mikrokosmos). Es gab damals noch keine Sozialwissenschaft; der Körper des Einzelnen gab Auskunft über die Gesellschaft. In der Bundescharta Jahwes mit dem Volk Israel sind Heil und Unheil vertraglich festgelegt und notariell öffentlich verurkundet. Heil und Unheil sind «definiert» und der «Kausalzusammenhang» potentieller Leiden mit Ungehorsam erkannt (diagnostiziert). Damit ist aber – im Sinne des deuteronomistischen Gesetzbuches – auch die «Ätiologie» der Leiden Israels erkannt. «Ganz Israel ist krank, und die Krankheit ist umfassend» (*Gubler, S. 60*) (34).

Wie kam es zu dieser schwer verständlichen, komplexen, pauschalisierenden und epidemischen Diagnose? Sie gründet im deuteronomischen Fluch für Ungehorsam (Dtn 28,15–44). Dabei ist doch dem Volk Israel die Verantwortung für das Leben überbunden worden: «Liebe den Herrn, deinen Gott, hör auf seine Stimme, und halte dich an ihm fest; denn er ist dein Leben. Er ist die Länge deines Lebens, das du in dem Land verbringen darfst, von dem du weißt: Der Herr hat deinen Vätern Abraham, Isaak und Jakob geschworen, es ihnen zu geben» (Dtn 30,20). «Hält sich Israel an die ‹Gebote des Lebens›, wird es erfülltes Leben erfahren bis in das tausendste Geschlecht; hält es sich aber nicht an die Gebote, hat dies für das Volk lebensbedrohende Konsequenzen bis in die dritte und vierte Generation» (*Gubler, S. 59*) (34). «Du sollst dich nicht vor anderen Göttern niederwerfen und dich nicht verpflichten, ihnen zu dienen. Denn ich, der Herr, dein Gott, bin ein eifersüchtiger Gott: Bei denen, die mir feind sind, verfolge ich die Schuld der Väter an den Söhnen und an der dritten und vierten Generation» (Dtn 5,9).

Kausalzusammenhang zwischen Ungehorsam, Sünde und Leiden

Im Deuteronomium werden unter den negativen Folgen des Ungehorsams neben Unglück in Haus und Feld, neben Misserfolg und Dürre auch schwere (ansteckende, übertragbare) Infektionskrankheiten und Kriegsverletzungen genannt: «Der Herr schlägt dich mit dem ägyptischen Geschwür, mit Beulen, Krätze und Grind, und keiner kann dich heilen. Der Herr schlägt dich mit Wahnsinn, Blindheit und Irresein. Am hellen Mittag tappst du im Dunkel wie ein Blinder. Deine Wege führen nicht zum Erfolg. Dein Leben lang wirst du ausgebeutet und ausgeraubt, und niemand hilft dir. Du verlobst dich mit einer Frau, und ein anderer schläft mit ihr. Du baust ein Haus und wohnst nicht darin. Du legst einen Weinberg an und hältst nicht einmal die erste Lese. Dein Ochse wird vor deinen Augen geschlachtet, und du bekommst nicht einmal davon zu essen. Dein Esel wird dir weggerissen und kehrt nicht zurück. Deine Schafe und Ziegen werden deinen Feinden ausgeliefert, und niemand kommt dir zu Hilfe. Deine Söhne und Töchter werden einem anderen Volk ausgeliefert, du siehst dir den ganzen Tag nach ihnen die Augen aus und zwingst sie doch nicht herbei. Den Ertrag deines Ackers und all deinen Gewinn verzehrt ein Volk, das du früher nicht einmal gekannt hast, und du wirst dein Leben lang nur ausgebeutet und misshandelt. Wahnsinn befällt dich bei dem Anblick, der sich deinen Augen bietet. Der Herr schlägt dich mit bösen Geschwüren am Knie und am Schenkel, und keiner kann dich heilen. Von der Sohle bis zum Scheitel bist du krank» (Dtn 28,27–35).

Der Verfasser beschwört die ägyptischen Plagen und die Rückkehr in Knechtschaft und lässt damit diese Drohungen für die Zukunft genau den Hulderweisen in der Vergangenheit entsprechen. Der Fluch für Ungehorsam ist jedoch mehr als doppelt so lang wie der Segen für Gehorsam.

Die Ursache dieses umfassenden «Morbus Judaeus» ist im «Vertragsbruch» (Dtn 26,16–19), in Israels Sünde als Ungehorsam gegenüber Gott zu suchen. Die Theologin *Marie-Louise Gubler* hat diesen Kausalzusammenhang entfaltet: «Israel hat ‹den Weg des Lebens› verlassen und den Bund mit Gott gebrochen. Damit wird ein ursächlicher Zusammenhang hergestellt zwischen Sünde und Leiden: in der (umfassend verstandenen) Krankheit wird der Sünder von den Konsequenzen seiner Tat gleichsam ‹eingeholt›. Krankheit, Leiden und Tod sind so ‹Strafe› für die Missachtung des göttlichen Lebenswillens, innerweltliche Folgen der nicht übernommenen Verantwortung für das Leben. Als Symptome der gebrochenen Gottesbeziehung sind sie darum auch nur von Gott selbst zu überwinden. Der Gesundung muss die Sündenvergebung vorausgehen. Dass die Folgen der Sünde auch die Nachkommen des Sünders betreffen, entspringt der Erfahrung, dass all unser Tun und Unterlassen – im Guten wie im Bösen – unabsehbare Konsequenzen hat. Freilich ist eines in dieser Sicht sehr tröstlich: Das Leben ist ungleich stärker als die Lebensbehinderung, den drei bis vier Generationen, die vom Unglück betroffen werden, stehen die tausend gegenüber, denen erfülltes Leben zuteil wird!» (*Gubler, S. 60*) (34).

Die Jerusalempilger, die auf mühsamen Wegen wandern, entbieten an den Toren der Heiligen Stadt dieser ihren Friedensgruß: *schalom*. Und ebenso wie die Pilger des himmlischen Jerusalem beten die Menschen Israels mit dem Psalmisten zu Jahwe, dem Hüter Israels. Jetzt ist ihr Gebet besser verständlich. Es ist auch unser Gebet:

> *«Meine Hilfe kommt vom Herrn,*
> *der Himmel und Erde gemacht hat.»*
> Ps 121,2

Jahwe, der Freund des Lebens

«... Und vergib uns unsere Schuld ...»

«Anders als in den umliegenden Religionen, in denen Leid und Unglück als Verhängnis und ‹Schicksal› von den Göttern willkürlich über die Menschen verhängt wurden, hat Israel die *Verantwortlichkeit* des Menschen für das Leben betont und alle positiven wie negativen Erfahrungen an den einzigen Gott gebunden, den ‹Freund des Lebens›» (*Gubler, S. 60*) (34).

«Du schonst alles, weil es dein Eigentum ist, Herr,
du Freund des Lebens.»
Weish 11,26

Dadurch, dass alle positiven Lebenserfahrungen (Gesundheit, Friede, Fruchtbarkeit, Besitz, Wohlergehen, Heilung, Heil) wie auch alle negativen (Krankheit, Krieg, Verletzungen) an den einzigen Gott JHWH gebunden sind, wurde ein gravierendes Problem geschaffen, das *Gubler* so sieht: «Heißt dies nun, dass der (sichtbar) Kranke ein *Sünder*, der (physisch) Gesunde aber ein *Gerechter* ist?» (*Gubler, S. 60*) (34). *Sirach* sagt: «Tu nichts Böses, so trifft dich nichts Böses» (Sir 7,1). Damit stellt er einen linearen Kausalzusammenhang zwischen dem Tun des Menschen und dem Ergehen her. Stimmt also die Mahnung Sirachs? Das Problem lässt sich nicht einfach lösen. *Gesinnung* und *Tat* sind in der Moral verflochten, jedoch heute befreit vom Tun-Ergehen-Zusammenhang. Das Gute muss sich im Handeln konkretisieren, im Tun oder Lassen. Die Verantwortung trägt der Mensch, er kann sie nicht an Gott delegieren.

Wäre es daher nicht ein moralisches (sittliches) Gut, wenn wir uns angesichts von allem Machbaren in unserer fortschrittsgläubigen pluralistischen Gesellschaft vermehrt an die *Verantwortlichkeit* des Menschen für das Leben erinnern würden, wie sie Israel betont hat? Unser Tun hat *Folgen*, die wir oft nicht im Griff haben, aber sie verantworten müssen. Wir machen täglich Fehler, wir begehen Sünden und laden Schuld auf unsere Schultern, für die wir Gott um Vergebung bitten sollen. Die Mahnung Sirachs hat als sittliches Wertvorzugsurteil weder moralisch noch pädagogisch seine Bedeutung verloren: «Tu nichts Böses!», habe keine sittlich böse Gesinnung und begehe keine sittlich falsche Tat.

Die alttestamentliche Mahnung Sirachs sowie die Erlösungs- und Vergebungsbitte, wie sie der Priester im Embolus des Vaterunser singt oder spricht, haben angesichts des Bösen in unserer Welt, der Aggression, die immer wieder Menschenleben und die höchsten Blüten der Kultur vernichtet, nichts von ihrer Aktualität, Dringlichkeit und Sehnsucht eingebüßt: «Erlöse uns, Herr, allmächtiger Vater, von allem Bösen und gib Frieden in unseren Tagen. Komm uns zu Hilfe mit deinem Erbarmen und bewahre uns vor Verwirrung und Sünde ...». Denn dein ist das Reich und die Kraft und die Herrlichkeit in Ewigkeit. Amen.

Vergeltungsglaube

Vergeltungsglaube stellt einen Kausalzusammenhang – eine gesetzmäßige Wechselwirkung – zwischen Tun und Ergehen her.

Damit tauchten Probleme auf, die man bisher nie in Erwägung gezogen hatte, und die schon erwähnte Frage: Was ist der Sinn von Krankheit, Elend und Tod im Heilsplan Gottes? Die einfache Formel der Sündenvergeltung wird schon im Buche Ijob abgelehnt: «Fern sei es mir, euch recht zu geben, ich gebe, bis ich sterbe, meine Unschuld nicht preis» (Ijob 27,5). Der gesetzmäßige Zusammenhang von Tun und Ergehen wird von einem Unschuldigen, der Gottes Macht kennt, abgelehnt. Also muss Krankheit in Gottes Ratschluss einen andern Sinn haben. Spätestens seit dem babylonischen Exil (587–537 v. Chr.) wird die Krise des Vergeltungsglaubens, mit seinem einfachen, monokausalen, linearen Kausalzusammenhang von

Vergeltungsglaube Gesetzmäßige Wechselwirkung Tun ⇔ Ergehen	
Gesundheit	**Krankheit**
Segen	Fluch
Heil	Unheil
Unschuld	Schuld
Dtn 28,1–14	Dtn 28,15–68

Tun und Ergehen, erkennbar. Die Vergeltungslehre, nach der die Söhne für die Schuld der Väter büßen müssen, wird in Frage gestellt. Die Exulanten lehnen die Verantwortung für das Übermaß an Leiden ab und weisen im sarkastischen Sprichwort die Schuldzuweisung zurück: «Wie kommt ihr dazu, im Land Israel das Sprichwort zu gebrauchen: Die Väter essen saure Trauben, und den Söhnen werden die Zähne stumpf?» (Ez 18,2).

Auch Jeremia vertritt einen Standpunkt der dem genannten Sprichwort genau entgegengesetzt ist. Er verkündet einen neuen Grundsatz, der in der Zukunft gelten wird, den Grundsatz der persönlichen *Verantwortung* (Jer 31,29). Damit wird jedoch die durchaus berechtigte und an sich richtige Zusammenschau von Gehorsam/Leben bzw. Ungehorsam/Lebensminderung nicht in Frage gestellt. In diesem Zusammenhang sei mit Vorsicht und Zurückhaltung an das weltweit aktuelle Problem der Aids-Erkrankung (HIV) erinnert: Aufklärung, persönliche Verantwortung, Enthaltsamkeit, Prävention statt Übertragung.

Übertragung und Schuldzuweisung statt Hilfe

Aber auch dann, wenn der Einzelne persönlich die Verantwortung übernehmen muss, tauchen Probleme auf. Psychologische Übertragungsmechanismen und Schuldzuweisungen funktionieren auch hier: Die/der Betroffene wird «abgestempelt», er/sie wird zum «Sündenbock» und dient als willkommene Entlastung der Gesellschaft: «Übertragung» statt Hilfe, hier psychiatrisch gemeint. In der Ijobdichtung werden diese Übertragungsmechanismen und Schuldzuweisungen vehement zurückgewiesen. Das Buch Hiob (Ijob) ist die in eine Volkserzählung vom geduldigen Annehmen des Leidens und der wunderbaren Belohnung des Dulders durch Gott eingepackte Leiderfahrung des Menschen. Im Hauptteil des Buches Ijob sind die Leidenserfahrungen mehrerer Jahrhunderte verarbeitet. «Das Buch Hiob ist ein geniales Werk, das aus der Weltliteratur heraussticht. Es ist gigantisch und unvollkommen zugleich, wie ein Zyklop, der nur ein Auge oder überlange Finger hat. Vielleicht sind gerade die Unvollkommenheit und das Unvollendete Zeichen des menschlichen Ungenügens im Angesicht der letzten Fragen des Menschen. Wie kein anderes ist es ein modernes Buch» (*Luis Alonso Schökel SJ*, zit. in: *Ravasi, S. 124f.*) (75). Der Ijob der Dichtung gleicht in keiner Weise dem frommen Dulder der Volkserzählung, dessen gezielt ausgewählte und aus dem Zusammenhang gerissene Aussagen für Todesanzeigen noch immer beliebt sind: *«Der Herr hat gegeben, der Herr hat genommen; gelobt sei der Name des Herrn» (Ijob 1,21).*

Ijob stand auf, zerriss sein Gewand, schor sich das Haupt, fiel auf die Erde, betete (Ijob 1,20) und schrie sein «Nein, so nicht!» seinen wohlmeinenden Freunden entgegen. Die überforderten und hilflosen Freunde Ijobs repräsentieren die Krankenpastoral seiner Zeit. «Ijob rechnet mit dem Gottesbild des Vergeltungsglaubens, aber auch mit der Krankenpastoral seiner Zeit ab» (*Gubler, S. 61*) (34).

Geblieben sind aus jener Zeit Überforderung, Verdrängungs- und Übertragungsmechanismen und Schuldzuweisungen, Streben nach Macht und Ehre, Misstrauen gegenüber Gott und Menschen, Verstrickungen und negative Abhängigkeiten, Armut und Hunger. Geblieben ist wohl auch der unbewusste Mechanismus, die Sehnsucht nach dem Unendlichen durch etwas Endliches stillen zu wollen. Dazu sind neue Gesellschafts-Syndrome gekommen: Stress, Burnout, Mobbing.

Jahwe: Krieger und Arzt. Er verwundet und verbindet

Ijobs Freunde, die den Leidenden besuchten, hatten zunächst einfühlsam und mitleidend reagiert. Zunächst heißt hier: solange Ijob schwieg. «Sie saßen bei ihm auf der Erde sieben Tage und sieben Nächte; keiner sprach ein Wort zu ihm. Denn sie sahen, dass sein Schmerz sehr groß war» (Ijob 2,13). Als aber Ijob seinen Mund öffnete, sich gegen sein Schicksal auflehnte, sein Leben verfluchte und Gott anklagte, waren sie der Situation nicht mehr gewachsen. Worin bestand ihre Krankenpastoral? Spitalseelsorge im heutigen Sinn war unbekannt. Geistlicher Trost und Mildtätigkeit waren wichtiger als tatkräftige Hilfe. Sie redeten mit den erlernten Worten der traditionellen Theologie auf den Leidgeprüften ein, mit den stereotypen Sätzen des Vergeltungsglaubens: Suche die Ursache deines Leidens bei dir, in deinem Leben, in deiner Sünde, und nimm die Zurechtweisung und Strafe Gottes an. «Ja, wohl dem Mann, den Gott zurechtweist. Die Zucht des Allmächtigen verschmähe nicht! Denn er verwundet, und er verbindet, er schlägt, doch seine Hände heilen auch» (Ijob 5,17–18).

Ijobs Freunde raten dem Leidgeprüften zur Unterwerfung unter Gottes Ratschluss. Sie berufen sich dabei ausdrücklich auf ihre Lehre und Forschung. «Ja, das haben wir erforscht, so ist es. Wir haben es gehört. Nimm auch du es an!» (Ijob 5,27). Merkwürdige «Forschung», die deutlich macht, dass Leiden und Mitleiden etwas ganz anderes sind. Worte die nicht geeignet sind, dem Kranken Impulse zu geben und ihm zu helfen, sein Leiden zu bewältigen. Es ist wohl verständlich, wenn solches Gerede angesichts von Schmerz und Leiden den Kranken erst recht zur Auflehnung und zum Widerspruch reizen:

- «Wahrhaftig, ihr seid besondere Leute, und mit euch stirbt die Weisheit aus» (Ijob 12,2).
- «Was ihr wisst, weiß ich auch; ich falle nicht ab im Vergleich mit euch» (Ijob 13,2).
- «Ihr aber seid nur Lügentüncher, untaugliche Ärzte alle» (Ijob 13,4).
- «Eure Merksätze sind Sprüche aus Staub, eure Schilde Schilde aus Lehm» (Ijob 13,12).
- «Ähnliches habe ich schon viel gehört; leidige Tröster seid ihr alle» (Ijob 16,2).
- «Wie lange noch wollt ihr mich quälen und mich mit Worten niedertreten?» (Ijob 19,2).
- «Erbarmt, erbarmt euch meiner, ihr, meine Freunde! Denn Gottes Hand hat mich getroffen» (Ijob 19,21).
- «So seid ihr jetzt ein Nein geworden: Ihr schaut das Entsetzliche und schaudert» (Ijob 6,21).

Das sind auch Sätze aus unserer Zeit, begründete und einfühlbare Auflehnung Leidender und Invalider, aber auch bekannte Sätze Worte gekränkter, missverstandener, provozierter oder vielleicht auch aggressiver, arroganter, herausfordender Patienten und Patientinnen, die aus ihrer Sicht mit der Medizin und deren Exponenten in irgend einer Weise schlechte Erfahrungen gemacht haben. Es handelt sich hier um eine im übertragenen Sinn auch in unseren modernen Kliniken und Spitälern hochaktuelle Situation. Doch nochmals zurück zu Ijob: Ganz allein, einsam und scheinbar verlassen steht er vor Gott. Er glaubt, gegen einen Gott antreten zu müssen, dessen unbegreifliches Handeln er als willkürliche Machtdemonstration erfährt: «Er warf mich in den Lehm, so dass ich Staub und Asche gleiche. Ich schreie zu dir, und du erwiderst mir nicht; ich stehe da, doch du achtest nicht auf mich. Du wandelst dich zum grausamen Feind gegen mich, mit deiner starken Hand befehdest du mich» (Ijob 30,19–21). «Sieht er denn meine Wege nicht, zählt er nicht alle meine Schritte?» (Ijob 31,4). «Gäbe es doch einen, der mich hört. Das ist mein Begehr, dass der Allmächtige mir Antwort gibt: Hier ist das Schriftstück, das mein Gegner geschrieben» (Ijob 31,35).

Leiden und Weisheit im Geheimnis der Schöpfung

Das Leiden ist eingeschlossen in das Geheimnis der Schöpfung. Welche andere Weisheit haben wir um dem Leiden zu begegnen außer der Humanität, jener Weisheit, die sich in Teilnahme und Hilfsbereitschaft für den Mitmenschen ausdrückt? Aus tiefem Glauben und mit der Kühnheit der Verzweiflung ruft Ijob nach einem anderen, gerechteren Gott: «Doch ich, ich weiß: mein Erlöser lebt, als Letzter erhebt er sich über dem Staub. Ohne meine Haut, die so zerfetzte, und ohne mein Fleisch werde ich Gott schauen. Ihn selber werde ich dann für mich schauen; meine Augen werden ihn sehen, nicht mehr fremd. Danach sehnt sich mein Herz in meiner Brust» (Ijob 19,25–27). Diese Worte lassen vermuten, dass der Leidende eine neue Gotteserfahrung gemacht hat. Woher dem Leidenden nun auf einmal die Gewissheit kam, wissen wir nicht. Eine Selbstoffenbarung Gottes. Im Buch Ijob steht geschrieben: «Da antwortete der Herr dem Ijob aus dem Wettersturm und sprach»: «Wer ist es, der den Ratschluss verdunkelt mit Gerede ohne Einsicht? Auf, gürte deine Lenden wie ein Mann: Ich will dich fragen, du belehre mich! Wo warst du, als ich die Erde gegründet? Sag es denn, wenn du Bescheid weißt» (Ijob 38,1–4). Nach der alten Weise der Gotteserscheinungen hat Jahwe seine Allmacht im Wettersturm offenbart. «Gott versucht nicht, Hiob darzulegen, *wie* die Erfahrung von Bösem und Leid mit dem Sein und dem Sinn des Ganzen koexistieren kann. Aber er sagt ihm, *dass* es beides zusammen gibt. Es gibt in der Welt Chaos *und* eine Ordnung des Seins, Sinn und Sinnlosigkeit, eingebettet in einen Plan, der nur auf mystischem Wege wahrgenommen werden kann» (*Ravasi, S. 123*) (75). Die Antwort Gottes verweist Ijob auf das Zusammengehören von Mensch und Kosmos, von Anthropologie und Schöpfungstheologie, auf den Zusammenhang, der im Schöpfungslied der Priesterschrift aus dem 6. Jh. v. Chr. grundgelegt ist. (Gen 1,1–2,4a). Das Bewusstwerden der Weisheit in der Schöpfung lässt Ijob zunächst verstummen. Aber dann antwortet er Gott: «Vom Hörensagen nur hatte ich von dir vernommen; jetzt aber hat mein Auge dich geschaut» (Ijob 42,5). Ijob, der von Gott die traditionelle Vorstellung hatte, ist ergriffen. Seine Fragen über die Gerechtigkeit bleiben unbeantwortet. «Das schreckliche Skandalon des Bösen bleibt; es lässt sich nach der Meinung des biblischen Dichters weder rational auflösen noch mit einem theologischen Konstrukt in den Griff bekommen» (*Ravasi, S. 124*) (75). Aber er hat verstanden, dass Gottes Weisheit den Wirklichkeiten des Lebens, wie dem Leiden und dem Tod, einen unverhofften Sinn zu geben vermag. Ijob macht eine neue Erfahrung der Wirklichkeit. Er steht «von Angesicht zu Angesicht vor seinem Gott» (*Ravasi, S. 99ff.*) (75). Der glaubend Leidende wird zum (mit-)leidenden Glaubenden.

Das Erstaunlichste geschieht am Ende der Geschichte. Ijob, der den Tun-Ergehen-Zusammenhang und den Vergeltungsglauben seiner Freude abgelehnt hat, braucht jetzt Gott nicht mehr als Arzt, der ihm alles zurückerstattet, was er verloren hat. Gott anerkennt seine Klagen und bestimmt den Leidenden zum Fürsprecher für seine Freunde: «Mein Knecht Ijob aber soll für euch Fürbitte einlegen; nur auf ihn nehme ich Rücksicht, dass ich euch nichts Schlimmeres antue. Denn ihr habt nicht recht von mir geredet wie mein Knecht Ijob» (Ijob 42,8).

Damit wird Ijob zu einer *Fürsprechergestalt* wie Abraham (Gen 18,22–32), Mose (Ex 32,11), Samuel (1 Sam 7,5), Amos (Am 7,2–6), Jeremia (Jer 11,14). Die bestandene Prüfung scheint einer der Gründe für die Wirksamkeit seines Gebets zu sein. Während die Freunde ihn für schuldig hielten, erwirkte er ihnen Vergebung ihrer Sünde. Im Hintergrund zeichnet sich die Gestalt des *Gottesknechtes* ab (Jes 53,12), dessen Leiden dann ausdrücklich zu einer Sühne für die anderen wird. (*BJ, Kommentar zu Ijob 42,8*) (7). Ijob wird damit auch zum alttestamentlichen Fürsprecher für alle Kranken und Leidenden der Gegenwart. Der «Rechtsanwalt» der Kranken erhebt Anklage gegen die Vertreter des Tun-Ergehen-Zusammenhangs und den Vergeltungsglauben. Er erhebt damit auch Anklage gegen die Krankenpastoral (Krankenseelsorge) seiner Zeit. Müsste eigentlich der alttestamentliche Rechtsanwalt Ijob nicht als wirkungskräftiger vorchristlicher «Nothelfer» angesehen und den vierzehn Heiligen aus dem 13. Jahrhundert zugezählt werden?

Was durch den Propheten Jesaja gesagt worden ist

Die lange, alttestamentliche Hinführung zu den Heilungen Jesu, in denen Matthäus einen Hinweis darauf sieht, dass Jesus als der verheißene leidende *Gottesknecht* die Leiden der Menschheit auf sich nimmt, ist für das Verständnis der konkreten Heilungen Jesu von essentieller Bedeutung. Der Zugang zu den Heilungen Jesu erfordert, wie am Anfang begründet, zunächst eine Klärung des jüdischen Krankheits- und Leidensbegriffs. Denn «Gedanken ohne Inhalt sind leer, Anschauungen ohne Begriffe sind blind», sagt *Immanuel Kant* (1724–1804) [*PhB 505, B75, S. 130*] (41). Dieser Satz aus Kants «Transzendentaler Logik» ist von zentraler Bedeutung und gehört zu den bekanntesten Zitaten der «Kritik der reinen Vernunft».

Was also sagt der Prophet *Jesaja* in seinem vierten Lied vom Gottesknecht? «Aber er hat unsere Krankheit getragen und unsere Schmerzen auf sich geladen. Wir meinten, er sei von Gott geschlagen, von ihm getroffen und gebeugt. Doch er wurde durchbohrt wegen unserer Verbrechen, wegen unserer Sünden zermalmt. Zu unserem Heil lag die Strafe auf ihm, durch seine Wunden sind wir geheilt» (Jes 53,4–5). Und im Evangelium nach *Matthäus* lesen wir: «Dadurch sollte sich erfüllen, was durch den Propheten Jesaja gesagt worden ist: Er hat unsere Leiden auf sich genommen und unsere Krankheiten getragen» (Mt 8,17).

Wer heilte die Kranken zur Zeit Jesu

«Nicht die Gesunden brauchen den Arzt, sondern die Kranken.»
Mk 2,17

Wie war die Situation im Heiligen Land zur Zeit Jesu? Man gewinnt den Eindruck, dass eine überaus große Anzahl von Kranken das öffentliche Bild der Dörfer und Straßen bestimmte. Dieser Eindruck stützt sich auf Sammelberichte, die sich auffallend häufig im Neuen Testament finden: «Am Abend, als die Sonne untergegangen war, brachte man alle Kranken und Besessenen zu Jesus. Die ganze Stadt war vor der Haustür versammelt, und er heilte viele, die an allen möglichen Krankheiten litten, und trieb viele Dämonen aus. Und er verbot den Dämonen zu reden; denn sie wussten, wer er war» (Mk 1,32–34).

Jesus lebte in einer krankmachenden Zeit, sagen einige. Stimmt das überhaupt? War die Zeit Jesu «pathogener» als unsere Zeit und unsere pluralistische Gesellschaft? Welches waren die «Zeichen» jener fernen Zeit? Wie lauteten die «Diagnosen» dieser krankmachenden Epoche? Der Diagnostiker – Arzt und Exeget – nähert sich hier dem Historiker, der versucht, aus lückenhaften Dokumenten die Gesamtschau einer Zeit vor uns entstehen zu lassen; aber während jene Zeit weder mit Protest noch mit Zustimmung zu meiner Darstellung Stellung nehmen kann, beweist oder widerlegt der Verlauf einer Krankheit das Bild, das der Arzt sich von ihr gemacht hat. Das war in jener fernen Zeit so und ist heute nicht anders. Aus heutiger Sicht kann die geschichtliche Situation etwa so umschrieben werden: «Die großen Traditionen Israels waren im Tempelstaat Roms erstarrt, eine kleine jüdische Oligarchie in Jerusalem versuchte sich mit allen Mitteln an der Macht zu halten und ihre noch verbliebenen Privilegien zu retten. Die harte Hand der römischen Kolonialmacht lastete vor allem auf der Landbevölkerung, die unter drückenden Steuern für die Militärmacht litt. In den Dörfern waren Razzien römischer Soldaten, die nationalistische Widerstandskämpfer aufspürten, an der Tagesordnung. Unter Terror und Armut blieb einzig der Schrei nach dem Messias als dem ‹Tröster der Trauernden› lebendig. Wie lange noch mussten sie die Finsternis ihrer Zeit ertragen?» (*Gubler, S. 62*) (34).

Kreiste der Helferwille des antiken Arztes um den Kampf gegen Schmerz und Tod, sind hier ganz andere, ebenso große Feinde des Lebens und des Menschen deutlich gemacht worden – die Angst, die Sorgen, die soziale Not, die Ausgrenzung, religiöse gesetzliche Vorschriften verschiedenster Art. Die Analyse der Wirklichkeit jener Tage ergibt neben den körperlichen Leiden des Menschen ein komplex strukturiertes Ganzes krankmachender Faktoren, die wechselseitig verknüpft waren. Sie entstammen drei gesellschaftlichen Instanzen: Religion, Politik, Ökonomie. Machtstrukturen können – in Abhängigkeit vom sozialen Status – einzelne, mehrere, zahlreiche Menschen treffen und bei diesen die Vision eines wahren, heilen, erfüllten und menschenwürdigen Lebens zerstören. Das ist auch heute noch so, nur haben sich die gesellschaftlichen Instanzen verschoben und verändert. Die krankmachenden Faktoren heißen heutzutage in unserer Unkultursprache: Frust, Mobbing, Stress. Dazu kommt die Gewalt. Man ist jedoch versichert. Krankenkassen und Versicherungen bezahlen (fast) alle Leiden und Schäden.

Viele Menschen in Israel zur Zeit Jesu verloren ihre Gegenwart und ihre Zukunftshoffnung. Sie verzweifelten an der Sinnfrage. So ist es wohl kein Zufall, dass unter den Kranken, die man von überall her vor die Haustüre Jesu brachte, so viele «Besessene» waren. Eine sehr dramatische Geschichte ist diejenige des Besessenen von Gerasa, der in Grabhöhlen wohnte (Mk 5,1–20). Mit dem Satz «Dämonie ist Gegenwartslosigkeit» umschreibt der evangelische Theologe *Gerhard Gloege* (1901–1970), der sich wie Dietrich Bonhoeffer für die Bekennende Kirche engagierte, diese hoffnungs- und zukunftslose Existenz (26).

Wann kommt endlich der Arzt, den wir erwarten? – Zeichen der Zeit

Alle die Kranken und Leidenden schrien nach Hilfe, Hilfe, die nur möglich ist durch umfassendes Verstehen des Krankheitsgeschehens, Verstehen jetzt und heute, nicht in Jahrhunderten. Wann kommt endlich der Arzt, den wir erwarten und dessen wir so sehr bedürfen, war ihr Hilfeschrei. Wer hörte ihn, wer brachte ihnen Hilfe? Der Begriff medizinische Fachkompetenz war unbekannt. Dazu kam noch etwas Wesentliches: «Sowohl Krankheit als auch Heilung sind für die Antike eigentlich gar kein vordergründig medizinisches Thema, sondern eine ganz und gar *religiöse* Angelegenheit. Wer krank wird, wendet sich daher zunächst an die verursachende Gottheit und den Priester, nicht an den Arzt. Das ist natürlich primär eine Sache der Definition, vor allem des Arztes, denn Arzt ist in der Antike, wer es sein will, und erst die römische Kaiserzeit versuchte dafür ein Reglement zu schaffen» (*Trummer, S. 20*) (93).

Auf dem Weg zum Sinai hat sich Gott Mose und dem Volk Israel geoffenbart. Er sagte: «Wenn du auf die Stimme des Herrn, deines Gottes, hörst und tust, was in seinen Augen gut ist, wenn du seinen Geboten gehorchst und auf alle seine Gesetze achtest, werde ich dir keine der Krankheiten schicken, die ich den Ägyptern geschickt habe. Denn ich bin der Herr, dein Arzt» (Ex 15,26). Jahwe, der Arzt, der Krankheiten «schicken» kann, kann Krankheiten auch «fernhalten, weglenken, von dir wenden, entfernen»: «Wenn ihr dem Herrn, eurem Gott, dient, wird er dein Brot und dein Wasser segnen. Ich werde Krankheiten von dir fernhalten. In deinem Land wird es keine Frau geben, die eine Fehlgeburt hat oder kinderlos bleibt. Ich lasse dich die volle Zahl deiner Lebenstage erreichen» (Ex 23,25–26).

Auch in der Tradition des Deuteronomium bestimmt Gott – Jahwe – über das Leben und den Tod: «Liebe den Herrn, deinen Gott, hör auf seine Stimme, und halte dich an ihm fest; denn er ist dein Leben. Er ist die Länge deines Lebens, das du in dem Land verbringen darfst, von dem du weißt: Der Herr hat deinen Vätern Abraham, Isaak und Jakob geschworen, es ihnen zu geben» (Dtn 30,20). Gesundheit und Krankheit, Leben und Tod stehen in engem Zusammenhang mit der Beziehung zu Gott und dem Bund mit seinem Volk.

Und nun ist das ganze Volk Israel erkrankt; die Krankheit ist umfassend, eine «Epidemie» die große Teile der Bevölkerung erfasst. Die Ätiologie (grch. aitia, Ursache) des pandemischen Leidens ist die Sünde als Ungehorsam gegen Gott. Daher sind Diagnose und Art der Krankheit von untergeordnetem Interesse. Der erzürnte Gott, der versöhnt werden muss, interessiert. Wenn der «Patient» (das Volk Israel) erkennt, wer das Leiden erzeugt, dann ist der erste Schritt zur Heilung getan. Denn dann liegt es in der Macht des Menschen, dem Unheil wirkungsvoll entgegenzutreten, indem man sich mit Gott versöhnt, durch Gehorsam gegen Gott und Einhaltung seiner Gesetze (Tora). Nichteinhaltung der Gebote hat krankmachende und lebensbehindernde Konsequenzen.

Die Propheten haben unermüdlich und unerschrocken auf diese religiöse Krankheits- und Leidensproblematik als negative Folgen von Ungehorsam hingewiesen. Nach ihnen war es Jesus, der Arzt, der sich mit seinem umfassenden Krankheitsverständnis die krankmachenden Folgen «struktureller Sünde» anprangerte und daran Leidende heilte. Jesus ging aus nachfühlendem Verstehen des Verhaltens und der ganzen Person der Kranken mit seiner mit-menschlichen Sympathie (grch. Mit-Leiden) so weit, dass er sich für das Leben-Können aller einsetzte. Das kostete ihm das eigene Leben: «Dadurch sollte sich erfüllen, was durch den Propheten Jesaja gesagt worden ist: Er hat unsere Leiden auf sich genommen und unsere Krankheiten getragen» (Mt 8,17). Das ist die Botschaft des Evangeliums. Aus Liebe wird Liebe.

Wo sind in unserer pluralistischen Konsumgesellschaft «strukturelle Sünde», Dämonie, Gegenwarts- und Zukunftslosigkeit, Hoffnungslosigkeit, Verzweiflung anzusiedeln? Hat sich die Situation seit der Zeit des Wirkens des Arztes Jesu grundsätzlich verändert? Oder gibt es in den frei gewählten Strukturen unserer Gesellschaft nicht auch strukturelle Sünde, immer noch die gleiche Sünde, Verflechtung von Gottlosigkeit und Leiden? Sind nicht die dämonischen Orte von Drogenkonsum und Prostitution die Grabhöhlen unserer Zeit, wo Begehren, Niederträchtigkeit, Hass, Gewalt und Angst wohnen und der Mensch die Kontrolle über sich selbst verliert!

Wir leben in Kirchenferne, in einer Zeit großer gesellschaftlicher Veränderungen. Unsere Gesellschaft wirft immer mehr grundlegende sittliche Werte und Übereinstimmungen über Bord und entscheidet von Fall zu Fall, beliebig oder opportunistisch, wie es am bequemsten ist und wie es die Ideologie der Selbstbestimmung und Machbarkeit vorschreibt. Die Zukunft bleibt unberechenbar, denn Wahrheit ist nicht gleichzusetzen mit Faktizität. Früher gab man Versprechen, heute werden Versprechen verkauft. Früher verkaufte man konkrete Produkte, heute virtuelle Versprechen. Und wo bleibt der Mensch? Wer gibt den Millionen dürstenden Kindern sauberes Trinkwasser? Wer gibt ihnen zu essen? Kein Computer schützt das Kind, das unbedacht über die Straße läuft. Krankheit kann die scheinbar so sichere Karriere durchkreuzen und beenden. Prognosen, Statistiken, Berechnungen, Zahlen kennzeichnen das Bild unserer Gegenwart, die nur nach (Zahlen-)Erfolgen und messbaren Rekorden auf Zielgeraden wertbar scheint. Es sind integrale Zeichen eines vom Glauben an unbegrenztes Wachstum und fortwährende Expansion geprägten Wirtschaftssystems. Die eigenen Forderungen und Wünsche dürfen nicht zu Lasten anderer Menschen gehen, auch nicht das Leben Ungeborener kosten. Der Sport hat die römischen Spiele und den Krieg nicht ersetzen können. Der Umgang mit der Schöpfung (Mit- und Umwelt) ist uns entglitten. Diffamierungen des christlichen Glaubens sind modisch geworden. Prophetisches Beten ist auch in unserer Zeit not-wendig: «Hilf doch, o Herr, die Frommen schwinden dahin, unter den Menschen gibt es keine Treue mehr» (Ps 12,2).

In der Pastoralkonstitution «Gaudium et spes», einem der wichtigsten Dokumente des Zweiten Vatikanischen Konzils (1962–1965), das sich mit der «Kirche in der Welt von heute» auseinandersetzt, steht der programmatische Satz: «Zur Erfüllung dieses ihres Auftrags obliegt der Kirche allezeit die Pflicht, nach den Zeichen der Zeit zu forschen und sie im Licht des Evangeliums zu deuten» (*GS 4*) (73). «Vieles hat seine Aktualität nicht verloren. Das Sprechen von den ‹Zeichen der Zeit› gehört für mich wesentlich dazu. Denn wer wollte nicht dieser Forderung zustimmen, dass die Kirche zu jeder Zeit aufmerksam Welt und Gesellschaft beobachten, analysieren, auf sich wirken lassen, sich in sie einlassen, ja: sie *erforschen* muss, um dieser konkreten Welt und Gesellschaft wirkungsvoll und vor allem adäquat zu begegnen, sie mitzugestalten und sie so auf Neues, Gutes hin zu verändern?» (*Walter Kirchschläger*). Jeder einzelne Mensch muss sich fragen: Was kann ich tun? Jeder von uns sollte die Zeichen der Zeit erkennen! Das bedingt, dass er hinschaut, nicht weg, vorbei, beiseite blickt, um tatsächlich diese Zeichen der Zeit zu erforschen. Deuten sie auf die Apokalypse des Materialismus, den Untergang der Technokratie?

Der Arzt muss *die* Zeichen der Zeit erforschen und sich mit den Grenzen von Machbarkeit und Wunscherfüllung auseinandersetzen. Ein Zeichen der Zeit ist es, wenn Patientinnen und Patienten mit Forderungen aus der amorphen, ungeordneten und unstrukturierten Informationsflut des Internet in der Sprechstunde ihren Arzt oder ihre Ärztin konfrontieren. Sie geben große Geldsummen zum

«Surfen» aus, um durch einen Mausklick sogleich die «Diagnose» zu stellen und die «Therapie» ihrer Krankheit zu erfassen. In neurotischer Ängstlichkeit und Verunsicherung werden dann die potentiellen «Nebenwirkungen» – nicht die Wirkungen – eines verordneten Medikaments «studiert» und dem Arzt unterstellt, den Beipackzettel nicht beachtet zu haben und mehr schaden als heilen zu wollen. «Der Arzt muss sich brauchen» lassen, sagte der Psychiater *Arthur Trenkel*, aber er darf nicht bloß «Objekt» eines «Zugriffs» durch den Patienten sein. Mehr zur Arzt-Patienten-Beziehung im Kapitel «Heilung und Heil im Lichte des Evangeliums».

Jesus von Nazaret hat die Zeichen seiner Zeit erkannt und sich dadurch ausgezeichnet, dass er hingeschaut hat auf alle die Kranken, die zu ihm kamen oder gebracht wurden, er hat die Leidenden nicht übersehen, ging nicht achtlos an ihnen vorbei, er ließ sich betreffen und betroffen machen, so bezeugen es uns die Evangelien. Er lässt letztendlich auch den schreienden Bartimäus zu sich rufen (Mk 10,46–52). Das sind die Kriterien, die Jesus von Nazaret für jeden modernen Arzt zum Vorbild und zur Verpflichtung machen und ihn zur Nachfolge auffordern.

Familie, Freunde, Propheten, Priester, Ärzte

Es gab in Israel auch die professionellen Helfer, die konsultiert wurden: Propheten, Priester, Ärzte. «Bei ihnen werden Orakel über den Verlauf der Krankheit eingeholt, sie stellten die Gesundung fest und nehmen die Dankopfer der Familie für die Genesung entgegen. Die Familie des Kranken wandte sich besonders gern an Propheten für die Prognose und für ihre wirkmächtige Fürbitte. Die Angehörigen und der Kranke selbst taten Buße, beteten und fasteten» (*Gubler, S. 58*) (34). Von ganz besonderer Bedeutung waren, neben der Familie, die Freunde des Kranken: «Der Freund erweist zu jeder Zeit Liebe, als Bruder für die Not ist er geboren» (Spr 17,17). Doch nimmt die Zahl dieser Helfer – zum Leidwesen des Kranken – im Unglück rasch ab. Was blieb den Kranken und Leidenden anderes als die Klage des Psalmisten: «So blieb ich stumm und still; ich schwieg, vom Glück verlassen, doch mein Schmerz war aufgerührt» (Ps 39,3).

Doch nicht alle Kranken und Leidenden konnten «stumm und still» bleiben. Viele mussten ihren Schmerz, ihre Angst, ihre Fragen hinausschreien vor Gott und vor den Menschen, vor der Gemeinschaft Israels: «Wann kommt endlich der Arzt, den wir erwarten?» Eines Tages wurde der Hilfeschrei gehört. Er kam, der neue und junge Arzt. Sein Name ist Jesus von Nazaret. Er sah die vielen Menschen und unter ihnen die vielen Kranken. Das unfassbare Ausmaß des Elends berührte ihn: «Als er ausstieg und die vielen Menschen sah, hatte er Mitleid mit ihnen; denn sie waren wie Schafe, die keinen Hirten haben. Und er lehrte sie lange» (Mk 6,34). Was lehrte der junge Arzt? Jesus diente unter dem «Gesetz» seines Vaters im Himmel, dessen absolute Kriterien er in seiner Bergpredigt (Mt 5,44) und in seiner Rede von seinem letzten Kommen am Ende der Zeit – dem Jüngsten Gericht (Mt 25,31–46) – entfaltete. Viele der stummen und schreienden Kranken durften nun diesen neuen Arzt Jesus konsultieren und ihm ihrer schwere Last, ihr Joch, ihr Leiden und Unheilsein, über-tragen. (Mt 11,28–30). Sie taten es verbal oder nonverbal, laut oder leise, persönlich oder unpersönlich, direkt oder indirekt, allein oder durch Helfer. Dem Kranken am Teich Betesda wandte sich Jesus spontan zu: «Als Jesus ihn dort liegen sah und erkannte, dass er schon lange krank war, fragte er ihn: Willst du gesund werden?» (Joh 5,6).

Die Heilungen Jesu sind nicht unbegrenzt. Wo Jesus Ablehnung erfährt und mit Unglaube konfrontiert wird, kann er keine Wunder wirken, wie in seiner Heimatstadt Nazaret «Und er konnte dort kein Wunder tun; nur einigen Kranken legte er die Hände auf und heilte sie. Und er wunderte sich über ihren Unglauben» (Mk 6,5–6a). Was sind nun Wunder und Wunderheilungen?

Wunder und Wunderheilungen

«Jesus verkündete das Evangelium vom Reich und heilte im Volk alle Krankheiten und Leiden.»
Mt 4,23b

In den Evangelien wird an vielen Stellen berichtet, dass Jesus Kranke geheilt hat. Über Wunder und Wunderheilungen zu schreiben ist dennoch kein leichtes Unterfangen, weder innerhalb noch außerhalb von Theologie und Medizin. Die Wunderfrage ist äußerst komplex und weitläufig. Das Wunder war über lange Zeit aus der Mitte des neutestamentlichen Glaubens verdrängt worden und bildete in der Fundamentaltheologie zusammen mit der Prophetie einen apologetischen Beweis für die Göttlichkeit der Offenbarung. Die Bibelwissenschaft kann auf die Vielfalt der biblischen Redegattungen über «Wunderbares» hinweisen, wie Heilungserzählungen, Exorzismen, Epiphanie- und Naturwunder. Diese können nur sehr schwer unter eine gemeinsame «Wunderdefinition» gebracht werden. Der Versuch, die gewirkten Wunder und Wunderheilungen durch die kausale Zuordnung an eine «heilende und rettende Kraft» definieren zu wollen, könnte als fragwürdige Esoterik interpretiert werden. So wie die Gottesherrschaft im Zentrum der Verkündigung Jesu steht, bilden Heilungen und Exorzismen ein Zentrum seines Wirkens (*Theissen, § 10, S. 256ff.*) (89).

Kann der Glaube heilen?

In der gesamten Antike gibt es Wundererfahrungen. *Epidaurus* war ein Spitalzentrum. *Asklepios*, der Heilgott, ist eng mit dem Glauben verbunden, auch am Teich Betesda beim Schaftor in Jerusalem (Joh 5,1–18). Das Christentum ist nicht erst außerhalb Palästinas mit dem Hellenismus in Berührung gekommen (*Schwank, S. 176*) (83). (Siehe auch das Kapitel über «Die Heilung eines Kranken am Teich Betesda»). Wunder sind nie eindeutig. Ein Sprichwort sagt von Wundergeschichten: «Des Glaubens liebstes Kind ist des Glaubens Krisenkind.» Wunder sind keine Beweise für den Glauben. Der Aspekt einer «Durchbrechung» von Naturgesetzen erweist sich als absolut hinderlich für eine konstruktive Debatte über Wunderheilungen. Diese Sichtweise deutet auf ein zwanghaft-aggressives Denken. Allein der Wortklang «durchbrechen» ist dem biblischen Weltbild und seiner Vorstellung vom Wirken Gottes nicht angemessen. Wunder sind keine «Mirakel», sie sind nicht «mirakulös». Im Lexikon steht: «Wunder, lat. miraculum, ein Vorgang, der Erfahrung oder Naturgesetz widerspricht und im Glauben der Völker als Offenbarung göttlicher Macht und göttlichen Handelns gilt. Für die biblische Religion ist das Wunder die Anzeige der souveränen Macht Gottes, der sich in der Geschichte, in der sichtbaren Welt offenbart. Als sinnvoll gilt es nur in der Beziehung zum Offenbarungsgeschehen oder zu dessen Vermittlung für die später Lebenden. Das Neue Testament erzählt viele Wunder: Krankenheilungen und drei Totenerweckungen, auch Naturwunder (Brotvermehrung, Stillung des Sturms). Jesus sah in seinen Heilungen ‹Zeichen› dafür, dass die Heilskräfte des Reiches Gottes in der Welt wirken. Als solche Zeichen, Hinweise auf das Wirken Jesu als Offenbarer, wurden sie nach seinem Tod weitergegeben …» (*dtv*) (15).

Kann der Glaube heilen? Diese Frage ist auch der Titel eines Referats des Liturgiewissenschaftlers und Theologen *Patrick Dondelinger* (14). Diese Frage kann uns nicht unberührt lassen. Sie hat auch den französischen Neurologen und Begründer der modernen Neurologie *Jean-Martin Charcot* (1825–1893) nicht unberührt gelassen. Er hatte großen Einfluss auf die Entwicklung der Psychiatrie und der Psychoanalyse durch seinen Schüler *Sigmund Freud* (1856–1939). *Jean-Martin Charcot* schrieb 1892 in seinem berühmten Aufsatz «La foi qui guérit»: «Diese Frage kann mich nicht unberührt lassen. Sie interessiert übrigens jeden Arzt, denn das wesentliche Ziel der Medizin ist die Heilung der Kranken ohne Diskriminierung des anzuwendenden Heilverfahrens. In diesem Sinne scheint mir das *faith-healing* das erstrebenswerte Ideal, denn es wirkt oft dann, wenn alle anderen Heilmittel versagt haben» (*Charcot, S. 111ff.*) (13). Charcot war ein positivistischer Atheist. Das Erstaunliche daran ist, dass er seinen Artikel im Zusammenhang mit der Reise des naturalistischen Schriftstellers *Emil Zola* (1840–1902) nach Lourdes verfasste. Charcot verstand Heilung *durch* den Glauben «als die Kraft, welche der Geist über den Körper besitzt». Liturgisches Handeln, Heilung *des* Glaubens – sakramental-körperliche Heilung – ist genau das Gegenteil von Charcots Heilung: Therapie durch körperliche Zeichen – und nicht körperliche Therapie durch spirituelle Zeichen. «Als Charcot den Glauben ‹als diese Kraft, welche der Geist über den Körper besitzt›, definierte, dachte er nicht nur an den Glauben des Kranken, sondern auch an den wissenden Glauben des Arztes ...» (*Dondelinger, S. 125*) (14).

Handeln Gottes

Wunder und Wunderheilungen. Die wirkende Kraft ist Gott. *Gerd Theissen* und *Annette Merz* formulieren in ihrem Lehrbuch «Der historische Jesus»: «Ein Wunder ist ein Ereignis, das gegen normale Erwartungen auftritt und eine religiöse Bedeutung hat: Es wird als Handeln eines Gottes verstanden. Unter diese weite Definition fallen auch kosmische Zeichen (wie der Stern bei der Geburt Jesu oder die Sonnenfinsternis bei seinem Tod). Die Wunder Jesu aber haben alle einen irdischen ‹Täter›, sie sind Wunder*taten* Jesu. Mochten die ersten Christen auch von ‹Zeichen vom Himmel› berichten, die sein Leben umgaben – Jesus selbst lehnte solche beglaubigenden Zeichen ab (Mk 8,11–13). Alle Wunder werden von ihm (und seinen Anhängern) gewirkt. Alle sind Ausdruck heilender und rettender Macht; das Strafwunder in Mk 11,12–14 ist eine Ausnahme. In der Wunderüberlieferung erscheint in der Regel also nicht Gott (abgesehen von Joh 11,41f.), sondern Jesus als Subjekt des Wundergeschehens. Insofern antike Mentalität Wunder auf eine übermenschliche Macht (sei es die Gottes, sei es die des Satans, vgl. Mt 12,22–31) zurückführte, musste sie in solchen Wundertaten Jesu übermenschliches Wesen ahnen, anerkennen oder ablehnen» (*Theissen, S. 279f.)* (89). «Wissenschaftliche Forschung kann hier nur insofern zur Klärung etwas beitragen, als sie die Geschichtlichkeit jeder Deutung herausarbeiten kann. Sowohl das in den Wundertaten bewältigte ‹Übel› als auch die wunderwirkende Kraft in den Wundertätern wird kulturspezifisch jeweils anders gesehen. Darin wirkt sich die wirklichkeitsdefinierende und -schaffende Macht der jeweiligen *Gesellschaft* aus» (*Theissen, S. 280*) (89). *Trummer* ergänzt: «Das Wunderverständnis ist nicht nur eine Frage der Theologie und des Glaubens, sondern orientiert sich zu einem ganz erheblichen Teil auch am jeweiligen Verständnis der *Anthropologie …*» (*Trummer, S. 46*) (93). Wunder kann jeder Mensch wirken, der wahrhaft liebt. Aus Liebe wird Liebe. *Mutter Teresa* hat unserer Zeit die Liebe zurückgegeben (*Melters*) (54).

Die biblischen Wunder haben mit menschlicher Not zu tun. Antwort auf menschliche Not heißt Hilfeleistung und Erfahrung von Hilfe. Die Krankenheilungen und Dämonenaustreibungen gehören zum ältesten Bestand der neutestamentlichen Wundergeschichten. Das Wundergeschehen als solches ist keine Demonstration des Supranaturalen und nicht beliebig mitteilbar. Darauf verweist auch das Mitteilungsverbot: «Doch er schärfte ihnen ein, niemand dürfe etwas davon erfahren; dann sagte er, man solle dem Mädchen etwas zu essen geben» (Mk 5,43a). Ein Wunder ist letztlich das Ereignis der Lebensmacht Gottes, die durch Jesus wirkt. Die «Tatsachenfrage», mit der sich moderne Bibelleser bei den Wundererzählungen immer noch abmühen, ist jedenfalls für den Evangelisten (Autor) nicht der Kern des Geschilderten. Es besteht kein Zweifel, dass die Evangelisten nicht «erfundene» Geschichten erzählen, sondern Geschichten, die in ihrem Kern wahr sind, weil sie in der Geschichte Jesu selbst ihren Grund haben. Als Reflexe der Geschichte Jesu sind sie wahr. Als «Tatsachenberichte» gelesen, hinterlassen sie in vielen Details den Eindruck des Widersprüchlichen und Rätselhaften. Aber auch darin zeigt sich letztlich ein Hinweis auf die Absicht des Evangelisten, eher der (erzählenden) Verkündigung als der Reportage zu dienen (*Kertelge, S. 61*) (45).

Wunder

überdrüssig der alten
haben wir neue wunder erfunden
die grössten der wunder aber
die wir erfanden
sind grösser als wir die erfinder
und dies ist ein wunder
nicht von uns selber erfunden

Kurt Marti (52)

Sind wir noch offen für Wunder, für die Wunder in den Gedichten von Kurt Marti und für die Wunder, die Jesus wirkte? Auf dem Fundament des bisher Gesagten können nun die Heilungen des Nazarener Arzt Jesus Christus näher betrachtet werden. Später soll dann noch versucht werden, den Horizont der Betrachtung auf die Gegenwart hin auszuweiten. Dabei darf nicht verschweigen werden, dass ein Arzt, dem Ende seiner Laufbahn nahe, der zurückblickt und den Geist seines Berufes überdenkt, in den Fragen von Heil und Unheil immer auch seine eigene Sache behandelt. Subjekt und betrachtetes Objekt lassen sich voneinander nicht trennen. Das was für die Naturwissenschaft gilt, das gilt auch für den Theologen und Exegeten.

Arztsein ist kein Teilzeitjob. Die ärztliche Tätigkeit Jesu umfasste einen großen Teil seines täglichen Wirkens. Sein Krankheitsverständnis war umfassend. Die Person des Kranken stellt für Jesus eine Einheit dar, in der alle Teile in Wechselwirkung stehen. Jesus ist nie der Simplifizierung verfallen, ein krankes Organ allein zu betrachten. Der Kranke selbst begreift sich als Einheit, die vom Psychischen her dominiert wird: damals wie heute. Noch mehr, es gibt Krankheiten, denen kein anatomisch fassbares Substrat entspricht, zum Teil ohne körperliche Begleiterscheinungen, zum Teil mit solchen verbunden. Dazu kommen noch Leiden, bei denen seelische Störungen zu anatomisch feststellbaren, körperlichen Erkrankungen führen, zum Beispiel die Ulcus-Krankheit, das Magen- und Zwölffingerdarm-Geschwür. Krank sind aber nicht nur die körperlich Beeinträchtigten, krank sind auch Menschen, die psychisch nicht mehr zurechtkommen. Das war vor zweitausend Jahren so und ist auch heute so. Krank sind auch Menschen, die aufgrund ihrer sozialen Stellung ins Abseits gerieten wie Zöllner und Prostituierte; krank sind auch Menschen, die von den übrigen als «Sünder» geächtet wurden, möglicherweise aufgrund eines chronischen Leidens (Aussatz), das man in einem Kausalzusammenhang mit ihrem Leben und mit ihrer «Schuld» sah. Vorbehaltlos wendet sich Jesus diesen Menschen zu: «Willst du gesund werden?», fragt Jesus spontan den Kranken am Betesda Teich (Joh 5,6).

«Die Einzigartigkeit der Wunder des historischen Jesus liegt darin, dass gegenwärtig geschehenen Heilungen und Exorzismen eine eschatologische Bedeutung zugesprochen wird. In ihnen beginnt eine neue Welt. Als apokalyptischer Wundercharismatiker steht Jesus singulär in der Religionsgeschichte. Er verbindet zwei geistige

Welten, die vorher nie in dieser Weise verbunden worden sind: die apokalyptische Erwartung universaler Heilszukunft und die episodale Verwirklichung gegenwärtigen Wunderheils. Nirgendwo sonst finden wir einen Wundercharismatiker, dessen Wundertaten das Ende einer alten und der Beginn einer neuen Welt sein sollen» (*Theissen, S. 279*) (89).

Wo waren die Orte des Wirkens Jesu, seine «Praxis-Standorte»? Bei den Synoptikern in Galiläa, bei Johannes ist Jerusalem der Ort, an dem Jesus wirkte. Das *Wie* der Heilung ist kein biblisches Thema. Auch darin unterscheiden sich die Heilungen Jesu von moderner naturwissenschaftlicher Medizin. Umso deutlicher erscheint der Heilungserfolg als das Ergebnis der Begegnung mit Jesus.

Wunderheilungen Jesu Himmel auf Erden Heilungen und Dämonenbannungen	
Von Gott	Vom Teufel
Zuwendung	Ablehnung
Offenbarung des Gottesgeistes	Magie Gotteslästerung
Glaube, Nachfolge	*Tod*

Jesus war vorurteilsfrei offen für die Mitmenschen, er ließ sich «anrufen» und «be-rühren». «Die Verkündigung Jesu stand ganz im Dienst des geoffenbarten Willens Gottes, der gerechten Sozialordnung Gottes» (*Vorgrimler, S. 75*) (97).

Die Heilung eines Blindgeborenen (Joh 9,1–7)

«Unterwegs sah Jesus einen Mann, der seit seiner Geburt blind war. Da fragten ihn seine Jünger: Rabbi, wer hat gesündigt? Er selbst? Oder haben seine Eltern gesündigt, so dass er blind geboren wurde?» (Joh 9,1–2). Der Text wirft die Frage auf: Wie war das Verhältnis Jesu, der im Judentum verwurzelt war, zur traditionellen Theologie (nicht Medizin), die Krankheit als Strafe für Sünde verstand? Die Antwort ist unmissverständlich. «Jesus antwortete: Weder er noch seine Eltern haben gesündigt, sondern das Wirken Gottes soll an ihm offenbar werden» (Joh 9,3). Nicht so seine Jünger; ihr Denken und Fragen hatte seinen Ursprung im traditionellen Vergeltungsglauben. «Da fragten ihn seine Jünger: Rabbi, wer hat gesündigt? Er selbst? Oder haben seine Eltern gesündigt, so dass er blind geboren wurde?» (Joh 9,2). Eine verhängnisvolle Frage aus einer Zeit, in der geistlicher Trost und Mildtätigkeit gegenüber Kranken wichtiger war als tatkräftige Hilfe. Die Antwort Jesu auf diese beängstigende Frage ist klar: «Weder er noch seine Eltern haben gesündigt» (Joh 9,3). Weder das eine noch das andere trifft zu. In diesem «Einzelfall» stimmt das Ursache-Wirkungs-Schema des Vergeltungsglaubens nicht. «Das Wirken Gottes soll an ihm offenbar werden» (Joh 9,3). Der Blinde macht die Grundsituation des erlösungsbedürftigen Menschen besonders deutlich sichtbar. Erlösung aus pathogenen religiösen Kausalzusammenhängen. Gott will besonders auch an den Kranken und Behinderten seine heilende Macht zeigen.

Jesus Christus, der Arzt hat, solange er in der Welt war, die Werke seines Vaters vollbracht, der ihn gesandt hat (vgl. Joh 9,4).

Blind sind die Sehenden – sehend sind die Blinden

Dass es gerade ein von Geburt an Blinder ist, ist für das Gespräch Jesu mit den Pharisäern, mit ihren sorgfältig aufgebauten «Mauern!» zwischen Gesunden und Kranken, Gerechten und Sündern wichtig. (Joh 9,13–41). «Sehen und Blindsein macht eine tiefere Dimension deutlich; blind sind die sehenden Pharisäer, weil sie sich in ihrer Verhärtung und ihrem starren Dogmatismus einschließen, sehend ist der Blinde, weil er sich im Glauben geöffnet hat» (*Gubler, S. 63*) (34). Der Arzt Jesus war ein hervorragender Diagnostiker, mit einem sensiblen und differenzierten Sinn für Gesundheit und Kranksein. Er erkannte die Kausalzusammenhänge des jüdischen Vergeltungsglaubens. Dabei konnte er auch zornig werden und traurig sein.

Das, was den Jüngern unbegreiflich und grausam erscheint, wird zu einer Offenbarung der Heilungen und des Heils, das Gott durch den Arzt Jesus Christus bewirkt. In dem Heilungswunder, das Jesus auch an den Jüngern vollzieht, erkennen diese, dass der, der die Augen eines Blindgeborenen zu öffnen vermag, in Wahrheit «das Licht der Welt» ist (Joh 9,5).

Vergeltungsglaube Tun-Ergehen-Zusammenhang (Ursache-Wirkungs-Schema) Eine «Mauer» zwischen Gesunden und Kranken	
Gesunde	**Kranke**
Gerechte	Sünder
Belohnung	Strafe
Unbeschädigt	Beschädigt
Sozial und religiös integriert	Sozial und religiös marginalisiert
Im Zentrum	Am Rand
Gegenwart	Gegenwartslosigkeit
Zukunft	Zukunftslosigkeit
Hoffnung	Hoffnungslosigkeit
Reichtum	Armut
Heil	*Unheil*

Jesus wendet sich gegen die jüdische Auffassung, wonach alles Leiden Strafe für Sünden sei. (Lk 13,1–4). Für ihn besteht zwischen Schuld und Leiden kein unmittelbarer Zusammenhang. Jesus wendet sich den Menschen im Abseits zu, den Menschen, die vielleicht physisch gesund, aber sozial und religiös marginalisiert sind. Jesus, der Messias des Wortes und der Tat, war selbst heimatlos und marginalisiert: «Die Füchse haben ihre Höhlen und die Vögel ihre Nester; der Menschensohn aber hat keinen Ort, wo er sein Haupt hinlegen kann» (Lk 9,58). Der Berner Mundartdichter *Rudolf von Tavel* hat in seinem Roman «Ring i der Chetti» den Bernern das Evangelium in Erinnerung gerufen: «Gottes Sohn hatt' nit, da er syn Houpt hinleyte – dir aber ist ein Stadt worden als Bern» (*Bärner Chronik 1953*) (6).

Die Tora ist der «Weg zum Leben», nicht ein Weg in Krankheit und Tod. Das Problem liegt nicht an der Tora, sondern an den Exegeten. Jesus deckte die «Fehldiagnosen» der Pharisäer auf. Er entlarvte die «Gesundheit» der Gesetzestreuen und erkannte die «Krankheit» der Sünder. Seine Diagnosen basieren auf einer fundamentalen Umkehrung der Verhältnisse, auf einem «Perspektiven- und Paradigmenwechsel». Die Gesellschaft sieht «von oben» und «von unten» nicht gleich aus. Das Problem ist schon im Alten Testament bekannt (vgl. Lev 19,15). *Reinhold Ortner* schreibt: «Es ist nicht leicht, zwischen den Prinzipien ‹Jedem das Gleiche› und ‹Jedem das Seine› die Balance der Gerechtigkeit zu wahren» (Timor Domini 38. Jhrg. Nr. 2 / 2009, S. 8). In einer gerechten Welt sollten aber die beiden Gesellschafts-Bilder eine möglichst große gemeinsame Deckungsfläche haben: «Jedem das Seine und zugleich das Meine.» Wir dürfen auch bei der Beurteilung von Gesund und Krank nicht der Polarisierung verfallen. Das erfordert Aufmerksamkeit und Aufgeschlossenheit und ein ausgewogenes Verhältnis zu unseren Mitmenschen. Und vor allem sollten wir unsere Taten kritisch betrachten, weil Sünden gegen Mitmenschen auch Sünden gegen Gott sind. Die Liebe vom Ich zum Du fordert ein Stück Selbstaufgabe. Sündenvergebung und Neubeginn sind unverdiente Gnade Gottes.

Das alles müssen wir zunächst *erkennen* und uns *bewusst* werden, um Gott um Verzeihung bitten zu dürfen. Gottesnähe muss erbeten werden. Das Bruderklausengebet ist ein Bittgebet zur Klärung der Sehnsucht.

Der von Jesus eingeleitete Paradigmenwechsel	
Gesundheit als Folge der Treue zum Gesetz	**Krankheit** als Folge der Nichteinhaltung des Gesetzes
Anmaßung	Soziale Ächtung
Verdrängte Wirklichkeit	Realität
Selbstschutzmechanismus	«Opfer» des Gesetzes
Blindheit des Nichterkennens	*Ich-Bewusstsein*

Das Bruderklausengebet

Mein Herr und mein Gott,
nimm alles von mir,
was mich hindert zu dir.

Mein Herr und mein Gott,
gib alles mir,
was mich führet zu dir.

Mein Herr und mein Gott,
o nimm mich mir
und gib mich ganz zu eigen dir.
Amen.

Hl. Bruder Klaus von Flüe (1417–1487)
Landesvater der Schweiz

Die Jesuanische Perspektive

Der von Jesus eingeleitete Paradigmenwechsel, sein Lehren und Handeln muss unter der Perspektive des Reiches Gottes – «sub specie regni Dei» – gesehen werden. Matthäus 25 ist dabei das absolute Kriterium: «Was ihr für einen meiner geringsten Brüder *getan* habt, das habt ihr mir getan» (Mt 25,40), aber auch: «Was ihr für einen dieser Geringsten *nicht getan* habt, das habt ihr auch mir nicht getan» (Mt 25,45). Auf den Zusammenhang von Krankenheilung und Reich Gottes wird in den synoptischen Evangelien mehrmals hingewiesen (vgl. Mt 4,23; Lk 9,1–6). «Er zog in ganz Galiläa umher, lehrte in den Synagogen, verkündete das Evangelium vom Reich und heilte im Volk alle Krankheiten und Leiden» (Mt 4,23).

Im biblischen Verständnis sind Kranksein (Krankheit) und Heilen nicht bloß eine private Angelegenheit Einzelner. Krankheit und Heilung haben auch eine *politische* Bedeutung. 1950 kommt *Jakob Klaesi* zum gleichen Schluss, wenn er sagt: «Der tauglichste Krankheitsbegriff ist heute ein sozialer» (*Klaesi, S. 6*) (48). Krankheit und Heilung folgen bestimmten Gesetzen. Durch Gesetze wird das Zusammenleben der Menschen geregelt. Das ist auch heute noch so, doch an die Stelle religiöser Vorschriften sind für Krankheit und Heilung Gesundheitsgesetze getreten. In solchen Gesetzen sind für Ärzte, Patienten und Bevölkerung verbindliche Verordnungen festgehalten, um beispielsweise bei ansteckenden Krankheiten durch präventive Maßnahmen Epidemien zu verhindern oder schwangere Frauen zu schützen. Bei gewissen Krankheiten ist es unumgänglich, Kranke zu Hause oder im Spital zu «isolieren», um gesunde Mitmenschen vor Ansteckungsgefahr zu schützen, aber auch umgekehrt, um Kranke wegen Abwehrschwäche ihres Immunsystems vor den Gefahren der Umwelt zu schützen. Gesetze und Vorschriften müssen differenziert gedeutet werden. Demokratische Gesetze dienen wechselwirkend dem einzelnen Menschen und der Gemeinschaft. Recht und Moral haben eine gemeinsame Deckungsfläche. Die Beurteilung einer bestimmten Rechtslage muss von einer Wertschätzung des Rechts und der Rechtswissenschaft, mit ihrem eigenständigen Beitrag zur Gestaltung von Gesellschaft ausgehen und ihren Befund mit dem christlichen «Humanum» in Einklang bringen.

Jesus lehnt sich auf gegen die soziale Ausgrenzung der Kranken, er überschreitet die Grenze («Mauer») ihrer gesellschaftlichen Isolation, indem er mit ihnen körperlich-konkret in Kontakt tritt. Handelt er – aus heutiger (naturwissenschaftlicher) Sicht – vielleicht unvorsichtig, ja sogar fahrlässig? So nimmt er die fieberkranke Schwiegermutter des Petrus bei der Hand (Mk 1,30–31), berührt einen Aussätzigen (Mk 1,40–42), legt seine Finger in die Ohren des Taubstummen und berührt dessen Zunge mit Speichel (7,32–35), bestreicht die Augen des Blinden mit Speichel und legt ihm die Hände auf die Augen (8,22–25). Das Umschlagbild dieses Buches zeigt diese Szene.

Es geht in den neutestamentlichen Heilungsgeschichten nicht darum, dass Jesus auf wundersame Weise medizinisch unheilbare «Fälle» erfolgreich behandelt, vielmehr werden hier gewichtige und subtile Fragen der Menschenwürde – der Person – berührt, bereinigt und geheilt. Jesus heilt, indem er sich weigert, die geltenden gesetzlichen Sanktionen gegen erkrankte Personen zu achten, und er heilt, indem er die Kranken in die Gemeinschaft der Marginalisierten und Ausgegrenzten aufnimmt. Jesus heilt, indem er Schuld und Sühne in Heilung und Heil verwandelt. Jesus nimmt sie auf in das Reich Gottes (Basileia tou theou). An 95 Stellen in den synoptischen Evangelien wird ausdrücklich ein Zusammenhang zwischen Reich Gottes und Jesu Reden und Handeln hergestellt. Die hohe Zahl dokumentiert auch den sozialen Stellenwert des Problems. Die in diesen Perikopen bezeugte körperliche Heilung der kranken Menschen ist Indiz für ihre ganzheitliche Gesundung: «Steh auf, nimm deine Tragbahre, und geh nach Hause!» (Mk 2,11).

Die Sprache der Wunder

Die erste Heilung Jesu ist ein Exorzismus (Mk 1,21–28), die zweite eine Krankenheilung (Mk 1,29–31). Neben diesen Heilungskategorien finden sich später im Evangelium Rettungswunder (Stillung des Seesturmes, Mk 4,35–41), Geschenkwunder (Brotvermehrung, Mk 6,35–44; 8,1–10). Letzteres fordert uns auf, das Teilen – nicht nur des Brotes – zu lernen und als Wunder zu erfahren. Eine besondere Kategorie bildet die Totenerweckung (Auferweckung der namenlosen Tochter des Jairus, Mk 3,1–6). Markus nennt alle diese Ereignisse jedoch nicht Wunder, sondern «Krafttaten» (grch. dynamis) (Mk 6,2.5; 9,39). Durch solche «Krafttaten» wird die Kraft des allmächtigen Gottes erfahrbar (Mk 12,24), die Kraft, die den Menschensohn auch bei seiner Wiederkunft (Parusie) erfüllen wird (Mk 13,26; 14,62). Durch diese Taten wird Gottes Heilswille sichtbar und erfahrbar gemacht, die ursprüngliche, *gute* Schöpfung (Gen 1,25), ja *sehr gute* Schöpfung (Gen 1,31) wird wiederhergestellt.

In den Heilungen Jesu nimmt das Reich Gottes Gestalt an (Mk 9,1). Matthäus sieht in den Heilungen einen Hinweis darauf, dass Jesus als der verheißene leidende Gottesknecht die Leiden der Menschheit auf sich nimmt (Mt 8,16–17): «Dadurch sollte sich erfüllen, was durch den Propheten Jesaja gesagt worden ist: Er hat unsere Leiden auf sich genommen und unsere Krankheiten getragen» (Mt 8,17). Nach dem Verständnis von Matthäus hat Jesus durch seine Wunderheilungen unsere Schmerzen weg-«genommen».

Diese Auslegung ist von tiefer theologischer Wahrheit. Weil Jesus, der «Gottesknecht», gekommen ist, um die Sühne für die Sünden auf sich zu nehmen, vermag er die Menschen von den körperlichen Gebrechen zu befreien, die Folge und Strafe der Sünde sind (*BJ, Kommentar zu Mt 8,17*) (7). Die Kranken kommen in eine Schicksalsgemeinschaft mit Christus und erhalten so Anteil an seinem Befreiungswerk von der zwingenden Macht der Sünde. Sie werden aber auch frei von der vor- und außerchristlichen Unheilsära «unter dem Gesetz». Jesu Heilungen sind ein «Vorauszeichen» auf eine neue, heile Welt. Dieses Verständnis von Heilung «sub specie regni Dei» setzt die Auseinandersetzung mit den konkreten Heilungstexten des Neuen Testaments auf dem Fundament des Alten Testaments voraus. Erst nach genauer Textlektüre und Verknüpfung der gemachten Beobachtungen mit theologischen Zusammenhängen erkennen wir den Nazarener Arzt und begegnen dem, der die Heilungen gewirkt hat und am Kreuz sterben musste. Er hat uns zur Nachfolge aufgefordert. Alle, die sich um Kranke und Leidende bemühen, Ärzte, Pflegende, Spitex, Sanitäter, Rettungsdienste, Zivilpersonen, sind aufgefordert, dass sich die Patienten auch bei ihnen eingebettet und geborgen fühlen in einer befreienden, angstauflösenden, hoffnungsvollen Schicksalsgemeinschaft. Damit komme ich zur Exegese ausgewählter Heilungen.

Fünf Begegnungen mit dem Arzt Jesus Christus

Fünf Begegnungen mit dem Arzt Jesus Christus – Fünf ausgewählte «Fälle» von Heilungen.

In den folgenden Kapiteln sollen die vorausgegangenen allgemeinen Überlegungen anhand der ausgewählten neutestamentlichen Texte konkretisiert werden. Was ist ihr Ertrag für die Auslegung neutestamentlicher Wunderheilungen? Welcher Stellenwert kommt ih-

Exemplarische Heilungen	
Heilung der blutflüssigen Frau	Mk 5,25–34 / Mt 9,20–22 / Lk 8,43–48
Heilung der Schwiegermutter des Simon	Mk 1,29–31 / Mt 8,14–15 / Lk 4,38–39
Heilung eines Aussätzigen	Mk 1,40–45 / Mt 8,1–4 / Lk 5,12–16
Heilung eines Blinden bei Jericho	Mk 10,46–52 / Mt 20,29–34 / Lk 18,35–43
Heilung eines Kranken am Teich Betesda	Joh 5,1–18

nen zu für eine spätere konstruktive Konfrontation mit der modernen Medizin? Die Auswahl der exemplarischen neutestamentlichen Texte wird durch vier Aspekte (Gruppen) persönlicher Anliegen begründet:

- Heilung von Frauen: Die Stellung der Frau zur Zeit Jesu
- Symptombehandlung (Fieber) und Krankheit
- Spezifische Organerkrankungen: Blutungen, Aussatz, Blindheit
- Das Sabbatgebot.

Bei der ersten exemplarischen Perikope (Mk 5,25–34 par) erfolgt die Konkretisierung ausführlich in vier Schritten:

- Exegetische Analyse der Texte (grch. Herausführung, Entfaltung des Sinns)
- Biblisches Umfeld und (medizin-)historischer Hintergrund der Kernprobleme
- Theologischer Umgang mit Gesetzen und Vorschriften
- Allegorische Darstellung: (grch. allegorein, «anders sagen»): Zweitmeinung («second opinion»).

In der Ausführung sind Überschneidungen und mehrfache Beleuchtung aus verschiedenen Positionen unvermeidlich. Manche Aspekte wurden auch bereits in den vorangehenden Kapiteln entfaltet. Für die Exegese der konkreten neutestamentlichen Texte wurden – wo im Text nicht andere Quellenangaben vermerkt sind – die Kommentare der «Neuen Echter Bibel» verwendet: *Karl Kertelge* (Markusevangelium) (45), *Rudolf Schnackenburg* (Matthäusevangelium) (79, 80), *Jacob Kremer* (Lukasevangelium) (51). Die Exegese der Perikope Mk 5,25–34 und der synoptischen Parallelstellen erfolgte darüber hinaus hauptsächlich in Anlehnung an das Buch von *Peter Trummer*: «Die blutende Frau – Wunderheilung im Neuen Testament» (93). Die Exegese der «Heilung eines Kranken am Teich Betesda» (Joh 5,1–18) basiert auf dem Buch des Beuroner Benediktinerpaters *Benedikt Schwank OSB*: «Evangelium nach Johannes» (83). Die angeführten Quellen wurden an mehreren Stellen auch für die Zitierung verwendet. Die Auslegung der Texte erfolgt in kleinen Methodenschritten, unter Beachtung der Eigenart der zu erklärenden Texte.

Die Heilung der blutflüssigen Frau

Mk 5,25–34 / Mt 9,20–22 / Lk 8,43–48

Die Heilung der an Blutungen leidenden Frau aus dem Markusevangelium (Mk 5,25–34) und den synoptischen Parallelstellen im Matthäusevangelium (Mt 9,20–22) und im Lukasevangelium (Lk 8,43–48) ist eine vielfach vernachlässigte Perikope. Die Geschichte dieser Heilung ist eng verflochten mit der unmittelbar anschließenden Geschichte der Auferweckung der Tochter des Synagogenvorstehers Jaïrus (Mk 5,35–43). Sie ist so Teil einer Doppelperikope (Doppelerzählung). Die Heilungsgeschichte der kranken Frau wird durch die Auferweckungsgeschichte eingerahmt. Für *Trummer* ist die Geschichte der Heilung der blutenden Frau so etwas wie ein «Zwischenspiel» (*Trummer, S. 79*) (93). Die Einrahmung ist sicherlich keine zufällige Konstruktion. In beiden Fällen geht es um die Heilung von Frauen. Manche heutige Patientinnen meinen, Frauenheilungen seien reine «FrauenSache», wie sogar der Name einer gynäkologischen Praxis lautet und Kundinnen mit großen Lettern anlockt. Aus den genannten Gründen scheint es mir sinnvoll, das ganze Kapitel dieser Doppelerzählung zu behandeln (Mk 5,21–43). Meine Einrahmung soll das Bild der Heilung der kranken Frau hervorheben. Die beiden Titel der Erzählung finden sich in Bibelübersetzungen in unterschiedlicher Formulierung und Reihenfolge.

Die markinische Doppelperikope (Mk 5,21–43)

«Jesus fuhr im Boot wieder ans andere Ufer hinüber, und eine große Menschenmenge versammelte sich um ihn. Während er noch am See war, kam ein Synagogenvorsteher namens Jaïrus zu ihm. Als er Jesus sah, fiel er ihm zu Füßen und flehte ihn um Hilfe an; er sagte: Meine Tochter liegt im Sterben. Komm und leg ihr die Hände auf, damit sie wieder gesund wird und am Leben bleibt. Da ging Jesus mit ihm. Viele Menschen folgten ihm und drängten sich um ihn» (Mk 5,21–24).

> «Darunter war eine Frau, die schon zwölf Jahre an Blutungen litt. Sie war von vielen Ärzten behandelt worden und hatte dabei sehr zu leiden; ihr ganzes Vermögen hatte sie ausgegeben, aber es hatte ihr nichts genutzt, sondern ihr Zustand war immer schlimmer geworden. Sie hatte von Jesus gehört. Nun drängte sie sich in der Menge von hinten an ihn heran und berührte sein Gewand. Denn sie sagte sich: Wenn ich auch nur sein Gewand berühre, werde ich geheilt. Sofort hörte die Blutung auf, und sie spürte deutlich, dass sie von ihrem Leiden geheilt war. Im selben Augenblick fühlte Jesus, dass eine Kraft von ihm ausströmte, und er wandte sich in dem Gedränge um und fragte: Wer hat mein Gewand berührt? Seine Jünger sagten zu ihm: Du siehst doch, wie sich die Leute um dich drängen, und da fragst du: Wer hat mich berührt? Er blickte umher, um zu sehen, wer es getan hatte. Da kam die Frau, zitternd vor Furcht, weil sie wusste, was mit ihr geschehen war; sie fiel vor ihm nieder und sagte ihm die ganze Wahrheit. Er aber sagte zu ihr: Meine Tochter, dein Glaube hat dir geholfen. Geh in Frieden! Du sollst von deinem Leiden geheilt sein» (Mk 5,25–34).

«Während Jesus noch redete, kamen Leute, die zum Haus des Synagogenvorstehers gehörten, und sagten (zu Jaïrus): Deine Tochter ist gestorben. Warum bemühst du den Meister noch länger? Jesus, der diese Worte gehört hatte, sagte zu dem Synagogenvorsteher: Sei ohne Furcht; glaube nur! Und er ließ keinen mitkommen außer Petrus, Jakobus und Johannes, den Bruder des Jakobus. Sie gingen zum Haus des Synagogenvorstehers. Als Jesus den Lärm bemerkte und hörte, wie die Leute laut weinten und jammerten, trat er ein und sagte zu ihnen: Warum schreit und weint ihr? Das Kind ist nicht gestorben, es schläft nur. Da lachten sie ihn aus. Er aber schickte alle hinaus und nahm außer seinen Begleitern nur die Eltern mit in den Raum, in dem das Kind lag. Er fasste das Kind an der Hand und sagte zu ihm: Talita kum!, das heißt übersetzt: Mädchen, ich sage dir, steh auf! Sofort stand das Mädchen auf und ging umher. Es war zwölf Jahre alt. Die Leute gerieten außer sich vor Entsetzen. Doch er schärfte ihnen ein, niemand dürfe etwas davon erfahren; dann sagte er, man solle dem Mädchen etwas zu essen geben» (Mk 5,35–43).

Exegese

«Veritatem sequimur, errores et praejudicia profligamus»
Aus Albrecht von Hallers Ernennungsbrief zum Mitglied der Königlichen Akademie der Wissenschaften in Uppsala, 1733 (zit. bei Hintzsche, Erich: Gesnerus 16, 1, 1959). (38).

Es handelt sich um eine höchst bemerkenswerte Erzählung, deren Auslegung durch eine da und dort etwas ungewöhnliche exegetische Vorgangsweise nicht leiden sollte. Die Einrahmung der Heilungsgeschichte hat offenkundig ihren Grund darin, «dass durch die Verschachtelung eine Steigerung des Geschehens erreicht werden soll, die im Zusammenhang des Ganzen der Auferweckung einer Toten die überragende Bedeutung sichert, die ihr zukommt. Die Steigerung gewinnt zusätzlich dadurch an Gewicht, dass die Doppelerzählung mit den beiden vorhergehenden Wundergeschichten (Mk 4,35–41 und Mk 5,1–20) zu einer Trias verbunden ist, und zwar wohl nicht nur durch die Szenerie der Bootsfahrten über den See, sondern mehr noch durch das Motiv der epiphanen Überlegenheit Jesu über die Mächte. Sowohl die Verschachtelung der beiden unabhängigen Machttaten als auch ihre Verbindung mit den beiden vorhergehenden dürften dem Evangelisten vorgegeben gewesen sein» (*Kertelge, S. 57*) (45).

In beiden Fällen geht es um die Heilung von Frauen, die ihrerseits durch die Zahl Zwölf charakterisiert werden. Die zwölfjährige Jaïrustochter steht am Anfang ihrer Menstruation und Geschlechtsreife. Die Menarche bedeutet den Anfang der «reproduktiven Lebensphase» und somit die Schwelle des Erwachsenen- und Heiratsalters. Die unbekannte Frau dagegen leidet schon seit zwölf Jahren an Blutungen (Meno-Metrorrhagien). Ihr Alter wird nicht genannt. Es darf aufgrund der anamnestischen Angaben im Text nur in einen größeren Zeitrahmen gelegt werden: Geschlechtsreife bis Klimakterium, indessen kann auch das Alter der Prae- und Postmenopause nicht mit Sicherheit ausgeschlossen werden. Aus Jesu Anrede mit «Tochter» könnte man auf eine eher «junge» Frau schließen. Die

Lebenserwartung im Alten Orient betrug zur Zeit Jesu ca. 30 Jahre. Jesus war zur Zeit dieser Erzählung vielleicht etwa 28 Jahre alt. Die medizinische (naturwissenschaftliche) Diskussion über die «Differentialdiagnosen» dieser Blutungen und die Dignität der zugrunde liegenden Krankheit (physiologisch, pathologisch, gutartig, bösartig) sind theologisch nicht von Interesse.

Die feste biblische Verknüpfung von zwei Frauen mit zwei ganz verschiedenen «Krankheitsbildern» ist für die exegetische «Knochenarbeit» nicht ohne Probleme. Man könnte aufgrund der Gewichtung im Text den Eindruck gewinnen, dass die beiden Frauen – die jüngere und die ältere – nicht gleich «behandelt» werden. Die eingerahmte «Krankengeschichte» der blutenden Frau wird gleichsam nur «en passant» erzählt und beinahe überbrückt. Der verschachtelte Text (Bitte des Jaïrus – Geschichte der blutenden Frau – Auferweckung der Jaïrustochter) erschwert die Auslegung. Was ist das Wichtigere an einem gerahmten Bild: das Bild oder der Rahmen? Die Auferweckung der Jaïrustocher wird einerseits «nur» als Rahmenhandlung für die Heilung der blutenden Frau («Bild») bezeichnet, andererseits ist die Jaïrustochter das Bild selbst und «Mittelpunkt» der Erzählung. Der «Rahmen» ist jung und erweckt Mitleid; er lenkt vom Bild der seit zwölf Jahren an Blutungen leidenden Frau eher ab, als dass er dazu dient, sich vor allem auf die Letztere zu konzentrieren. Nicht umsonst ist für *Trummer* die Heilung der blutenden Frau durch Jesus «eine ganz *ungewöhnliche* Heilung, ja von allen *Frauenheilungen* des Neuen Testaments ist sie im Grunde genommen die *allerschwierigste*» (*Trummer, S. 80*) (93).

Es gibt im Neuen Testament insgesamt nur vier Frauenheilungen. Außerhalb der erwähnten Doppelperikope (Mk 5,21–43) werden im Neuen Testament nur noch zwei Frauenheilungen näher ausgeführt: die Heilung der fieberkranken Schwiegermutter des Simon Petrus (Mk 1,29–31) und die Heilung der verkrümmten Frau am Sabbat (Lk 13,10–17). Nicht zu den vier Frauenheilungen gerechnet wurden zwei «Dämonenfälle»: die Heilung der Tochter einer Syrophönizierin von einem Dämon (Mk 7,24–30) und Maria Magdalena von sieben Dämonen (Lk 8,2).

Krankenheilungen erfordern Worte und Taten, vielleicht Berührungen. Wer sucht die Berührung zuerst, Arzt oder Patient? Berührungen können dem Arzt auch zum Verhängnis werden, durch berechtigte oder unberechtigte Klagen, Verleumdung oder heutzutage durch die in der Praxis «Versteckte Kamera». Wenn von Frauenheilungen die Rede ist, stellt sich sogleich die Frage: Was sollen die Leserin und der Leser dabei über Jesus denken? Was war das Besondere seiner Arzt-Patientinnen-Beziehung? Das Problem darf nicht aus heutiger gesellschaftlicher Sicht behandelt werden. Zurückversetzung in die Zeit Jesu ist unumgänglich für das Verständnis im geschichtlichen Kontext. Und eine in diesem Kontext auch zu stellende Frage lautet: Machte Jesus einen Unterschied bei der Heilung von Männern und Frauen; genügte sein Wort, oder berührte er die Frauen, wie männliche Kranke auch? Angefangen beim ältesten Evangelium von Markus bis hin zu Lukas zeigen die Texte deutliche Nuancen in der heilenden «Kontaktnahme». Die wechselwirkende Kontaktnahme bei der Heilung der blutenden Frau – Berührung des Gewandes Jesu durch die Frau und Zuwendung Jesu – ist sehr schön dargestellt auf einer Buchmalerei aus der Klosterschule des Benediktinerordens auf der Insel Reichenau, die im 9. Jahrhundert eine künstlerische Blüte erlebte. Das «atmende» einfühlsame Gemälde in der Bildsprache der damaligen Zeit findet sich auf dem Umschlag des Buches von *Trummer* (93).

Jesuanischer Körperkontakt im Familienkreis (Jesus wohnte nach seinem Weggang von Nazaret im Haus des Petrus)		
Die Heilung der Schwiegermutter des Simon Petrus		
Evangelium / Stelle	Text	Heilung durch
Mk 1,31	«und er ging zu ihr, fasste sie an der Hand und richtete sie auf. Da wich das Fieber von ihr, und sie sorgte für sie.»	Kräftiges Anfassen Anpacken, Aufrichten
Mt 8,15	«Da berührte er ihre Hand, und das Fieber wich von ihr. Und sie stand auf und sorgte für ihn.»	Berühren
Lk 4,39	«Er trat zu ihr hin, beugte sich über sie und befahl dem Fieber zu weichen. Da wich es von ihr, und sie stand sofort auf und sorgte für sie.»	Ohne Berührung Das Wort

Bei der Auferweckung der Jaïrustocher hatte keiner der drei Synoptiker Bedenken hinsichtlich einer erzählenden Berührung: «Er *fasste* das Kind an der Hand und sagte zu ihm: Talita kum!, das heißt übersetzt: Mädchen, ich sage dir, steh auf!» (Mk 5,41). «Als man die Leute hinausgedrängt hatte, trat er ein und *fasste* das Mädchen an der Hand; da stand es auf» (Mt 9,25). «Er aber *fasste* sie an der Hand und rief: Mädchen, steh auf!» (Lk 8,54). Und noch eine weitere Frage muss bei einer Frauenheilung beantwortet werden. Wie kann die Heilung einer blutenden Frau (Menstruationsblutung, Wochenbett, Meno-Metrorrhagien, Postmenopauseblutung) einsichtig gemacht und auch der Öffentlichkeit präsentiert werden? Arztzeugnisse, Krankenscheine, Versicherungsberichte, Vertrauensärzte waren unbekannt. Soll die Frau selbst über ihre Heilung berichten; wenn ja, wem? Oder muss eine «second opinion» eingeholt werden? Die Frage ist deshalb so wichtig, weil gerade eine solche Heilung damals sozial von höchstem Belang ist. Die Heilung entzieht sich jeder profanen Beurteilung, auch derjenigen damaliger Ärzte. Also konnte die Heilung letztlich nur von der Frau selbst verifiziert und anderen (der Familie und dem Priester) mitgeteilt werden. «Und so wird die Erzählung ihrer Heilung zur einzigen des gesamten Neuen Testaments, in der auch der Seelenzustand der Betroffenen einmal näher zur Sprache kommt» (*Trummer, S. 83*) (93). Die Heilung umfasst Soma und Psyche, die ganze Person. War die Ausgangssituation ihres Leidens psychosomatisch oder somatopsychisch? Ganzheitliche Medizin betrachtet die Wechselwirkung. Das Glaubensmotiv verbindet die Heilung der blutenden Frau und die Auferweckung des Mädchens vor allem in Mk 5,34 und Mk 5,36. Beide Mal wird der Glaube den jeweils Betroffenen von Jesus zugesprochen – anerkennend, ermutigend. Das Thema *Glaube* gewinnt dadurch besondere Bedeutung.

Mk 5,21–24

Jesus überquert den See Genezareth, das Galiläische Meer, auch See von Tiberias genannt. Die Überquerung des Sees führt ihn zu einem weiteren Ort seines Wirkens. Es ist verständlich, dass sich am Westufer des Sees, wo die Hauptstätten seines öffentlichen Auftretens liegen, wiederum eine große Menschenmenge um ihn versammelt. Diese Feststellung dient aber nur aus Ausgangspunkt für die beiden folgenden miteinander verschränkten Geschehnisse. Ein Synagogenvorsteher namens «Jairos» (grch. Schreibweise des jüdischen Namens Jair) kommt mit einer Bitte zu Jesus, die er ihm kniefällig vorträgt, Ausdruck seines Vertrauens zu den besonderen Möglichkeiten Jesu, ihm in seiner Not zu helfen. Er bittet für seine Tochter; es ist höchste Zeit, denn «sie liegt im Sterben». Er erwartet also von Jesus eine Heilung der Sterbenskranken durch Handauflegung. Die helfenden «Möglichkeiten» Jesu sind damit deutlich bezeichnet, nämlich als Heilungscharisma, mit dessen Wirksamkeit auch bei diesem «Grenzfall» gerechnet wird. Ohne Zögern geht Jesus mit ihm. Dass ihn auf dem Weg eine «große Menschenmenge» begleitet und umdrängt, beschleunigt gewiss nicht seinen Gang zur Patientin. Aber diese Bemerkung leitet schon die umrahmte «Zwischenszene» von der Heilung der blutflüssigen Frau ein (Mk 5,25–34).

Beim Studium der drei überlieferten «Krankengeschichten» der blutenden Frau stößt man auf einen kleinen Grundbestand, der auch das Grundgerüst der Perikope bildet. Das Grundgerüst der Geschichte findet sich in allen drei synoptischen Berichten.

Das Grundgerüst der Perikope Mk 5,25–34 / Mt 9,20–22 / Lk 8,43–48
– Eine (seit) zwölf Jahre(n) – Blutflüssige (im Fließen des Blutes seiende) Frau – Kam von hinten her (hinzu) – Berührte sein Gewand – Er aber sagte (ihr): Tochter, dein Glaube hat dich heil gemacht.

Mk 5,25–29

Im Grundgerüst der Erzählung wird das Wesentliche der Heilung sichtbar. Die Anamnese lautet: Die Frau leidet seit zwölf Jahren unter mehr oder weniger starken Blutungen. Sie leidet unter anämisierenden Meno-Metrorrhagien bis Dauerblutungen unklarer Genese. Vielleicht leidet sie überhaupt nicht an einer gynäkologischen Krankheit, sondern unter Blutungen aus den ableitenden Harnwegen, vielleicht hat sie Dickdarmkrebs oder Blasenkrebs oder eine blutende Urogenitalfistel etc. Wie dem auch sei, hat die Frau überhaupt noch die Kraft sich aufrecht zu bewegen? Ich muss mir von dieser leidenden Frau ein Bild machen, um der Nachwelt über sie berichten zu können. Es handelt sich nicht um ein banales gynäkologisches Leiden – verzeihen Sie diesen Ausdruck für die Patientin –, auch nicht um eine «einfache» Zyklusstörung, sondern um eine ganz außergewöhnliche Situation. Die jüdischen Kautelen im Umgang mit Genitalblutungen machten sie gesellschaftsunfähig, und das auf Dauer. Sie galten sowohl für Menstruationsblutungen (Lev 15,33) als auch für Wochenbettausfluss (Lev 12,1–8), also für durchaus physiologische, spezifisch weibliche Ereignisse, welche Ausdruck von Gesundheit und Lebenskraft sind. Matthäus (Mt 9,20–21) schildert den Leidensbefund der blutenden Frau in wörtlicher Anspielung auf den oben erwähnten Text von Lev 15,33, womit die ganze Tragweite des Problems von alttestamentlich-jüdischer Seite her anklingt: Blutungen machten eine Frau unrein; sie durfte nicht am Gottesdienst teilnehmen und musste die Berührung mit anderen Menschen meiden, da diese sonst ebenfalls unrein wurden. Das Vorgehen der Frau war deshalb ein Verstoß gegen das Gesetz (vgl. Lev 12), offenbart aber ihre Not und ihr Vertrauen.

Ein paar kritische Rückfragen zu dieser scheinbar so sicheren theologischen Deutung: Weshalb berichtet Markus nur über diese eine blutende Frau, die unter dem Gesetz litt und dagegen verstieß? Es bluteten doch sicher hunderte oder tausende Frauen zur gleichen Zeit, womöglich ohne unter dem Gesetz zu leiden. Fühlte nur sie sich gesellschaftlich ausgegrenzt? War also nur diese eine Frau asozial, war sie eine frühe Vorläuferin des Feminismus? Müsste womöglich das Problem bei ihr selbst gesucht werden – bei ihrer körperlichen Krankheit oder ihrer Psyche – und nicht beim alttestamentlichen Gesetz? Wie in jedem Zweifelsfall ist zugunsten der Angeklagten zu entscheiden: «In dubio pro rea».

Lukas (Lk 8,43) präzisiert die Zeitangabe von Markus um eine Präposition: «Seit zwölf Jahren» schon leidet diese Frau an Blutungen und konnte «bisher von niemand geheilt werden». Manche Textzeugen fügen am Ende des Lukasverses 8,43 (entsprechend Mk 5,26) hinzu «obwohl sie schon ihr ganzes Vermögen für die Ärzte aufgewendet hatte». Das, was bisher nicht geheilt werden konnte, bekommt bald die Etikette «unheilbar». Das ist ungefähr das Schlimmste, was geschehen kann, denn es stempelt den, der sich mit einer «Therapie» gegen eine solche Krankheit versucht, zum

Phantasten, und den, der ihr den Lauf lässt, zum ernsten Vertreter der Zunft. Andererseits zeugt im Einzelfall die Konstruktion eines Kausalzusammenhangs mit dem alttestamentlichen Gesetz eher von einer Problemverdrängung als von differenzierter (theologischer) Problemanalyse.

Therapie

Der Apostel und Arzt Lukas verwendet für Heilen das griechische Wort «therapeuein». Dieses Wort, von dem sich der Begriff «Therapie» herleitet, hat eine Doppelbedeutung und meint «dienen, heilen». Es hebt den wichtigen Aspekt des Dienens bei der jesuanischen Heilung und der ärztlichen Tätigkeit überhaupt hervor und lässt an die Rettung des ganzen Menschen denken (Mt 9,22; Lk 7,50). Darin könnte auch ein Hinweis gesehen werden, weshalb die kranke Frau mit ihrer medizinischen, sozialen, religiösen Erfolgs- und Aussichtslosigkeit bei einer weiteren Arztwahl gerade auf Jesus als ihre letzte Chance setzte. *Zwölf Jahre* mit einer derartigen Behinderung leben zu müssen, bedeutet einen Dauerzustand und die Fülle aller Leiden, wie diese Zahl mit ihrem *Symbolgehalt* ausdrückt:

Zahlensymbolik
Biblisch – Die zwölf Stämme Israels (Jos 21,8–41; 1 Chr 6,54–61) – Die zwölf Jünger Jesu (Mk 3,13–19) – Der zwölfjährige Jesus im Tempel (Lk 2,41–52) – Die Aussendung der zwölf Apostel (Mt 10,2–4)
Außerbiblisch – Die Summe der drei pytagoräischen Zahlen 3 + 4 + 5 = 12 – Das Produkt der «göttlichen» und der irdischen – Symbolzahlen 3 x 4 = 12 – Im Laufe des Jahres wandert die Sonne durch die 12 Sternbilder. – Griechenland, Rom: 12 Gottheiten u.a.m.

Durch ihre zwölfjährige Krankheit gilt die Frau als kultisch unrein (vgl. Lev 15,19–27) und ist dadurch von vielem ausgeschlossen. Die Größe ihrer Notlage geht auch daraus hervor, dass niemand sie bisher zu heilen vermochte: «Sie war von vielen Ärzten behandelt worden und hatte dabei sehr zu leiden; ihr ganzes Vermögen hatte sie ausgegeben, aber es hatte ihr nichts genutzt, sondern ihr Zustand war immer schlimmer geworden» (Mk 5,26). Die blutende Frau trägt eine Last (ein Joch), wie sie anderen – vielleicht an Jahren länger – Leidenden aus dem Neuen Testament in solcher Schwere nicht auferlegt war. Die Kranke ist wegen ihrer Dauerblutung vom gesellschaftlichen und religiösen Leben ausgeschlossen, isoliert, geächtet.

Langzeitpatienten im Neuen Testament

Im Neuen Testament finden sich drei Langzeitpatienten. Zu diesen gehört auch die an Dauerblutungen leidende Frau.

Langzeitpatienten im Neuen Testament			
Evangelium	**Patient**	**Krankheit**	**Dauer**
Mk 5,25	♀	Genitalblutungen	12 Jahre
Lk 13,11	♀	Dämon Kyphoskoliose	18 Jahre
Joh 5,5	♂	Gelähmt	38 Jahre

Durch eine Eigenschaft «charakterisiert» (grch. Erkennungszeichen, Prägestempel) werden heißt «abgestempelt» sein, vielleicht unauslöschbar. Doch wie ganz anders ist die Charakterisierung durch eine Krankheit als der *Character indelebilis* der sakramentalen Taufgnade. Öffentliche Charakterisierung führte die blutende Frau der Markusgeschichte in die Isolation und damit noch tiefer in die Krankheit. Die physisch und psychisch (somato-psychisch!) schwer kranke, als Unreine «abgestempelte» und gesellschaftlich isolierte Frau steht offensichtlich unter einem derart schweren Leidensdruck, dass sie zu einer direkten Jesusbegegnung nicht (mehr) fähig ist. Sie sieht sich außerstande, Jesus gegenüberzutreten und ihn anzusprechen. Ihre Kraft reicht gerade noch für eine zarte und hilfesuchende Berührung des Gewandes Jesu, jedoch nicht dessen Hand, Schulter oder

Gesicht. Die Berührung durch die Blutflüssige scheint noch mehr Probleme aufzuwerfen als der zu meidende und ohnehin allseits gescheute Kontakt mit einem Aussätzigen. Die Kranke macht durch ihre Berührung Jesus mitschuldig, denn sie setzt auch ihn der Gefahr ihrer Unreinheit aus. Der Leidensdruck ist so groß, dass sie handeln und die Last der Verantwortung tragen muss, weil nur Wagnis Hilfe verspricht. Die vor dem Gesetz Schuldige konnte sich nicht an einen Rechtsanwalt oder Richter wenden und um Begnadigung bitten; sie konnte nicht an *Amnesty International* (1961) gelangen, an diejenige Menschenrechtsorganisation, die im Jahr 1977 den Friedensnobelpreis erhielt. Vergessen wir nie: Bald zweitausend Jahre vorher wurde Jesus Christus, der Arzt, – gerade auch durch die Heilung der blutenden Frau – zum Maßstab für humanitäre Krisenintervention, Begnadigung und Frieden (Mk 5,25–34; Mt 25,35–36.42–43).

Der Weg zum Arzt Jesus war ihr Leidensweg und ihr Glaubensweg. Der Glaube wurde für sie zum Abenteuer. Sie nähert sich also Jesus «von hinten her» und drängt sich in der Menge an ihn heran «Und berührte sein Gewand» – «Tuchfühlung» –, die äußerste und zarteste Grenze indirekter direkter Berührbarkeit. Jesus hat die Berührung bemerkt und reagiert: er redet sie mit «Tochter» an. Das ist bemerkenswert. Man könnte aus dieser Anrede auf einen gewissen Altersunterschied schließen. Das Alter der Frau kann anamnestisch auf mindestens 24-jährig (2 x 12 Jahre) geschätzt werden, Jesus war etwas älter. Die damalige Lebenserwartung lag um 30 Jahre. Doch es sind weniger die äußeren Lebens- und Krankheitsdaten, die interessieren, sondern die Beziehungsebene dieser neutestamentlichen Heilung. Sie wird uns später als Arzt-Patienten-Beziehung beschäftigen. Der Handlungsimpuls der Frau ist wohl kaum ein esoterischer oder magisch-fetischistischer Zugriff auf das Gewand Jesu. Durch die Berührung des Gewandes Jesu drückt sie ihr «kindliches» Vertrauen aus, so wie es ein Kind gegenüber seinem Vater hat. Und sie tut dies trotz ihrer «Unreinheit», die ihr die Berührung kultisch verbietet. Solches Vertrauen konnte die Frau nur Jesus gegenüber gewinnen.

Der Mut zur Gegenwartsgestaltung keimt aus dem Glauben und der Zukunftshoffnung. Hoffnung und Vertrauen zu haben und auch ausdrücken zu können ist für die Heilung und das Heil der Frau entscheidend. Jesus sagt ihr: «Meine Tochter, dein Glaube hat dir geholfen» (Mk 5,34). Der Glaube hat die Frau heil gemacht, ihr Heil gebracht, sie gerettet. Damit könnte eine noch größere Perspektive angedeutet werden. Jesus versteht den Heilungsprozess als ein Akt des Glaubens der Kranken, er nimmt nicht in Anspruch, die Frau von sich aus geheilt zu haben. Der Glaube wurde für die blutende Frau zum heilenden Abenteuer. Der Glaube ist für alle Menschen ein Abenteuer, schreibt der französische Priester *Didier Hascoët* in seinem Buch «L'aventure de la foi» (37). Alle Kranken und Leidenden benötigen Hoffnung und Vertrauen zur Heilung und zum Heil.

Markus, der älteste Evangelist, entfaltet die ganze Tragweite des Leidens vor dem Hintergrund der jüdischen Kultur. Bei ihm wird die Frau vorgestellt im alttestamentlich-griechischem Wortlaut von Lev 15,25: «Hat eine Frau mehrere Tage außerhalb der Zeit ihrer Regel einen Blutfluß oder hält ihre Regel länger an, ist sie für die ganze Dauer dieses Ausflusses im gleichen Zustand der Unreinheit wie während der Zeit ihrer Regel.» Markus gibt uns Einblick in die ganze Krankengeschichte und die komplexe klinisch-religiös-soziale Verflechtung des Leidens. Er lässt es aber nicht bei einer formalen Diagnose bewenden. Markus schildert anamnestisch, was diese zwölf Jahre für die Frau alles bedeuteten: «Sie war von vielen Ärzten behandelt worden und hatte dabei sehr zu leiden; ihr ganzes Vermögen hatte sie ausgegeben, aber es hatte ihr nichts genutzt, sondern ihr Zustand war immer schlimmer geworden» (Mk 5,26).

Dieser Satz lässt eine lange Leidenszeit erahnen, eine Leidensgeschichte vor dem kulturellen und religiösen Hintergrund der antiken «Gynäko-Logie». Ich kann nicht beurteilen, wie weit daraus auf «fachliches» Ungenügen, ja völlige «Fach-Inkompetenz» und ärztliches Versagen zeitgenössischer Ärzte und Priester geschlossen werden darf. Die lange Dauer der Krankheit, der (diagnostische und therapeutische) Misserfolg und die hohen Kosten, die keine Krankenversicherung übernimmt, genügen allein nicht für eine umfassende Beurteilung des Leidens, und vor allem auch nicht für eine juristische Disqualifizierung der vielen involvierten Ärzte (Männer). Auch deren Meinung – sie liegt nicht vor – könnte vielleicht etwas zur Klärung des «Falles» beitragen und dem Wohl und Heil der Patientin dienen. Es wird nur davon gesprochen, wie die (gewöhnlichen) Ärzte von Markus aus erscheinen, aber nicht, wie diese selbst ihr Denken und Handeln sehen.

Die Gründe medizinischer «Misserfolge» sind vielschichtig. Am Erfolg oder Misserfolg einer Heilung sind Arzt und Patient – und womöglich auch die Gesellschaft – beteiligt. Sind ärztliche Konsultationen und Behandlungen nur dann «kostenpflichtig», wenn sie zum «Erfolg» führen? Was uns die markinische Perikope exemplarisch aufschließt, ist die traurige Bilanz der Leidensgeschichte einer biblischen Frau zur Zeit Jesu:

Bilanz der Leidensgeschichte einer biblischen Frau Krankheit und Leiden in der ganzen Tragweite vor dem Hintergrund der alttestamentlich-jüdischen Kultur Lev 15,19–33	
Anamnese	**Jesus Christus, der Arzt**
– «Heilungsversuche» – Viele Ärzte («Frauen-Ärzte»): Arztwechsel – Zahlreiche Arztkonsultationen während 12 Jahren – Therapie: Isolation – Große Honorarrechnungen – Keine Krankenversicherung – Vermögensverlust	– Christliche Heilung – Ein Arzt – Eine Konsultation – Therapie: Berührung – Kostenlos – Ermutigendes Wort: «Hab keine Angst» (Mt 9,22)
Therapeutischer Misserfolg	*«Und von dieser Stunde an war die Frau geheilt»*

Die Krankheitsgeschichte der Frau wird in Mk 5,25–26 recht breit geschildert mit dem Ergebnis, dass sie bei den Ärzten nur ihr ganzes Vermögen ausgegeben, aber keine Hilfe gefunden habe. Im Gegenteil, alles war immer schlimmer geworden. Diese für die Ärzteschaft wenig schmeichelhaften Bemerkungen sind geeignet, alle Aufmerksamkeit auf Jesus als den überlegenen «Chefarzt» mit anderen (komplementären) und situativ richtigen Therapiemöglichkeiten zu lenken. In einem Zustand anämischer Erschöpfung «hatte sie von Jesus gehört» (Mk 5,27). Dasselbe sagt Markus auch von der Syrophönizierin (Mk 7,25). Zwei leidende Frauen hörten von Jesus. Offensichtlich war er schon zu dieser Zeit «berühmt», die Menschen redeten über ihn. Oder darf man daraus schließen, dass um den historischen Jesus ein sehr spezielles «Gerücht» bezüglich seines Umgangs mit Frauen existiert hat?

Die Frauen hatten von Jesus gehört, und auf ihn richtet sich jetzt ihre ganze Hoffnung und Erwartung. Nicht vergebens, wie in Mk 5,27–29 ausgeführt wird. In der Volksmenge drängt sich die Lei-

Leidende Frauen hörten von Jesus Mehr als ein allgemeines Gerücht Neue Hoffnung	
Unbekannte Frau Mk 5,27 «Sie hatte von Jesus gehört»	**Syrophönizierin** Mk 7,25 «Hörte von ihm»

dende an Jesus heran, um sein Gewand zu berühren. Da stellt sich sogleich die Frage: Wie konnte die kranke Frau in der Menschenmenge Jesus erkennen, noch dazu von hinten? Der Text erwähnt nichts von irgendwelchen Unsicherheiten oder Fragen der Frau, wer denn in dieser Menschenmenge nun eigentlich der Jesus von Nazaret sei. Ohne weitere Erkundigungen «drängte sie sich in der Menge von hinten an ihn heran und berührte sein Gewand» (Mk 5,27). Man stelle sich das vor: Eine Frau berührt einen Mann, im Orient vor zweitausend Jahren. In der jüdischen Tradition des Alten Orients ist es völlig undenkbar, dass eine Frau von sich aus jemanden berührt. Im patriarchalisch-androzentrischen Denken jener Zeit wird nur damit gerechnet, dass ein Mann eine andere Person «berührt» (Lev 15,11). Doch gerade darum geht es in der behandelten Perikope: Die blutende Frau überwindet die gesetzlich gebotenen *Berührungsängste* und entschließt sich, Jesus zu berühren, und wird aktiv (Mk 5,27–28). Sie überwindet gesellschaftlich vorgegebene Berührungsängste, nicht nur ihre persönlichen. «Vom bloßen Berühren eines Gewandzipfels erhofft sie sich nach damals verbreiteter Vorstellung heilende Kraft (vgl. Mk 6,56; Apg 19,12). Lukas berichtet nur das sofortige Eintreten der Heilung, ohne diese zu erklären (Lk 8,44), anders Markus» (Mk 5,29–30) (*Kremer, S. 98*) (51).

Matthäus und Lukas lassen die Frau lediglich den «Saum» oder die «Quaste» des Gewandes Jesu berühren (Mt 9,20; Lk 8,44). Geht man von Mk 6,56 aus, darf angenommen werden, dass Jesus immer, wenn er in ein Dorf, eine Stadt oder zu einem Gehöft kam, darum gebeten wurde, er möge die Kranken «wenigstens den *Saum* seines Gewandes» berühren lassen, um geheilt zu werden. Wenn Jesus als frommer Jude die langen «Quasten» (Gebetszipfeln) an den Gewändern der Schriftgelehrten und Pharisäer öffentlich kritisiert (Mt 23,5), dann wird er selbst wohl kaum an seinem jesuanischen Gewand solche Quasten getragen haben. «Alles, was sie tun, tun sie nur, damit die Menschen es sehen: Sie machen ihre Gebetsriemen breit und die Quasten an ihren Gewändern lang» (Mt 23,5).

Berührungsängste

Berührungsangst, Angstüberwindung und Berührungsgeste der Frau dürfen vor dem altorientalischen Hintergrund wohl am ehesten als flehentliche Bitte interpretiert werden. Bei Markus und Matthäus bestehen indessen feine Nuancen zwischen dem ursprünglichen Vorsatz (Selbstgespräch) und der Tat (Berührung) der Frau. Lukas berichtet ohne das einleitende Selbstgespräch sogleich von der Tat (Lk 8,44).

Kertelge formuliert: «Mk 5,28 erläutert die entsprechende Vorstellung der Frau. Vom Vorgang her ist von einer volkstümlich-ma-

Berührungsängste			
Vorsatz / Tat / Erfolg	Mk	Mt	Lk
Vorsatz (Selbstgespräch)	«Denn sie sagte sich: Wenn ich auch nur sein Gewand berühre, werde ich geheilt» (Mk 5,28)	«Denn sie sagte sich: Wenn ich auch nur sein Gewand berühre, werde ich geheilt» (Mt 9,21)	Kein Selbstgespräch
Tat (Berührung)	«Nun drängte sie sich in der Menge von hinten an ihn heran und berührte sein Gewand» (Mk 5,27)	«Da trat eine Frau, die schon zwölf Jahre an Blutungen litt, von hinten an ihn heran und berührte den Saum seines Gewandes» (Mt 9,20)	«Sie drängte sich von hinten an ihn heran und berührte den Saum seines Gewandes» (Lk 8,44)
Erfolg	Heilung (Mk 5,29.34)	Heilung (Mt 9,22)	Heilung (Lk 8,44)

gischen Vorstellung zu sprechen. Das Vorgehen der Kranken mag eine gewisse Erklärung darin finden, dass Blutungen eine Frau unrein machen und diese ihren Umgang mit anderen Menschen stark einschränkte (Lev 12). Sie handelt deswegen heimlich. Darauf wird im Text aber nicht abgehoben. Größeres Gewicht fällt auf ihr unbändiges Vertrauen: «wenn ich *auch nur* sein Gewand berühre» (*Kertelge, S. 58*) (45). Enthält diese Auslegung schon «die ganze Wahrheit», die die Kranke später Jesus anvertraute (Mk 5,33)? Das persönliche Motiv der Kranken für diese ganz besondere Form der Konsultation bei Jesus – Berührung des Gewandes – darf nach ihrer zwölfjährigen Leidenszeit nicht gering geschätzt und als «magisches Denken», wie es von urzuständlichen Kulturgruppen bekannt ist, abgetan werden: «Wenn ich auch nur sein Gewand berühre, werde ich geheilt» (Mk 5,28). Auf personaler Ebene hat sie wohl längst eine Beziehung zu Jesus aufgenommen, ehe sich ihr in der persönlichen Begegnung die Möglichkeit für die Umsetzung des Gedankens bot. Die Berührung des Gewandes hat nichts mit einer «fetischistisch» gedachten Wirkung der Kleider zu tun. Sie unterliegt mit ihren Blutungen einem Berührungstabu und ist dadurch für zwischenmenschliche Beziehungen stark behindert. Ob jedoch hier die belastenden Kriterien von Ausgrenzung und gesellschaftlicher Isolation auf Dauer erfüllt sind, sollte bei respektvollem Umgang mit der Tora nochmals hinterfragt werden.

Aus der Sicht der Kranken ist das weitere Vorgehen gleichsam vorgezeichnet. Beim Vorliegen eines Tabus kann nur Wagnis Hilfe versprechen, das Tun des Verbotenen: Berührung, Kontaktnahme zu Jesus, ohne Begrüßung, ohne Anfrage, ohne Zugeständnis. Berührung aber kommt einer Missachtung geltender gesellschaftlicher und religiöser Regeln gleich. Eine solche Grenzüberschreitung setzt bewusstes Widerhandeln aus Auflehnung, Unzurechnungsfähigkeit oder Leidensdruck, Verzweiflung voraus. Bei der leidenden Frau sind es Verzweiflung und innere Überzeugung, die sie zur Tat drängen. Die bisher Be-handelte handelt aus innerer Überzeugung: «Wenn ich auch nur sein Gewand berühre, werde ich geheilt» (Mk 5,29). Mit dem Mut der Verzweifelten und dieser Überzeugung berührt sie das Gewand Jesu. Die Berührung zeigt eine sofortige Wirkung: «Sofort hörte die Blutung auf, und sie spürte deutlich, dass sie von ihrem Leiden geheilt war.» Die «Blutungsquelle» – während zwölf Jahren existenzielle Bedrohung dieser Frau – war versiegt. Heilung als *Kör-*

pererfahrung (sinnliche Wahrnehmung) und *Erkenntnis*. Der Körper selbst vermeldet die erfolgte Heilung. Hier geschieht sinnliche Wahrnehmung und Erkenntnis im Sinne von *Immanuel Kant* (41).

Die Erzählung könnte hier zu Ende sein. Die Patientin ist geheilt, sie kann nach Hause gehen, der Arzt wendet sich anderen Kranken zu. Doch ohne Simplifizierung und Beheimatung in einem monokausalen linearen Denksystem lassen sich in der Wechselwirkung der Arzt-Patienten-Beziehung behandelnder Arzt (Subjekt) und behandelter Patient (Objekt) nicht voneinander trennen. Daher ist die Erzählung nicht zu Ende mit einem Arbeitsfähigkeitszeugnis und der Entlassung aus der Behandlung. Jetzt kommt noch der Arzt Jesus zu Wort. Auch Jesus gewinnt eine Erkenntnis. Er fühlt, «dass eine Kraft von ihm ausströmte» (Mk 5,30). Er ist nicht nur «Objekt» eines «Zugriffs». In der verhaltenen Berührung seines Gewandes ist Jesus persönlich in eine zwischenmenschliche Beziehung hineingenommen («verwickelt») worden. Jesus hat die Berührung gespürt. Von ihm eingeleitet, beginnt mit der Frage «Wer hat mein Gewand berührt?» (Mk 5,30) ein mehrdimensionaler feinsinniger Dialog auf der Basis subjektiver und objektiver Daten.

Der Dialog enthält den Hinweis, dass Jesus die Berührungstat – wie heute die Psychiatrie – biologisch versteht, empathisch, von «innen her», nicht von der Tat her. Er ist bereit und fähig, sich in die Einstellung anderer Menschen einzufühlen. Jesus stellt, nachdem die Frau ihm «die ganze Wahrheit» gesagt hat, ihre Biographie ins Zentrum, nicht die Tat. Wer trägt die «Schuld» an der Verzweiflungstat, die gleichzeitig Hoffnungs- und Glaubenstat ist? Die Frau ist vom Prinzip der Hoffnung geleitet und nicht von der Realität. Exkurs: Ein forensisch-psychiatrischer Gutachter muss gelegentlich von der Tat und nicht von der Biographie ausgehen.

Es gibt in der Bibel auch eine Berührungstat aus Unglaube, die Wunde des Unglaubens. Nach der Auferstehung wurde Jesus berührt, diesmal vom ungläubigen Jünger Thomas. Auch da ist er nicht nur «Objekt» eines «Zugriffs» sondern persönlich in der verhaltenen Berührung seiner Seite in eine zwischenmenschliche Beziehung hineingenommen. Jesus *heilte* den ungläubigen Thomas dadurch, dass er ihn die Wunde in seiner Seite berühren ließ und ihm seine Hände zeigte. Durch den Anblick der Wundmale Jesu wurde die Wunde seines Unglaubens geheilt. «Liebe Brüder, was fällt euch dabei auf? Haltet ihr es für einen Zufall, dass dieser erwählte

Jünger damals nicht dabei war, dann aber kam und hörte, hörte und zweifelte, zweifelte und betastete, betastete und glaubte?» (*Gregor der Große*, † 604) (*Monastisches Lektionar I/2, 3. Juli, Hl. Thomas, Apostel, S. 915*) (58).

Die Wahrnehmung der Berührung durch die Frau ist umso erstaunlicher, als Jesus sie inmitten einer drängenden Menschenmenge machte. Jesus fühlte, «dass eine Kraft von ihm ausströmte», Lebensenergie (grch. Dynamis). Die volkstümliche Vorstellung geht von einer «Kraftübertragung» aus. Darin liegt ein Geheimnis seiner Heilungsdynamik. Diese Erkenntnis verändert seine Position als Arzt. War bisher die Frau die einzige Aktive in dieser Szene, so ist jetzt auch Jesus am Geschehen beteiligt. Er unterbricht sogar auf der Stelle seinen Weg zum Haus des Synagogenvorstehers Jaïrus, der ihn wegen seiner Tochter flehentlich um sein Kommen gebeten hatte: «Meine Tochter liegt im Sterben» (Mk 5,22).

Machte Jesus in diesem Katastrophenfall einen «Triagefehler» hinsichtlich Behandlungspriorität? Liegt hier nicht eine verhängnisvolle Verzögerung vor, die dem «Notarzt» anzulasten ist? Jesus erkannte die Priorität des Leidens der blutenden Frau. Nur er konnte ihre Krankheit umfassend diagnostizieren und die geschehene Heilung bewirken und offenbaren. Auf die Frage «Wer hat mein Gewand berührt?» (Mk 5,30) antwortet bei Mk nicht die Geheilte selbst, sondern die Jünger, seine «Bodyguards» im Gedränge der Menschenmenge. Sie geben die Frage auf eine nicht sehr gelungene Art an Jesus zurück: «Du siehst doch, wie sich die Leute um dich drängen, und da fragst du: Wer hat mich berührt?» (Mk 5,31). Bei Matthäus wendet sich Jesus auf die Berührung hin sofort um (Mt 9,22), während bei Lukas «alle es abstritten» und daraufhin Petrus – in der Rolle des Sprechers der Apostel – aktiv wird und Jesus mit «Meister» anspricht (Lk 8,45).

Die Jünger werden in das Geschehen impliziert und zu rechtsverbindlichen Zeugen der Offenlegung des bisher Privaten aus der Biographie und Intimsphäre der leidenden Frau, ihrer allgemeinen Kontakt- und Gesellschafts(un)fähigkeit der Frau infolge von Blutungen (Lev 15,19–33). Man könnte aber auch sagen, dass durch die Anwesenheit der Jünger, als die Frau «ihm (Jesu) die ganze Wahrheit» erzählte (Mk 5,33), das Arztgeheimnis verletzt wurde. Die Jünger (Studenten Jesu) werden jedoch die zukünftigen Ärzte sein und in der Nachfolge Jesu Träger seines Heilswirkens. Auch sie sind an das Arztgeheimnis gebunden. Dazu werden sie später noch ganz ausdrücklich den Heilungsauftrag Jesu erhalten (Mk 6,7.13).

Bei Lukas endet das Gespräch mit einem angsterfüllten Geständnis und dem öffentlichen Bekenntnis der Geheilten (Lk 8,47). Der Dialog verweist auch auf die Bedeutung des Volkes, der Mitmenschen. Petrus beschreibt den auch für die Jünger mühsamen Massenandrang um Jesus: «Meister, die Leute drängen sich doch von allen Seiten um dich und erdrücken dich fast» (Lk 8,45). Aber selbst in der Menschenmenge kann Jesus eindeutig zwischen Gedränge und dieser wichtigen persönlichen Berührung unterscheiden. Mit Bezug auf *Immanuel Kant* (1724–1804) kann darin ein feinsinniger Hinweis gesehen werden, dass Jesus auch «unter erschwerten Bedingungen» eindeutig den Unterschied der Erkenntnis aus der sinnlichen Wahrnehmung von «Angestoßen-Werden» und «Berührt-Werden» machen konnte. «Erfahrung ist ohne Zweifel das erste Produkt, welches unser Verstand hervorbringt, indem er den rohen Stoff sinnlicher Empfindung bearbeitet» (*Kant,* 1781) (*PhB 505, A1, S. 42*) (41). «Gedanken ohne Inhalt sind leer, Anschauungen ohne Begriffe sind blind» (*Kant*) (*PhB 505, B75, S. 130*) (41). Der Satz «Gedanken ohne Inhalt sind leer, Anschauungen ohne Begriffe sind blind» aus Kants «Transzendentaler Logik» ist von zentraler Bedeutung und gehört zu den bekanntesten Zitaten der «Kritik der reinen Vernunft». Ohne Begriffe kann das Leiden der blutenden Frau nicht verstanden werden.

Lukas konfrontiert das ganze Volk mit dem Geschehen. Während des Dialogs zwischen Jesus und Petrus (Lk 8,45) hätte die geheilte Frau (Lk 8,44) längst im Gedränge von der Bildfläche verschwinden können. Sie war wegen ihren Blutungen seit zwölf Jahren gesellschaftsunfähig und ausgegrenzt. Sie hatte alles, was sie zum Leben hatte, für die Ärzte aufgewandt und ist zahlungsunfähig geworden. Doch statt dass Jesus sich nach der Frau umsehen muss (Mk 5,32), ist bei Lukas die Frau selbst die Sehende und Spürende, die sich der Jesusbegegnung stellt: Sie «fiel vor ihm nieder und erzählte vor allen Leuten» (Lk 8,47). Das zeigt deutlich den Öffentlichkeitscharakter des Geschehens.

Die Frau – stellvertretend für alle Frauen jener Zeit – ist in diesem öffentlichen Verfahren gegen sie (wegen der aktuellen Gebotsübertretung und den damit verflochtenen Schuldfragen) Angeklagte und Zeugin zugleich. Sie tritt als Angeklagte (Beschuldigte) auf, auch wenn sie nicht formal-juristisch verklagt wurde; sie tritt aber zugleich auch als die einzige Zeugin des Wunders auf, wenn sie «vor allen Leuten» von ihrer Heilung berichtet: «warum sie ihn berührt hatte und wie sie durch die Berührung sofort gesund geworden war» (Lk 8,47). Angsterfülltes Geständnis und öffentliches Bekenntnis. Jesus versichert der Geheilten: «Meine Tochter, dein Glaube hat dir geholfen. Geh in Frieden! Du sollst von deinem Leiden geheilt sein» (Mk 5,34).

Die ganze Wahrheit

«Jesus blickte umher, um zu sehen, wer es getan hatte» (Mk 5,32). Beim Rundblick Jesu (lat. circumspiciebat) in die Menschenmenge wird klar, dass er diejenige sehen will, die sein Gewand berührt hat. Jesus hatte erkannt, dass die von ihm ausströmende Kraft einer Frau gegolten hatte. Jesus will diese Frau sehen und rechnet offensichtlich damit, dass ihr auch ihre Tat noch anzusehen ist. Der Blickkontakt Jesu ermöglicht es der Frau, aus ihrem Versteck in der Menschenmenge, «zitternd vor Furcht», hervorzutreten. Das macht noch einmal den ganzen Leidensdruck der Frau deutlich: Schuldgefühle und Ängste.

Die heutigen Aspekte der Psychiatrie erläutern, wie groß sich die Last von Schuldgefühlen auf ein Menschenleben auswirken kann. Das geniale Werk von *Sigmund Freud* hat den Weg zur Erforschung solcher Gefühle und zu einer echten medizinischen Psychologie eröffnet. Wenn Ängste und Zweifel vielleicht eher vor ihrer Tat am Platz gewesen sein wären, so scheinen nach der körperlich erfahrenen Heilung solche Gefühle nicht mehr angebracht. Doch Schuldgefühle und Angst, Furcht und Zittern weisen in eine andere Sinnrichtung: Die körperlich erfahrene Heilung bringt der Frau zum Bewusstsein, dass sie sich in der Person Jesu – in der Arztwahl – nicht getäuscht hatte, sondern dass sie sogar noch Größeres erfahren konnte, als sie vermuten durfte, und in sich wusste, was ihr widerfahren war: Heilung und Heil. Furcht ist dort eine angemessene Reaktion, wo sie auf das Erkennen der Bedeutung der Person Jesu hinweist (Mk 4,41; 5,15; 6,50). Mit Furcht und Zittern werden auch die Frauen am Ende des Evangeliums auf die Auferstehungsbotschaft reagieren (Mk 16,8). Offensichtlich gebührt den Taten Jesu dieselbe Ehrfurcht, die sonst nur in einer Gottesbegegnung ihren Platz hat: «Sie fiel vor ihm nieder und sagte ihm die ganze Wahrheit» (Mk 5,33). Die Aussage der Frau ist Wahrheit. Das ist erstaunlich, da Markus Wahrheit nur Jesus zusprechen lässt (Mk 12,14.32). Die ganze Wahrheit gehört in den Rahmen der Beziehung zwischen Jesus und der Frau. Nur zwischen Jesus und der Frau kann diese Wahrheit ausgesprochen und akzeptiert werden.

Die ganze Wahrheit Krankheit und Heilung	
Mk 5,33	**Lk 8,47**
«Da kam die Frau, zitternd vor Furcht, weil sie wusste, was mit ihr geschehen war; sie fiel vor ihm nieder und sagte ihm die ganze Wahrheit.»	«Als die Frau merkte, daß sie es nicht verheimlichen konnte, kam sie zitternd zu ihm, fiel vor ihm nieder und erzählte vor allen Leuten, warum sie ihn berührt hatte und wie sie durch die Berührung sofort gesund geworden war.»

Heilung als Weg zum Schalom

Nachdem die (ge)demütig(t)e («niederfallen») Frau ihre Erkenntnis wahrheitsgetreu, vollumfänglich und öffentlich (Jesus, Jünger, Volk) mitgeteilt hat, fällt auch das Deutewort Jesu auf fruchtbaren Boden: «Meine Tochter, dein Glaube hat dir geholfen. Geh in Frieden! Du sollst von deinem Leiden geheilt sein» (Mk 5,34). Damit nimmt Jesus dem Tun der Frau die Last der Heimlichkeit ab und stellt sich vor der Öffentlichkeit ganz auf ihre Seite. Er versteht die Berührung der kultisch Unreinen nicht als Übertretung des Gesetzes, sondern als Ausdruck ihres Glaubens, ihres Vertrauens: «Meine Tochter, dein Glaube hat dir geholfen!» Doch geht der Schluss dieser Perikope bei Markus über den gemeinsamen synoptischen Grundbestand hinaus. An die jesuanische Feststellung, dass ihr Glaube sie geheilt habe, fügt der älteste Evangelist (und Lukas) den jüdischen Friedenswunsch «Geh in Frieden!», Schalom (hebr. Frieden): Geh hin auf Gesundheit, Ganzheit, Heilung, Heil, Segen. Die Entlassung «Geh in Frieden» zeigt an, dass die ihr durch Jesus von Gott geschenkte Heilung mehr als körperliche Genesung bedeutet.

Schalom «Geh in Frieden!» Schalom: Ganzheit, Heil, Gesundheit, Segen		
Mk 5,34 «Er aber sagte zu ihr: Meine Tochter, dein Glaube hat dir geholfen. Geh in Frieden! Du sollst von deinem Leiden geheilt sein».	Mt 9,22 «Jesus wandte sich um, und als er sie sah, sagte er: Hab keine Angst, meine Tochter, dein Glaube hat dir geholfen. Und von dieser Stunde an war die Frau geheilt».	Lk 8,48 «Da sagte er zu ihr: Meine Tochter, dein Glaube hat dir geholfen. Geh in Frieden!» (Kein nachträgliches Heilungswort wie bei Mk 5,34) Lk 7,50 «Er aber sagte zu der Frau: Dein Glaube hat dir geholfen. Geh in Frieden!».

Schalom: «Du sollst von deinem Leiden geheilt sein». Das sagt Jesus nochmals ausdrücklich (Mk 5,34d), nachdem die Heilung bereits zweimal bestätigt war, von der Frau selbst: «Sofort hörte die Blutung auf, und sie spürte deutlich, dass sie von ihrem Leiden geheilt war» (Mk 5,29) und von Jesus: «Meine Tochter, dein Glaube hat dir geholfen» (Mk 5,34b). Wenn Jesus die Selbsterkenntnis der Frau wieder aufgreift, so beweist er damit seine Empathie, seine Fähigkeit und Bereitschaft, sich in das Denken, Empfinden, Handeln anderer Menschen, in ihren körperlichen und seelischen Zustand einzufühlen. Dies ist indirekt auch ein Hinweis auf seinen eigenen Anteil an der Heilung. Nur in der Gemeinschaft mit Jesus und in der Wechselwirkung der Beziehung konnte bei der Frau der Gedanke an eine Heilung überhaupt erst aufkommen. Im Heilungswort hebt Jesus den Glauben hervor, den Glauben, der durch das Vertrauen zu Jesus Kraft gewinnt. Der Glaube der Frau ist dem des Hauptmanns von Kafarnaum vergleichbar (Mt 8,8). Der griechische Ausdruck für «heilen» lässt an die Rettung des ganzen Menschen denken (Mt 9,22; Lk 7,50).

So dargestellt, darf der Heilungsbeitrag Jesu nicht unterschätzt werden. Hätte sich Jesus der Berührung erschrocken und verunsichert entzogen, wäre die seit zwölf Jahren leidende Frau wohl nie geheilt worden. Ganz im Gegenteil, sie, die «Unreine», hätte sich durch diese streng verbotene Berührung noch zusätzliche Schuld aufgela-

Die jesuanische Arzt-Patienten-Beziehung bei Mk 5,25–34 Wechselwirkung	
Die kranke Frau	**Jesus**
– sucht die Beziehung zu Jesus. – wagt die Berührung des Gewandes Jesu.	– beweist empathische Bereitschaft. – lässt die Berührung zu.

den. Das Nichtzustandekommen der heilenden Beziehung hätte für die Frau in der Frustration ihrer endgütigen Ablehnung geendet. Die zaghafte Geste der Berührung des Gewandes/Saumes veranlasst Jesus, sich umzuwenden und sich der Frau zuzuwenden, wo er sich als frommer Jude von der Unreinen eigentlich abwenden müsste. Durch seine Zuwendung kann die Frau nicht mehr in der Anonymität der Menschenmenge verbleiben, die Markus mehrmals erwähnt, obwohl Jesus nur mit Jaïrus und den Jüngern unterwegs ist (Mt 9,19). «Jesus wandte sich um, und als er sie sah, sagte er: Hab keine Angst, meine Tochter.» Dieser Zuspruch mit der Anrede «Tochter» ist not-wendig, denn Jesus hätte die Berührung durchaus auch als Belästigung empfinden und sich abwenden oder mit einem Vorwurf reagieren können. Doch jetzt ist eins klar: Jesus versteht sein Umdrehen als mutmachende Zuwendung. Durch den Zusatz «dein Glaube hat dir geholfen» wird die heilsame Wirkung des Glaubens bestätigt. Die ganze Szene ist bei Matthäus auf Jesus und die Frau beschränkt.

Die matthäische Erzählung schließt mit der Feststellung: «Und von dieser Stunde an war die Frau geheilt.» Was können wir aus der jesuanischen Arzt-Patienten-Beziehung lernen? Der Exeget *Walter Kirchschläger* formuliert in «Theologie und Medizin»: «Jesus von Nazaret diagnostiziert das Übel an der Wurzel. Er beseitigt die Ursache und therapiert sodann auch die Symptome» (*Kirchschläger, S. 110*) (47).

Furcht vor dem Arzt

«Was ist Wahrheit?»
Joh 18,38

Ich entnehme diese Ausführungen größtenteils *Karl Kertelge*: Markusevangelium – Die Neue Echter Bibel (45). Die leidende Frau tritt schuldbewusst und «zitternd vor Furcht» vor Jesus, fällt vor ihm nieder und sagt ihm «die ganze Wahrheit». «Was ist Wahrheit?», fragte Pilatus Jesus (Joh 18,38). Sie bekundet, dass sie als Kranke von Jesus Heilung erwartet und erlangt hat. Die Begegnung findet ihre Lösung durch das anerkennende Wort Jesu und die Entlassung «in Frieden». Durch das anerkennende Wort Jesu wird die erlangte Heilung auf den Glauben der Frau zurückgeführt und sie wird «in Frieden» und mit nochmaligem Gesundungszuspruch entlassen. Die familiäre Anrede «Tochter» zeigt ihr Angenommensein durch Jesus an. Das entscheidende Jesuswort ist jedoch: «Dein Glaube hat dich geheilt». Damit nimmt Jesus Bezug auf die «ganze Wahrheit», die die Frau gesagt hat. Jesus hat später vor Pilatus auch die ganze Wahrheit gesagt. Wenn wir nach dem Einen fragen, worauf es ankommt, dann heißt dieses wechselwirkende heilende Geschehen Begegnungsfähigkeit mit Jesus.

Die Heilung der blutflüssigen Frau ist nur eine Vorstufe zu dem folgenden Wunder der Erweckung eines toten Mädchens. Das Glaubensmotiv wird gleich am Anfang nochmals eingeführt und dominiert die folgende Handlung nachdrücklich: «Sei ohne Furcht; glaube nur!» Die Heilung der blutflüssigen Frau bedeutete für Jesus einen Halt auf dem Weg in das Haus des Jaïrus. Die Verzögerung hat die Situation für die erwartete Heilung der Tochter des Jaïrus verändert. Leute melden dem Vater, der nicht bei seiner sterbenden Tochter, sondern immer noch bei Jesus ist, den inzwischen eingetretenen Tod des Mädchens. Damit scheinen die Bemühungen um das Herbeirufen Jesu hinfällig. Eine weiterreichende Hilfe wird von ihm auch nicht mehr erwartet.

Doch Jesus widerspricht dem Synagogenvorsteher. Dem eingetretenen Tod setzt Jesus den Glauben entgegen. Der Tod hat nicht «das letzte Wort». Die offene Formulierung «Glaube nur» lässt als Grund und Gegenüber des Glaubens keinen anderen zu als den lebendigmachenden Gott selbst. Das Wort Jesu, das das folgende Geschehen einleitet, wird zum Ausdruck eines hohen christologischen Anspruchs: In und durch Jesus handelt Gott selbst als der Lebendigmacher. «Die Initiative im ganzen Geschehen liegt bei Jesus. Er lässt alle, die ihn begleiten, zurück und nimmt nur die drei Jünger Petrus, Jakobus und Johannes mit sich (in Mk 5,40 sind allerdings auch die Eltern des Mädchens anwesend). Der Kreis um Jesus und um das erwartete wunderbare Geschehen wird enger. Dieses Geschehen schließt Neugierde aus und begrenzt zudem das Zeugnis von ihm, in Mk 5,43a zusätzlich durch ein ausdrückliches Schweigegebot, das allerdings hinsichtlich seiner Durchführbarkeit Schwierigkeiten bereiten dürfte» (*Kertelge, S. 59*) (45).

Bei seiner Ankunft im Haus des Synagogenvorstehers trifft Jesus auf die Trauergesellschaft. Ihr Weinen und Klagen wird zum kontrastierenden Hindergrund zu dem, was sich jetzt vollzieht. Mit seinem Wort «Das Kind ist nicht gestorben, es schläft nur» verharmlost Jesus nicht den Tod, sondern widerspricht dem Augenschein der Endgültigkeit des Todes. Der Tod findet seine Grenze in der Macht Jesu. Doch das Wort Jesu findet bei den Trauernden nur Unverständnis, das sich in offenem Spott entlädt. Er weist alle hinaus und zieht den Kreis derer, die zum Geschehen der Erweckung zugelassen werden, sehr eng. Dies sichert die Diskretion in einem doppelten Sinne. Das Wunder hat seinen eigentlichen Ort nicht in der Öffentlichkeit, sondern im Binnenraum. Das Wundergeschehen als solches ist keine Demonstration des Supranaturalen und nicht beliebig mitteilbar. Darauf verweist schließlich bei Mk 5,43a auch das Mitteilungsverbot. Es ist letztlich das Ereignis der Lebensmacht Gottes, die durch Jesus wirkt.

Die Einzelheiten der Erweckung fügen sich aneinander. Es sind dies die Elemente Berührung, erweckendes Wort, Aufstehen der Erweckten und Umhergehen als Ausdruck des Erfolgs, entsetzte Reaktion der Anwesenden. Auch die abschließende Weisung, man solle dem Mädchen zu essen geben, ist dazu zu rechnen und zeigt Rückkehr zur Normalität an. Das erweckende Wort wird zunächst in der aramäischen Muttersprache Jesu angegeben und dann in griechischer Übersetzung. Die Bemerkung vom Alter des Mädchens erklärt im Blick auf das «Umhergehen» die griechische Diminutivform *korasion*, Mädchen (Mk 5,41) [vgl. «Töchterchen» (Mk 5,23), «Kind» (Mk 5,40f)]. «Mit dem Schweigegebot wird ein praktisch nicht vollziehbarer Vorbehalt eingebaut, der die einstweilige Nichtmitteilbarkeit des Wunders unterstreicht und festhält. ‹Mitteilbar› als Inhalt der Verkündigung des Evangeliums ist es nur unter der Voraussetzung der Bereitschaft zum Glauben an Jesus als den Christus, dessen Sendung sich im Tod und Auferstehung erfüllt. Dieser Glaube lässt schließlich auch sein ganzes Auftreten in Wort und Tat verstehen» (*Kertelge, S. 60*) (45). Der Tod hat nicht das letzte Wort.

Nach *Kertelge* ist die Doppelerzählung von der Heilung der kranken Frau und der Auferweckung der Tochter des Jaïrus (Mk 5,21–43) als *Verkündigungsgeschichte* zu interpretieren. Die «Tatsachenfrage», mit der der moderne Bibelleser sich bei den Wundererzählungen immer noch abmüht, ist für den Evangelisten nicht der Kern des Geschilderten. Es besteht jedoch kein Zweifel, «dass Markus nicht ‹erfundene› Geschichten bietet, sondern Geschichten, die in ihrem Kern *wahr* sind, weil sie in der Geschichte Jesu selbst ihren Grund haben. Als Reflexe der Geschichte Jesu sind sie wahr. Als ‹Tatsachenberichte› gelesen, hinterlassen sie in vielen Details, wohl auch vom Evangelisten gewollt, den Eindruck des Widersprüchlichen und Rätselhaften. Aber auch darin zeigt sich letztlich ein Hinweis auf die Absicht des Evangelisten, eher der (erzählenden) Verkündigung als dem Report zu dienen» (*Kertelge, S. 61*) (45). Im Johannesevangelium findet sich keine Parallelstelle zur Perikope von der Heilung der blutflüssigen Frau (Mk 5,25–34).

Biblisches Umfeld und (medizin-)historischer Hintergrund

Aus dem bisher Gesagten ist das eigentliche «Kernproblem», das von der Frau mit einer zwölfjährigen Blutungsanamnese an Jesus herangetragen wird, noch nicht in seiner ganzen Tragik einsichtig und verständlich geworden. Dazu bedarf es eines Blickes in die Kultur und (Medizin-)Geschichte jener Zeit, eines Blickes in das historische Umfeld mit seiner hygienisch-religiösen Komplexität. Im Alten Orient fehlte es an vielem, was in unseren modernen Kulturen als selbstverständlich gilt und uns den Alltag um etliches erleichtert. Dazu gehören auch die Möglichkeiten und Mittel der (weiblichen) Hygiene: (Trink-)Wasser, Badewannen, Duschen, Spülklosetts, Bidets, Toilettenpapier, Hygienebinden, Tampons, saugkräftige Einlagen, Plastikbeutel, Seife, Desinfektionsmittel, Verbandmaterial etc. In den nomadischen Gebieten des Judentums war das Wasser überhaupt sehr knapp, und es fehlt auch heute noch in vielen Gebieten der Zweidrittel-Welt.

Heilig – Profan

In Israel gab es damals – wie in der Alten Welt ganz allgemein – noch keine Trennung von «Heilig» und «Profan». Damit aber ist alles, was zum Alltag gehört, auch religiös relevant. Alles war heilig, es herrschte «Pansakralität» (pan, grch. ganz, all, völlig, gesamt). Alle Verrichtungen im Alltag, vor allem aber der Kult sollten mit größtmöglicher Achtsamkeit und Ehrfurcht durchgeführt werden. Das bedeutet unter anderem, dem Körper große Beachtung zu schenken und vor allem den menschlichen Genitalbereich mit größter Sorgfalt zu behandeln (Körperhygiene ist auch heute ein gesundheitliches Grundgebot, dem, öfter als man glauben möchte, auch in «zivilisierten» Ländern nicht immer nachgelebt wird). Und so gehören die Fragen der Körperhygiene im Judentum zum ganz selbstverständlichen Grundbestandteil der Religion, gerade weil sie für die Ausübung des Kultes bedeutsam sind. Damit erhalten praktische Regeln der Genitalhygiene vom Kult oder von dieser «Pansakralität» her eine moralische und gesellschaftliche Gewichtung. Nicht die physiologisch naturgegebenen Vorgänge und Erscheinungen stehen im Vordergrund der Alltagsfragen im Zusammenhang mit Geschlecht und Lebensalter des Menschen, sondern daraus erwachsende komplexe Probleme von höchster religiöser Tragweite.

Diese, aus heutiger Sicht in manchen Aspekten schwer verständlichen Probleme im Umgang mit «geschlechtlichen Unreinheiten» können nur vor ihrem kulturellen historisch-religiösen und klimatisch-hygienischen Hintergrund her verstanden werden. Auch pathologische, naturgegebene Vorgänge (Krankheiten) stehen in einem engen Zusammenhang mit dem Heilsplan Gottes und werden auch von Jesus «sub specie regni Dei» gesehen. Berührungsängste sind begründet, sie haben ein «medizinisches-hygienisches» Fundament und sind im mosaischen Gesetz verankert (Lev 11–16). Aussatz (Lepra) als eine der ältesten Infektionskrankheiten der Menschheit, ursprünglich weltweit verbreitet, wurde als Strafe Gottes gedeutet. Die Sündenvergeltung wird jedoch schon im Buch Ijob (Hiob) abgelehnt. Dazu kommt, dass die Ansteckungsgefahr bei Aussatz wesentlich geringer ist als früher angenommen, weshalb strenge Absonderung der Kranken in Leprosarien weitgehend aufgegeben wurde.

Berührungs- und Kontaktängste gelten heute vorwiegend anderen Geiseln (altir. giall) der Menschheit, der weltweit verbreiteten Virusinfektionskrankheit Aids. Jesus kannte keine Ansteckungs- und Kontaktängste, als er selbst «in Betanien im Haus Simons des Aussätzigen bei Tisch war» (Mk 14,3).

Menstruation und Wochenbett

Damals wie heute waren für das Leben und Zusammenleben der Menschen in der Gesellschaft «Richtlinien» und selbstbestimmte gesetzliche Vorschriften nötig. Im Alten Orient erstreckten sich die hygienischen («gesundheitspolizeilichen») Vorschriften aus den genannten Gründen vor allem auch stark auf den Bereich der menschlichen Intimsphäre: Hygiene, Gynäkologie und Urologie. Die «Medizin» – Reinigung und Entsühnung – war in den Händen und der Obhut der Priester(-Ärzte). Der «gewöhnliche» Arzt stand in der Antike in gesellschaftlicher Hinsicht keineswegs über allen seinen Patienten. Das ist nicht erst heute so. Man unterschied schon damals ziemlich genau zwischen anthropologischer und juristisch-ethischer-religiöser Symmetrie und Asymmetrie. Die heute gängige Vorstellung: früher Patriarchat, heute Partnerschaft entspricht aus mehreren Gründen nicht der Realität.

Bei *Frauen* wurden besondere Vorbehalte gemacht im Zusammenhang mit Genitalblutungen:
- Menstruation (Lev 15,19–30; Ez 18,6).
- Wochenbettausfluss (locheia: Wöchnerin, locheios: zur Geburt gehörig) (Lev 12,1–8).
- Dysfunktionelle (pathologische) Blutungen (Lev 15,25; Mk 5,25–34).

Bei *Männern* waren Vorbehalte angebracht im Zusammenhang mit dem Samenerguss:
- Ejakulation und Ejakulat (Lev 15,1–18).
- «Gonorrhoe» (loni: Samen, reo: fließe) (Lev 15,1–18).
- «Fluor urethralis (genitalis)» (Lev 15,1–18).
- Persönliche Verantwortung (Lev 18,19; Ez 18,6).

Im Vordergrund steht nicht die «Diagnose», sondern das Ereignis interessiert. Eine Differenzierung zwischen physiologischen (geschlechts- und reproduktionsspezifischen) Ereignissen und pathologischen Zuständen (Infektionskrankheiten, Tumoren) ist aufgrund der biblischen Texte nicht möglich, vor allem aber nicht wesentlich. Ganz andere Kriterien und Fragen stehen im Vordergrund. Im Zusammenhang mit der «modernen Pest» (Aids) und der wiederkehrenden Schwindsucht (Tuberkulose) könnte «Persönliche Verantwortung» (Lev 18,19; Ez 18,6) ein hochaktuelles Thema für den interdisziplinären theologisch-medizinisch-ethischen Dialog sein. Patriarchalisch-androzentrische, von Männern im Alleingang ausgearbeitete Vorschriften über die Geschlechtlichkeit und das Sexualverhalten der Frau sind uns fremd geworden. Sie haben aber Vorstellungen von Beliebigkeit, Machbarkeit und Selbstverwirklichung Platz gemacht. Einsichtig jedoch scheinen drei bedeutsame Aspekte von Zeiten der spezifisch weiblichen «Reinigung»:

- Das Wohlbefinden oder Unwohlsein der Frau.
- Das Erholungsbedürfnis der Frau.
- Partnerschaftlicher Respekt und Rücksichtnahme.

Zur Menstruation (monatliche «Reinigung») bestimmt Levitikus sehr apodiktisch, dass der Verkehr mit einer Menstruierenden für Mann und Frau mit der Todesstrafe (!) zu ahnden ist (Lev 18,29; 20,18). Diese Strenge ist verwunderlich, jedenfalls urteilt ein vorangehender Text desselben alttestamentlichen Buches zum selben Kasus bei weitem milder: «Schläft ein Mann mit ihr, so kommt die Unreinheit ihrer Regel auf ihn. Er wird für sieben Tage unrein. Jedes Lager, auf das er sich legt, wird unrein» (Lev 15,24). Das mag daran liegen, dass die einzelnen Vorschriften des Buches Levitikus unterschiedlichen Traditionen und Zeiten entstammen und in der nach dem Babylonischen Exil (587–537 v. Chr.) redigierten Endfassung nicht alle Differenzen beseitigt worden sind. Die Beurteilung der heutigen Situation, inmitten der Beliebigkeit und Selbstverwirklichung unserer pluralistischen Gesellschaft, bleibt der Leserin und dem Leser überlassen.

Welche Bestimmungen gelten für das Wochenbett? In der jüdischen Familie erlebt man die Geburt eines Kindes als Gottesgeschenk. Daraus erklären sich manche Vorschriften im mosaischen Gesetz, die jüdische Eltern nach der Geburt ihres Kindes zu beachten haben. Auch die Familie des Zimmermanns Josef in Nazaret hielt sich an die Weisungen des Mose. Jesus selbst – im Judentum verwurzelt – wurde «unter das Gesetz gestellt» (Gal 4,4).

Ist die Geburt eines Kindes heute kein Gottesgeschenk mehr? «Wenn eine Frau niederkommt und einen Knaben gebiert, ist sie sieben Tage unrein, wie sie in der Zeit ihrer Regel unrein ist. Am achten Tag soll man die Vorhaut des Kindes beschneiden (Gen 17,12), und dreiunddreißig Tage soll die Frau wegen ihrer Reinigungsblutung zu Hause bleiben. Sie darf nichts Geweihtes berühren und nicht zum Heiligtum kommen, bis die Zeit ihrer Reinigung vorüber ist. Wenn sie ein Mädchen gebiert, ist sie zwei Wochen unrein wie während ihrer Regel. Sechsundsechzig Tage soll sie wegen ihrer Reinigungsblutung zu Hause bleiben» (Lev 12,2–5).

Unreinheit der Wöchnerin		
Geburt	**Knabe**	**Mädchen**
Dauer der Unreinheit	7 Tage	14 Tage
Beschneidung (Eingliederung in den Gottesbund)	8. Tag	–
Zu Hause bleiben	33 Tage	66 Tage
Tempelverbot (Ausschluss vom Gottesdienst)	Bis die Reinigungsblutung vorüber ist	
Reinigungsopfer	Entsühnung und Reinigung durch den Priester (Lev 12,1–8)	

So scheint es wohl verständlich, dass diese Fristen – Unreinheit einer Mutter, bis ihre Reinigungsblutung vorüber ist – historisiert wurden und auch Eingang in unseren christlichen Festkalender gefunden haben, wo sie im Intervall zwischen Weihnachten und Mariä Reinigung oder Lichtmess sorgfältig bewahrt und gepflegt werden. Die Kirche feierte diesen Tag seit dem 7. Jahrhundert als Marienfest, seit der Liturgiereform (1960) wird er wieder als Herrenfest begangen: Darstellung des Herrn (Ex 13,2; Num 18,15–19). Vierzig Tage nach

Mariä Reinigung (Lichtmess) Darstellung des Herrn	
Heilige Nacht	**Mariä Reinigung**
24. Dezember	2. Februar
Geburt Jesu	Reinigungsopfer
Unreinheit der Mutter	Wiedererlangte Reinheit

Jesu Geburt erfüllen Josef und Maria – so bezeugt es Lukas (Lk 2,22–40) – zwei Vorschriften, die das mosaische Gesetz vorschrieb: die «Reinigung» der Mutter, bei der das Opfer dargebracht werden soll (Lev 12,1–8), und die «Darstellung» des Kindes (Num 18,15–19), der erste Aufenthalt Jesu im Tempel.

Zu den Auswirkungen der Unreinheit:

Levitikus berichtet von den Auswirkungen der Unreinheit: «Hat eine Frau Blutfluss und ist solches Blut an ihrem Körper, soll sie sieben Tage lang in der Unreinheit ihrer Regel verbleiben. Wer sie berührt, ist unrein bis zum Abend. Alles, worauf sie sich in diesem Zustand legt, ist unrein; alles, worauf sie sich setzt, ist unrein. Wer ihr Lager berührt, muss seine Kleider waschen, sich in Wasser baden und ist unrein bis zum Abend. Wer irgendeinen Gegenstand berührt, auf dem sie saß, muss seine Kleider waschen, sich in Wasser baden und ist unrein bis zum Abend. Befindet sich etwas auf dem Bett oder auf dem Gegenstand, auf dem sie saß, wird derjenige, der es berührt, unrein bis zum Abend» (Lev 15,19–23). Das ist keine «Unreinheits-Hysterie», es ist das mosaische Gesetz, sinnvolle hygienische Vorschrift mit sakralem Charakter. Alles was die Sphäre der Fruchtbarkeit und die Fortpflanzung berührt, trägt einen geheimnisvollen und sakralen Charakter (*BJ, Kommentar zu Lev 15,1–33*) (7). Unreinheit kann sich ungehindert ausbreiten. «Schläft ein Mann mit ihr, so kommt die Unreinheit ihrer Regel auf ihn. Er wird für sieben Tage unrein. Jedes Lager, auf das er sich legt, wird unrein» (Lev 15,24).

Dass dies keine Männerschikanen gegen Frauen sind, steht schon zuvor in Lev 15,2–18 bei den Vorschriften für Männer an: Männliche kultische Unreinheit erscheint «infektiöser» und ihr Ausbreitungsmodus vielseitiger: Speichel (Anspucken), Sattel, Tongefäß, Holzgerät, Kleid, Lederstück. Und doch zeigt sich ein feiner, nicht unwesentlicher Unterschied gegenüber der Frau: «Jeder, den der Kranke berührt, ohne zuvor seine Hände mit Wasser abzuspülen, muss seine Kleider waschen, sich in Wasser baden und ist unrein bis zum Abend» (Lev 15,11). Es wird damit gerechnet, dass ein Mann (der Kranke) eine andere Person (Frau) berührt; indessen ist es völlig undenkbar, dass eine Frau von sich aus einen Mann berührt. Doch gerade darum geht es in der Perikope der blutenden Frau, die sich entschließt, Jesus zu berühren (Mk 5,27–28).

Abgesehen von der biologischen Sichtweise und den daraus abgeleiteten moralischen Perspektiven geht es beim Umgang mit der Unreinheit des Mannes (Sperma) und der Frau (Menstrualblut, Wochenbettausfluss) im Alten Orient ja auch um pragmatische, konkrete Fragen der persönlichen Hygiene, Scham und Intimsphäre. Wenn man sich vorstellt, dass die Menschen in ihren Kleidern schliefen und sich nur mit dem Mantel zudeckten, dann hat diesbezüglich der Reinigung von allem Unreinen «danach» tatsächlich eine wichtige Funktion. Interessant ist in diesem Zusammenhang, dass der Mantel über Nacht nicht gepfändet werden durfte. Und die schwer interpretierbare neutestamentliche Mahnung im Judasbrief: «Verabscheut sogar das Gewand eines Menschen, der der Sünde verfallen ist» (Jud 23), versteht sich vielleicht am ehesten im Blick auf sichtbare Spuren sexueller Praxis. Der Umgang mit dem männlichen Sperma ist in der Praxis sicher um einiges leichter als der Umgang mit Menstrualblut. Das hat zur Folge, dass die männliche Sexualität noch eher ein mehr persönliches Thema des Einzelnen bleiben konnte. Unter diesen Aspekten ist es wohl verständlich, wenn sich in Dorfgemeinschaften die Frauen zur Förderung einer spezifisch weiblichen Solidarität zusammenschlossen und während der Zeit ihrer «Unreinheit» in «Menstruationshütten» wohnten.

Das Blut – Lebenskraft und Sühnezeichen

Das Blut ist nach Lev 17,10–14 das sichtbarste Zeichen der Lebenskraft überhaupt, Eigentum des allein lebenspendenden Gottes und Sühnezeichen: «Jeder Mann aus dem Haus Israel oder jeder Fremde in eurer Mitte, der irgendwie Blut genießt, gegen einen solchen werde ich mein Angesicht wenden und ihn aus der Mitte seines Volkes ausmerzen. Die Lebenskraft des Fleisches sitzt nämlich im Blut. Dieses Blut habe ich euch gegeben, damit ihr auf dem Altar für euer Leben die Sühne vollzieht; denn das Blut ist es, das für ein Leben sühnt. Deshalb habe ich zu den Israeliten gesagt: Niemand unter euch darf Blut genießen, auch der Fremde, der in eurer Mitte lebt, darf kein Blut genießen. Jeder unter den Israeliten oder der Fremde in eurer Mitte, der Wild oder für den Genuss erlaubte Vögel erlegt, muss das Blut ausfließen lassen und es mit Erde bedecken. Denn das Leben aller Wesen aus Fleisch ist das Blut, das darin ist. Ich habe zu den Israeliten gesagt: Das Blut irgendeines Wesens aus Fleisch dürft ihr nicht genießen; denn das Leben aller Wesen aus Fleisch ist ihr Blut. Jeder, der es genießt, soll ausgemerzt werden» (Lev 17,10–14).

Jeder weibliche Blutverlust, die Geburt ebenso wie die Menstruation, aber auch der männliche Samenerguss (Lev 15,16) gelten als Verlust an «Lebenskraft» für den Einzelnen (Lev 12,1–8). Unter diesem Aspekt erwächst im Judentum mit dem Menstrualblut ein besonderes Problem, weil es eine Bedeutung hat, die nicht einmal dem männlichen Samen («Leben») zugesprochen werden kann. Blut ist das Sühnezeichen (Lev 17,11), das von Gott selbst herkommt, um seine Gnade und Huld auch angesichts menschlicher Schuld, im Versöhnungsfest (Lev 16,1–34) sichtbar zu machen. Im Menstrualblut wird ein Kern der religiösen Überzeugung gesehen, nicht nur ein physiologisches weibliches Phänomen.

Von der Physiologie zur Pathologie

Und wenn Tage der Krankheit kommen, Physiologie in Pathologie übergeht? «In der Normalität des Alltags kann sich diese Problematik noch einigermaßen in Grenzen halten, denn da gibt es entweder die Regel, die Schwangerschaft, das Wochenbett und die lange Stillzeit, und das alles nimmt so einen natürlichen, einsehbaren Verlauf. Wo dieser aber einmal ins Trudeln gerät, verliert das Leben seine Orientierung und entwickelt sich zur Dauerkatastrophe, denn jetzt gelten die Menstruationsvorschriften konstant (Lev 15,25–31), jetzt ist die Betroffene dauernd in ihrem zwischenmenschlichen Verkehr behindert, verbreitet nicht nur den lästigen Geruch des sich in der Hitze rasch zersetzenden Blutes, sondern die dumpfen Schrecken ansteckender Unreinheit und kann sich deswegen nur von allem, auch vom Heiligtum fernhalten, an den religiösen Festen nicht teilnehmen» (*Trummer, S. 115–116*) (93).

Bedenkt man zusätzlich noch, wie sehr eine Frau im Alten Orient der Nachkommenschaft bedarf, um sozial abgesichert zu sein, so bedeuten Dauerblutungen (Meno-Metrorrhagien) in letzter Konsequenz auch Sterilität, Dyspareunie, Eheuntauglichkeit. Die Frau ist durch ihre Krankheit – ob gut- oder bösartig – in ihrem innersten Kern getroffen, sie selbst *und* ihre Umwelt sind dauernd mit dem Problem konfrontiert und damit beschäftigt, das Thema immer wieder neu zu «behandeln».

Das belegen weniger die alttestamentlichen Texte oder die zeitgenössischen Zeugnisse aus neutestamentlicher Zeit, sondern eher die nachbiblischen Schriften des Judentums wie die Mischna und der Talmud. Ganze Traktate der Mischna und des Talmud behandeln das Blutungsthema sehr einschlägig, besonders der Traktat Nidda, der die Unreinheit oder Regel der Frau zum Gegenstand hat und Lev 15,19–32 und Lev 12,1–8 auslegt (*Strack*) (85). Aber auch andere Traktate wie die Miqwa'ot (Tauchbäder) oder Zabim (die mit unreinem Fluss Behafteten) kreisen immer wieder um dieses Thema. Der Traktat Nidda empfiehlt den Frauen die häufige Selbstuntersuchung mit der Hand, um möglichst früh den Beginn der Menstruation festzustellen. Nach dem einschlägigen Talmudtraktat Nidda verwenden die Israelitinnen beim Geschlechtsverkehr zwei Wischlappen, einen für ihn, einen für sie. Die keuschen bereiten noch einen dritten vor, um das Haus herzurichten (*Goldschmidt*) (29).

Theologischer Umgang mit Vorschriften

Heutigen Menschen pragmatisch erscheinende Fragen der Lebensführung und Hygiene sind im Alten Orient mit besonderen moralischen Vorstellungen behaftet; es geht um religiöse Grundsätze, um Richtig oder Ralsch, Rein oder Unrein, Gut oder Böse. Dabei sind nicht die Grundsätze an sich das eigentliche Problem, sondern der Umgang mit ihnen: die Auslegung und Umsetzung, die Festlegung des Grenzverlaufs. So scheint es sich zunächst einmal um ein allgemein menschliches Problem zu handeln. Doch hier geht es nicht um «irgendein» Gesetz, sondern um das mosaische Gesetz. Im Judentum hat der Umgang mit dem Gesetz letzte Konsequenzen, weil das Gesetz direkt von Gott stammt, nicht nur in den großen Grundzügen des Dekalogs (Ex 20; Dtn 5), sondern auch in kleinen Alltagsfragen (Händewaschen, Speisen und deren Zubereitung).

Reinheitsfragen, die zu Glaubensfragen werden, mögen vielen

Menschen, die nur oberflächlich oder verzerrt über das Judentum informiert sind, fremd und überholt erscheinen. Aber gerade diese Fragen sind es, die durch das Neue Testament des Christentums nicht «überwunden» sind. Problem- und Konfliktlösung (Heilung) kann nicht darin bestehen, dass der Dekalog und die Propheten «aufgehoben» werden. Jesus sagt: «Denkt nicht, ich sei gekommen, um das Gesetz und die Propheten aufzuheben. Ich bin nicht gekommen, um aufzuheben, sondern um zu erfüllen» (Mt 5,17).

Die behandelte Perikope der blutenden Frau (Mk 5,25–34) könnte zum Maßstab des zwischenmenschlichen Kontaktes im Allgemeinen und des Kontaktes zwischen Frau und Mann im Besonderen werden. Es geht dabei um den innersten Kern des Mensch- und Person-Seins, um die leib-geistige Existenz (*Noti*) (70). Es geht in dieser neutestamentlichen Heilungsgeschichte um die Verflechtung von kultischer und hygienischer Reinheit, um Verflechtungen, die in ihrer Dichte an die Flechtornamente auf irischen Hochkreuzen erinnert.

Die Auseinandersetzung mit dem Thema erfolgt nicht in der literarischen Form einer Diskussion oder eines Streitgesprächs, sondern als Heilung, deren Symbolgehalt und Tragweite kaum überbewertet werden kann: Jesus hat die Frage der kultischen und hygienischen Reinheit «bereinigt» – geheilt, nicht aufgehoben. Im Kontakt mit der blutenden Frau setzt sich Jesus einem Problemkreis aus, der um einiges komplexer ist, als wenn er sich von einer stadtbekannten Sünderin berühren lässt. «Als nun eine Sünderin, die in der Stadt lebte, erfuhr, dass er (Jesus) im Haus des Pharisäers bei Tisch war, kam sie mit einem Alabastergefäß voll wohlriechendem Öl und trat von hinten an ihn heran. Dabei weinte sie, und ihre Tränen fielen auf seine Füße. Sie trocknete seine Füße mit ihrem Haar, küsste sie und salbte sie mit dem Öl» (Lk 7,37–38). Sowohl durch den Kontakt mit der blutenden Frau als auch mit der stadtbekannten Sünderin wird Jesus selbst, zeitlich begrenzt, unrein und kultunfähig und bedarf der Entsühnung (Lev 5,1–13).

Die Reinheitsvorschriften (Lev 11–15), die von den Juden entwickelt wurden (von den «Alten», das heißt den jüdischen Lehrautoritäten), gingen davon aus, dass alles Geschlechtliche, Ausscheidungen des Körpers, bestimmte Tiere und Menschen (Heiden, Sünder, Kranke mit bestimmten Krankheiten, z. B. Aussatz), auch Leichen ebenso wie jede Art von Schmutz verunreinigen, das heißt für den Gottesdienst und das Gebet unwürdig machen. Diese Unreinheit konnte sich durch Berührung auch auf tote Gegenstände übertragen. Zur Wiederherstellung der kultischen Reinheit bedurfte es gewisser Waschungen, Fastenübungen und religiöser Handlungen. Auch Speisen konnten verunreinigen. Demgegenüber stellte Jesus fest, dass der Wert einer Handlung allein von der Gesinnung des Handelnden abhängt.

> *«Nicht das, was durch den Mund in den Menschen hineinkommt, macht ihn unrein, sondern was aus dem Mund des Menschen herauskommt, das macht ihn unrein»* (Mt 15,11).

Im Matthäusevangelium äußert sich Jesus über Reinheit und Unreinheit. Jesus integriert seine sittliche Botschaft in den Zusammenhang der Reich-Gottes-Botschaft. Sein Hoch-Ethos gibt uns Grundhaltungen und ein Ziel. Mit seiner Botschaft hinterfragt Jesus unser Verhalten ständig. Er fordert uns heraus, vorbehaltlos für das Reich Gottes einzutreten, so wie er es im Gleichnis vom Schatz und von der Perle (Mt 13,44–46) entfaltet hat. *Paulus* greift auf das damals gelebte Ethos seiner Zeit zurück, auf die sittlich gelebte Überzeugung der jüdisch-hellenistischen Gesellschaft und integriert diese in seinen Glauben an Jesus Christus (1 Kor 8). Bei Paulus begegnen uns auch paränetische Aussagen. In seiner Mahnrede (Gal 5; 6) fordert er uns auf, das Gute und Richtige zu tun und das Böse zu meiden. Die Reinheits- und Kultvorschrift übernimmt Paulus nicht mehr. Er berücksichtigt auch die Umstände und mögliche Folgen im Sinne der Güterabwägung (1 Kor 7,5). Sünde bezeichnet die theologische Dimension der Schuld. Im christlichen Glauben sind Schuld und Sünde eingebettet in den größeren Rahmen von Versöhnung und Neubeginn. Der Wert jeder religiösen Verhaltensweise und Handlung wird von der Gesinnung des Handelnden abhängig gemacht, nicht vom äußeren Vollzug. Es gibt keine Sünde ohne böse Gesinnung.

> *«Gut ist das, was menschlichem Leben in seiner individuellen, sozialen und transzendenten Dimension dient, was es aufbaut.– Böse ist das, was menschliches Leben und Zusammenleben stört und zerstört.»*
> Johannes Gründel

Doppelte Exegese – Zweitmeinung («second opinion»)

Schon *Origines* (ca. 185–253/54) kannte die «doppelte Exegese», die Möglichkeit der allegorischen Darstellung (grch. allegorein, anders sagen), um alles nochmals anders zu sagen. Im konstruktiven interdisziplinären Dialog von Theologie und Medizin ist es unumgänglich und sinngebend, mindestens eine Zweitmeinung («second opinion») einzuholen. Beim Meister von Alexandrien bestehen offensichtlich große Ähnlichkeiten zwischen seiner Bibelinterpretation und seiner Auffassung von Gebet und Gottesdienst, so dass man mit gutem Recht von einer doppelten Exegese sprechen kann (*Studer, S. 37*) (86).

Tieferes Verstehen eines Bibeltextes setzt voraus, dass dieser nicht Objekt bleibt, das im Bemühen um «Objektivität» außerhalb des Untersuchers liegt und innerlich auf sicherer Distanz bleibt. Wir dürfen nicht dem Irrtum unterliegen, dass etwas losgelöst von uns selbst betrachtet werden kann. Zwischen «Objekt» und «Beobachter» bestehen lebendige Wechselwirkungen. Deswegen gehört die «Geschichte der blutenden Frau» nochmals in einer «anderen» (bildlicheren) Weise bedacht. Die alte Auslegungstradition – von den Kirchenvätern bis zur Reformation – nannte diesen Interpretationsschritt «Allegorese». Diese betrachtet Überliefertes nicht nach seiner wörtlichen Bedeutung, sondern nach dem vorgegebenen geistigen Sinngehalt. Sie führte zu einer «Spiritualisierung» des Christentums und wurde später, wegen ihrer oftmals phantastischen «Konstruktionen», von der historisch-kritischen Schule mit dem Bann belegt.

Was hat das mit mir zu tun?

Eine neue Sicht der Dinge drängt sich immer dann auf, wenn wir uns die Frage stellen: Was hat das alles mit mir selbst zu tun? Daher nochmals zurück zur Heilungsgeschichte der blutenden Frau. Eine Frauengeschichte, Frauen und Blutungen? Bei einem Arzt, der Rückblick auf seine eigene Tätigkeit hält, beginnen sich vielleicht beim Lesen der Markusgeschichte die Bilder und Gedanken zu überstürzen. Meine Mutter, andere Mütter, meine Frau, Freundinnen, unsere Tochter, Patientinnen. Beruf und Berufung: Sprechstunde, Operationen, Spitalvisite, Konsilien, Tumor-Board, Radiotherapien, Chemotherapien, Frauen als Betroffene, Frauen als Fordernde, Frauen als Handelnde.

Hinter den betroffenen Frauen und Müttern aber stehen auch Männer: mein Vater, andere Väter, Freunde, Kinder, unsere beiden (mit-leidenden) Söhne, Familienangehörige. Ich durfte nie Zeuge sein, dass eine Frau, die unter mehrjährigen Meno-Metrorrhagien litt, durch eine Berührung geheilt werden konnte. Unter dem (falschen) naturwissenschaftlichen Blickwinkel müsste sich jeder Arzt beim oberflächlichen Lesen des Berichts dieser Wunderheilung recht hilflos und unfähig vorkommen. Meine eigene Mutter starb an Krebs, eine ihrer Schwestern starb an Krebs, mein Vater starb an Krebs. Warum gerade sie? «Warum gerade ich?» (*Bühlmann*) (11). Sie alle wurden operiert und bestrahlt. Die Zeitspanne, die dem Tod abgewonnen werden konnte, war für sie und für uns alle das kostbarste Geschenk. Bei den Besuchen zu Hause, ihren Konsultationen in den Praxen und den Visiten im Spital begegneten sie nicht Jesus, sie begegneten gewöhnlichen, leiblichen, aber berufenen, dienenden und händereichenden Ärzten, begleitenden und mitleidenden Mitmenschen. Ihnen sei an dieser Stelle gedacht und gedankt.

Wo war Jesus? In der Eucharistiefeier begegneten sie Jesus Christus: dem Arzt Jesus Christus, der Mitleid hatte, sich mit ihnen identifizierte, Gemeinschaft bildete und sie heilte. Sie starben – nach einem erfüllten Leben – friedlich, ruhig und gelassen; sie sind – Deo gratias – nicht «qualvoll und entwürdigt an ihrem Leiden zugrunde gegangen», nicht so wie *Trummer* es erleben musste und wie viele Menschen es erleben müssen und wie manche Autoren es beschreiben (*Trummer, S. 138*) (93). R.I.P.

Klärung eines Begriffs

Etwas gehört auch noch zum Kontext des interdisziplinären theologisch-medizinischen Dialogs: Die Klärung des pejorativer Namens «Schulmedizin». Es geschah im Vorfeld der Volksabstimmung vom 17. Mai 2009, wo es um die «Zukunft der Komplementärmedizin» ging – aus Liebe zur Sprache und zur Schulmedizin – in der Form eines Leserbriefes: «Das klassische medizin-philosophische System der antiken Säftelehre erklärte alle Krankheiten als Dyskrasien, unharmonische Säftemischungen. Bis in das 19. Jahrhundert galt sie als Grundpfeiler ärztlichen Wissens. Im Beginn der Neuzeit waren die Iatrophysiker, die Iatrochemiker und die Iatromathematiker Anhänger entsprechender Systeme, die alle nun historische Curiosa geworden sind. Geblieben ist aus jener Zeit ein pejorativer Name:

‹Schulmedizin›, der also jemandem – bitte beachten Sie dies genau – die Etikette aufprägt, an eine Schulmeinung zu glauben, nicht etwa in einer Schule (Universität, ETH) etwas gelernt zu haben. Oder haben Sie je gehört, dass ein gelernter Physiker der ETH oder einer Universität, ein Schulphysiker also, schlechter als ein ungelernter ist? Schulmedizin ist universitäre, natur- und geisteswissenschaftliche, ganzheitliche Medizin, Arzttum. Wir halten Mehrheitsbeschlüsse für Wahrheit. Wird es uns gelingen, eine begehbare Brücke zu bauen zwischen Wünschbarem und Machbarem, zum Wohle der Kranken. Willst du gesund werden? (Joh 5,6)» (*Moser*) (64).

Ist es angesichts der Erfolge der modernen Medizin nicht fast ein Hohn, diese Geschichte von der Berührungs-Heilung einer blutenden Frau noch erzählen zu wollen? Wir leben zwar in einer Zeit der Hochblüte punktuell beliebiger «alternativer» Berührungs-, Tast- , Massage-, Punktier- und Reflex-Methoden, doch leider erfüllen nicht alle Exponenten die erforderlichen kontrollierten Fortbildungsbestimmungen und fachlichen Qualitätskontrollen. Der Begriff «Alternativmedizin» ist für die Heilungen Jesu, hier im biblischen Kontext mit der Markusperikope, sicher fehl am Platz. Gibt es da nicht vielleicht noch einen anderen Anknüpfungspunkt? Es scheint mir wichtig, an dieser Stelle einen verwandten Begriff von *Nils Bohr* aus der Quantenphysik einzuflechten, den Begriff der «Komplementarität», von dem auch der Begriff «Komplementärmedizin» abgeleitet wird.

In der Quantenphysik wird das klassische Konzept der Objektivität und der Kausalität aufgehoben, wie in der Markusperikope der blutenden Frau (Mk 5,25–34). Die mathematisch von *Heisenberg* (1926) formulierte Unschärferelation bringt Unbestimmtheit und Wahrscheinlichkeit in Zeit, Raum und Materie. Was hat das mit der Bibel oder mit dem christlichen Glauben zu tun? Wer sensibel genug ist und sich mit Sympathie und Aufgeschlossenheit auf deren tiefgründige Erkenntnisse einlässt, der merkt sofort, dass hier Wesentliches für unser Leben grundgelegt ist. Der Physik-Nobelpreisträger *Heisenberg* (1901–1976) bekannte: «Der erste Trunk aus dem Becher der Naturwissenschaft macht atheistisch, aber auf dem Grund des Bechers wartet Gott.» Im Denken und Handeln Jesu gibt es weder Unbestimmtheit noch Wahrscheinlichkeit, noch den Zufall.

Staunen vor der Schöpfung

Welche Antworten gibt *Werner Heisenberg* im interdisziplinären Dialog von Theologie und Physik? Seine Zweitmeinung («second opinion») scheint mir für den modernen, im naturwissenschaftlichen Denken verwurzelten Menschen wesentlich zu sein. Heisenberg, der Physiker, verweist uns auf Gott, auf das Staunen vor der Schöpfung, auf das Werden des Kosmos aus dem Chaos, auf das in der Genesis gesungene Schöpfungslied (Gen 1,1–2,4a), das damit endet, dass alles gut (Gen 1,25), ja sehr gut war (Gen 1,31). Mit großem Durst hat Heisenberg den Becher der Naturwissenschaft bis auf den Grund geleert. Da wurde ihm die Erkenntnis geschenkt, dass es der Abendmahlskelch war. In der Feier der Eucharistie begegnet er Gott. «Ebenso nahm er nach dem Mahl den Kelch und sprach: Dieser Kelch ist der Neue Bund in meinem Blut. Tut dies, sooft ihr daraus trinkt, zu meinem Gedächtnis!» (1 Kor 11,25). Mit der Sprache der Physik öffnet uns Heisenberg die Augen und weckt unser Interesse an der Schöpfung. Das Inter-esse (lat. im wörtlichen Sinn das Dazwischen-Seiende), das zwischen dem Subjekt und dem Objekt Gelegene, hat sich von der korpuskulären Materie auf die Dynamik der Wechselwirkungen verlagert. Die Berührung des Gewandes Jesu durch die blutende Frau löst die Wechselwirkung mit Jesus aus und bewirkt für sie Heilung und Heil, Segen.

Der Begriff der Komplementarität ist das philosophisch wichtigste Ergebnis der Quantenphysik. Es liegt hier eine neue Denkform vor, die vom klassischen physikalischen Denken völlig verschieden ist und deren weitreichende Auswirkungen sich auf viele grundlegende Fragen der Naturerkenntnis erstrecken. Sie weist auf die *Transzendenz* der menschlichen Existenz hin, welche unangetastet bleibt. Der Begriff der Komplementarität hat am Beispiel der «Komplementärmedizin» seinen Niederschlag auch in der Medizin gefunden. Dazu gehören manche sehr wertvollen Aspekte der Palliativmedizin. Hüten wir uns, komplementär mit alternativ gleichzusetzen oder zu verwechseln (*Moser, S. 53f.*) (61).

Was also war bei der unbekannten biblischen Frau die «Blutungsursache», welches war der «Heilungsmechanismus»? Was heißt überhaupt «blutflüssig»? Das Wort kommt nur in der Bibelübersetzung von Luther vor und ist in der deutschen Sprache (auch in der «Hebammen- und Medizinersprache») nie heimisch geworden. Es wird damit auch kein spezifisches Frauenleiden bezeichnet. Etwas ist gewiss: Sie war nicht antikoaguliert; Blutverdünnung zur Thrombose- und Emboliephrophylaxe- und Therapie waren damals unbekannt. Mehr wissen wir naturwissenschaftlich-medizinisch nicht. Man kann auch falsche Fragen stellen, an die Natur und an die Bibel. Dann bleibt die Antwort aus, wie bei dem Wunder. Und so ist es eigentlich hier, wie bei so vielen anderen Fragen, gar nicht erstaunlich, wenn der Kabarettist *Hanns Dieter Hüsch* (1925–2005) zu folgender Erkenntnis gelangt: «Unsere Philosophie basiert auf der genauen Unkenntnis der Dinge.»

Vom Blut

Im *Judentum* hat das Blut eine sehr große *sakrale* Bedeutung. Auch in unserer pluralistischen Gesellschaft hat das Blut – die Blut(säfte) – (Joh 1,13a) einen sehr hohen, lebensbejahenden und lebensrettenden Stellenwert, jedoch einen *profanen*: «Spende Blut!» (Schweizerisches Rotes Kreuz). Nochmals zurück zur biblischen Heilungsgeschichte. Durch den Kontakt (bemerkt oder unbemerkt) mit der «kontagiösen» blutenden Frau wird auch Jesus infiziert (Lev 5,1–13). Ungewollt bekommt Jesus moralisch und religiös Anteil an den infektiösen Keimen ihrer weiblichen Unreinheit. Die Frau macht Jesus schuldig, wodurch er selber zeitlich begrenzt vom Kult ausgeschlossen ist. Im *Christentum* hat das Blut zwar nicht mehr ganz jene Bedeutung wie im Judentum, doch vermeidet auch im Christentum die Frömmigkeit den Gedanken einer persönlichen Berührung («Kontaktinfektion») Jesu mit Blut.

Virginitas in partu

Wenn Jesus durch den Kontakt (lat. con-tangere, berühren) mit der blutenden Frau befleckt (unrein) wird, wie steht es dann hinsichtlich des Kontakts mit dem Blut seiner Mutter während der Geburt? Das Dogma der Jungfrauengeburt, mit der Deutung der «virginitas in partu» (der Jungfäulichkeit Mariens auch während der Geburt) entlastet von der Befürchtung der «Befleckung eines reinen Christus» durch Blut, von der Vorstellung des blutverschmierten Jesus, vom Bild jedes Neugeborenen nach seiner biologischen Geburt. «Wie soll das geschehen?» (Lk 1,34). Die Teilhabe am göttlichen Leben kommt «nicht aus dem Blut, … sondern aus Gott» (Joh 1,13). Die jungfräuliche Mutterschaft Mariens – Zeugung, Schwangerschaft, Geburt, Wochenbett – ist Gottes Ratschluss (*Katechismus 502–511*). Dazu sagt der Evangelist Johannes:

Joh 1,13:
a «die nicht aus Blut(säften) und nicht aus dem Fleischwillen und nicht aus dem Manneswillen»,
b «sondern aus Gott erzeugt worden sind».

«Zu den wenigen seit Jahrhunderten umstrittenen Punkten, von denen man aber annahm, sie hätten eine endgültige Lösung gefunden, hatte Joh 1,13 gehört. Der Text spricht von den aus Gott geborenen Gläubigen, nicht von der Geburt Jesu aus der Jungfrau. Warum steht das Wort ‹Blut› so ungewöhnlich, geradezu unübersetzbar in der Mehrzahl? Wahrscheinlich geht es bei dieser ungewohnten Wendung um die Säfte im männlichen *und* im weiblichen Organismus. Mit viel geringerer Wahrscheinlichkeit kann der «Fleischeswillen» auf die Mutter und der ‹Manneswillen› auf den Vater bezogen werden. Wichtig ist es festzuhalten, dass Johannes dem Hervorgehen ‹aus Gott› nicht einfach den ‹Manneswillen› gegenüberstellt. Er hat ‹aus Blutsäften› vorausgeschickt. Daraus lässt sich ablesen: a) Der Evangelist betrachtet die Erzeugung eines Kindes als einen Vorgang, an dem beide, Mann und Frau, aktiv beteiligt sind. b) In Joh 1,13 ist die Rede von etwas Natürlichem, nicht von etwas moralisch Minderwertigem. Dem natürlichen Lebensbeginn als Menschenkind wird das Wunder des ‹übernatürlichen› Neubeginns als Kind, dem göttliches Leben eigen ist, als Kind Gottes, gegenübergestellt. Wenn irgend eine Polemik in Joh 1,13 mitschwingt, dann höchstens gegen die religiöse Überbewertung der irdischen Blutsbande, wie sie bei den ‹Kindern Abrahams› (Joh 8,39) üblich war. Doch im Gegensatz zu Weish 9,15 ist für Johannes die Geburt aus schwachem Blut und Fleisch kein Hindernis auf dem Weg zu Gott. Sogar der Logos ist ja ‹Fleisch› geworden (Joh 1,14a), und zwar aus dem Blut einer irdischen Mutter» (*Schwank, S. 34f.*) (83).

Jesus kannte keine Hämophobie

Jesus war ein Befreier aus Gefängnissen gesellschaftlicher Netze. Das war nicht ungefährlich. Jesus war der einzige Arzt, der trotz gegenteiliger religiöser Vorschriften keine Kontaktängste hinsichtlich

Blut gehabt hat. Und gerade deswegen war Jesus der einzige Arzt, der der blutenden Frau helfen und sie heilen konnte. Wie alle neutestamentlichen Wundererzählungen ist daher die Geschichte der (unbekannten) blutenden Frau eine Geschichte dieses Arztes, eine Biographie von Jesus Christus Medicus. Die meisten Geheilten des Neuen Testaments verbleiben in der Anonymität, denn sie stehen unter dem «Arztgeheimnis» Jesu. Arztgeheimnis und Beichtgeheimnis bilden bei Jesus eine Einheit. Doch das Entscheidende, das Jesus bei der Begegnung mit der blutenden Frau für diese *eine* kranke Frau mit ihrer Beziehungsunfähigkeit im Dilemma zwischen Kontaktfreudigkeit und Berührungsangst getan hat, das hat er für *alle* Frauen getan. Jesus ist ganz Mitmensch, berührter und berührender Arzt, händereichende Bezugsperson! Daher wird seine «Leistung» in dieser Krankengeschichte, sein Anteil an diesem Wunder um nichts geringer, eher ist das Gegenteil der Fall. Das unmanipulierte Wunder der Heilung, bei dem keine Naturgesetze «durchbrochen» wurden, wird damit nicht kleiner, sondern größer. Nicht der Heilungserfolg allein ist das Thema dieser Krankengeschichte, sondern ebenso die ganze Anamnese mit all ihren pathogenen Motiven. Jesus hat die komplexe Vielfalt krankmachender Motive und deren Verflechtung erkannt.

Blutungsquellen

Das griechische Wort aimorrousa, «die vom Blut Fließende» (Mt 9,20), trifft auf alle möglichen weiblichen und männlichen Blutungsquellen zu: Wunden, Nase, Rachen, Lungen, Speiseröhre, Magen, Darm, Nieren, Harnleiter, Harnblase, Harnröhre, Eierstöcke, Eileiter, Gebärmutter etc. Somit gilt das Thema auch für Männer; auch sie können «verbluten», aus dem Magen, dem Darm, der Lunge, dem Herzen. Soldaten im Krieg «kämpfen bis zum letzten Blutstropfen», «verbluten» auf dem Schlachtfeld oder liegen «blutverschmiert» in Lazaretten herum.

Auch Männer haben «blutende Herzen», unheilbaren «Kummer» und tödliche Herzaneurysmen mit «Herztamponade». Könnte es vielleicht nicht so sein, dass sich im Blut das «Weibliche» mit dem «Männlichen» versöhnt? Die «Prinzipien», die einander so dringend brauchen, die sich zur Fülle ergänzen oder aufheben können und denen es oft so schwer fällt, zusammenzukommen oder zusammenzubleiben, sie sind in jedem Menschen, auch in dir und mir. Es ist die lebendige Wechselwirkung zwischen dem Weiblichen und dem Männlichen, von Yin und Yang, die auch in der chinesischen Medizin eine große Rolle spielt. Ich bin damit, von der neutestamentlichen Perikope ausgehend, über Solferino in die chinesische Philosopie des 5./3. Jh. v. Chr. geraten, hoffend, dass die Betrachtung hilft, das besser zu sehen, was unsere Zeit so dringend braucht: vertiefte Kenntnis des Menschen und Handreichung. Ein Licht, das in der Finsternis leuchtet (Joh 1,5).

Alle die Kranken, die heute die Sprechstunde eines Arztes aufsuchen, um geheilt zu werden, sollten sich mit ein paar wesentlichen (biblischen) Fragen auseinandersetzen und sie in ihren Herzen zu beantworten suchen: *Wer* ist mein Arzt, den ich aufsuche? *Was* erwarte ich von meinem Arzt? *Wie* soll (aus meiner persönlichen Sicht) die Heilung geschehen? Fragt er mich auch, wie Jesus den Mann am Schafteich: «Willst du gesund werden?» (Joh 5,6)? Bei allen diesen Fragen ist jedoch Vorsicht geboten: Wir werden mit uns selbst konfrontiert, Unbewusstes und Verdrängtes kann zum Vorschein kommen.

Unser Vater

Der Vater, zu dem Jesus betet und zu dem er uns beten gelehrt hat, ist der eine Gott aller Menschen, der Frauen und Männer, der Kranken und Gesunden, der Unreinen und Reinen, der Sünder und der Gerechten, der Marginalisierten und der Integrierten, der Freien und der Gefangenen, der Armen und der Reichen, der Gott, der keine Ausgrenzungen und Abwertungen kennt; und es ist der Gott, der das blutverschmierte Findelkind Israel am Leben erhält, es badet, das Blut abwischt und es mit Öl salbt (Ez 16,6.9).

Die Heilung der Schwiegermutter des Simon

Mk 1,29–31	**Mt 8,14–15**	**Lk 4,38–39**
[29]Sie verließen die Synagoge (von Kafarnaum) und gingen zusammen mit Jakobus und Johannes gleich in das Haus des Simon und Andreas.	[14]Jesus ging in das Haus des Petrus	[38]Jesus stand auf, verließ die Synagoge und ging in das Haus des Simon. Die Schwiegermutter des Simon hatte hohes Fieber, und sie baten ihn, ihr zu helfen.
[30]Die Schwiegermutter des Simon lag mit Fieber im Bett. Sie sprachen mit Jesus über sie,	und sah, dass dessen Schwiegermutter im Bett lag und Fieber hatte.	
[31]und er ging zu ihr, *fasste* sie an der Hand und richtete sie auf. Da wich das Fieber von ihr, und sie sorgte für sie.	[15]Da *berührte* er ihre Hand, und das Fieber wich von ihr. Und sie stand auf und sorgte für ihn.	[39]Er trat zu ihr hin, beugte sich über sie und *befahl* dem Fieber zu weichen. Da wich es von ihr, und sie stand sofort auf und sorgte für sie.

Exegese

Es handelt sich um die zweite Heilung Jesu, jedoch um die erste Krankenheilung (Mk 1,29–31). Die erste Heilung ist ein Exorzismus (Mk 1,21–28). Mit der Überleitungsnotiz «sie verließen die Synagoge» beginnt der Evangelist die kurze Heilungsgeschichte, die in Kafarnaum, im Hause des Simon Petrus und Andreas, spielt. Die Erzählung erhält schon durch die erste namentliche Zusammenführung der berufenen Jünger Jakobus und Johannes mit Simon und Andreas in der Begleitung Jesu eine besondere Bedeutung. Durch die familiäre Beziehung der Kranken zu Simon Petrus erhält die Erzählung einen biographischen Charakter.

Die Heilung der Schwiegermutter des Simon durch Jesus wird äußerst sparsam geschildert. Nicht ein heilendes Wort wird berichtet, sondern nur die Ergreifung der Hand der Kranken und ihre Aufrichtung. Das *Wie* der Heilung, das in der modernen naturwissenschaftlichen Medizin im Vordergrund steht, ist kein Thema. Der Heilungserfolg ist das Ergebnis der Begegnung mit Jesus und seinem besonderen Heilungscharisma. Am Ende wird die eingetretene Heilung vermerkt und die Erzählung kehrt zu ihrem Anfang zurück. Die Jünger Jakobus und Johannes waren mit Jesus ins Haus gekommen, vielleicht um sich zu erfrischen und zu stärken. Die geheilte Frau «bedient» sie und unterstreicht damit den Erfolg der Heilung. Zum ersten Mal begegnet so im Evangelium eine Frau. Durch die Vorstellung der Kranken als «Schwiegermutter» darf angenommen werden, dass Simon Petrus verheiratet war (vgl. 1 Kor 9,5).

Bei *Lukas* wenden sich außer Simon noch andere, nicht genannte Personen an Jesus «und sie baten ihn». Sein *Befehl* (bei Mk *Anfassen,* bei Mt *Berührung*) setzt voraus, dass er das Fieber als eine Art Dämon auffasst. Dadurch ist die Heilung als Exorzismus zu deuten (vgl. Lk 4,35). Das «Dienen» zu Tische demonstriert die Befreiung vom Fieber.

«Die Erzählung beschränkt sich auf die wesentlichen Elemente antiker Heilungsgeschichten: Angabe über die Krankheit, Bitte um Hilfe, Heilung und Demonstration. Die Heilungstat Jesu an einer Frau ist ebenso wie die anderen nicht unter medizinischen, sondern theologischen Aspekten zu betrachten (vgl. Lk 13,16). Sie ist ein Zeichen dafür, dass Jesus die Macht über all die Kräfte besitzt, die uns Menschen daran hindern, in einem vollen Sinn zu leben und anderen sorgend zur Seite zu stehen» (*Kremer, S. 58*) (51).

Die Heilung eines Aussätzigen

Mk 1,40–45	Mt 8,1–4	Lk 5,12–16
[40]Ein Aussätziger kam zu Jesus und bat ihn um Hilfe; er fiel vor ihm auf die Knie und sagte: Wenn du willst, kannst du machen, dass ich rein werde.	[1]Als Jesus von dem Berg herabstieg, folgten ihm viele Menschen. [2]Da kam ein Aussätziger, fiel vor ihm nieder und sagte: Herr, wenn du willst, kannst du machen, dass ich rein werde.	[12]Als Jesus in einer der Städte war, kam ein Mann, der am ganzen Körper Aussatz hatte. Sobald er Jesus sah, warf er sich vor ihm zu Boden und bat ihn: Herr, wenn du willst, kannst du machen, dass ich rein werde.
[41]Jesus hatte Mitleid mit ihm; er streckte die Hand aus, berührte ihn und sagte: Ich will es – werde rein! [42]Im gleichen Augenblick verschwand der Aussatz, und der Mann war rein.	[3]Jesus streckte die Hand aus, berührte ihn und sagte: Ich will es – werde rein! Im gleichen Augenblick wurde der Aussätzige rein.	[13]Da streckte Jesus die Hand aus, berührte ihn und sagte: Ich will es – werde rein! Im gleichen Augenblick verschwand der Aussatz.
[43]Jesus schickte ihn weg und schärfte ihm ein: [44]Nimm dich in acht! Erzähl niemand etwas davon, sondern geh, zeig dich dem Priester und bring das Reinigungsopfer dar, das Mose angeordnet hat. Das soll für sie ein Beweis (meiner Gesetzestreue) sein.	[4]Jesus aber sagte zu ihm: Nimm dich in acht! Erzähl niemand davon, sondern geh, zeig dich dem Priester und bring das Opfer dar, das Mose angeordnet hat. Das soll für sie ein Beweis (deiner Heilung) sein.	[14]Jesus befahl ihm: Erzähl niemand davon, sondern geh, zeig dich dem Priester und bring das Reinigungsopfer dar, wie es Mose angeordnet hat. Das soll für sie ein Beweis (deiner Heilung) sein.

Mk 1,40–45	Mt 8,1–4	Lk 5,12–16
[45]Der Mann aber ging weg und erzählte bei jeder Gelegenheit, was geschehen war; er verbreitete die ganze Geschichte, so dass sich Jesus in keiner Stadt mehr zeigen konnte; er hielt sich nur noch außerhalb der Städte an einsamen Orten auf. Dennoch kamen die Leute von überallher zu ihm.		[15]Sein Ruf verbreitete sich immer mehr, so dass die Menschen von überall herbeiströmten. Sie alle wollten ihn hören und von ihren Krankheiten geheilt werden. [16]Doch er zog sich an einen einsamen Ort zurück, um zu beten.

Exegese

Als «Aussatz» bezeichnet wird nicht die heutige Lepra (L. Arabum, L. Judaeorum), die durch Tröpfcheninfektion und Schmutz (Fliegen) übertragene chronische Infektionskrankheit mit dem Erreger Mycobacterium leprae (Hansen 1873) mit ihren vielfältigen klinischen Verlaufsformen (L. lepromatosa, L. tuberculoides, L. mutilans). «Aussatz» meint hier einen weißen Ausschlag (Psoriasis vulgaris = Lepra Graecorum?), der kultisch unrein machte und vom Gottesdienst sowie vom Zusammenleben ausschloss (vgl. Lev 13). Er wurde als Strafe Gottes betrachtet; von dieser Krankheit Befallene galten als Tote (!) und ihre Heilung als eine Gott vorbehaltene Totenerweckung (vgl. 2 Kön 5,7). Im Alten Testament werden zwei Heilungen erzählt (Num 12,10–15; 2 Kön 5,8–15).

«Aussatz (Lepra) und verschiedene andere infektiöse Hautkrankheiten schlossen vom Zusammenleben mit anderen Menschen aus. Erst wenn die dafür zuständigen Priester die Heilung festgestellt hatten, war die Rückkehr in die alte Lebensgemeinschaft wieder erlaubt (vgl. Lev 13–14). Auch diese Erzählung beschränkt sich auf die wesentlichen Elemente antiker Heilungsgeschichten: Angabe über die Krankheit, Bitte um Hilfe, Mitleid, Heilung und begleitendes Wort, Feststellung der Heilung. Allerdings wird ausdrücklich von der ‹Reinigung› des Aussätzigen gesprochen. Das dafür im griechischen Text gebrauchte Wort katharizein, katharismos bezeichnet in der Septuaginta (LXX) die Wiederherstellung der kultischen Reinheit. Die Bitte des Aussätzigen wird eingeleitet mit ‹wenn du willst›. Die konditionale Wendung setzt nicht eine nur begrenzte Bereitschaft Jesu zum Heilen voraus, sondern ist Ausdruck des Zutrauens göttlicher Macht zur Heilung selbst eines ‹lebendig Toten›. Als solcher galt der Aussätzige. Dem entspricht das wirkende Wort Jesu in Mk 1,41 ‹Ich will es – werde rein!› Jesus heilt ‹aus Mitleid›. Jesu ‹Wille› (Mk 1,41) zielt auf die Gesundung und damit auf die Rückführung des Aussätzigen in die Gemeinschaft der Lebenden. Die sogleich eintretende Heilung des Kranken stellt seine ‹Reinheit› her (Mk 1,42), seine rechtsgültige Rückführung in den aktiven Vollzug der Lebensgemeinschaft des Gottesvolkes. Jesus sendet den Geheilten zum Priester zur Erfüllung der Vorschrift. Dem Priester obliegt nach Lev 14,1–32 die ‹amtliche› Reinerklärung des Aussätzigen und die Anordnung eines Reinigungsopfers» (*Kertelge, S. 29f.*) (45).

«*Matthäus* hat die bei Mk 1,40–45 ausführlicher erzählte und nicht lokalisierte Geschichte auf das Gespräch Jesu mit dem Aussätzigen verkürzt und durch das ‹Herabsteigen vom Berg› in die Nähe Kafarnaums (Mt 8,5) versetzt. Bei Markus eine einsame Begegnung mit dem von den Menschen isolierten Kranken, scheinen bei Matthäus die Volksscharen (Mt 8,1) nicht fern zu sein» (*Schnackenburg, S. 78*) (79).

«Die Wunder Jesu unterscheiden sich von den phantastischen Wundergeschichten des Hellenismus und rabbinischen Judentums schon durch ihre Schlichtheit, vor allem aber durch ihre religiöse, zeichenhafte Bedeutung: Sie sind Äußerungen der messianischen Zeit, Anbruch der siegreichen Herrschaft des Heiligen Geistes über das Reich Satans und der Mächte des Bösen wie Sünde und Krankheit. Als Jesus seine Apostel aussendet, das Reich Gottes zu verkünden, überträgt er ihnen seine Heilungsvollmacht; daher hat Matthäus der Aussendung der Jünger zur Mission, einen Zyklus von zehn Wundern (Mt 8–9) – den Zeichen des Missionars – vorangestellt» (*BJ, Kommentar zu Mt 8,3*) (7).

Die Botschaft der *Bergpredigt* (Mt 5–7) wird durch die Taten Jesu beglaubigt, die seine messianische Vollmacht bestätigen. «Den Forderungen der Bergpredigt gehen die Taten des Messias voraus» (*Gerhard Lohfink*): Das Summarium der Heilungen Jesu geht voraus (Mt 4,23f.).

Heilung eines Blinden bei Jericho

Mk 10,46–52	Mt 20,29–34	Lk 18,35–43
46 Sie kamen nach Jericho. Als er mit seinen Jüngern und einer großen Menschenmenge Jericho wieder verließ, saß an der Straße ein blinder Bettler, Bartimäus, der Sohn des Timäus.	29 Als sie Jericho verließen, folgte ihm eine große Zahl von Menschen. 30 An der Straße aber saßen zwei Blinde, und	35 Als Jesus in die Nähe von Jericho kam, saß ein Blinder an der Straße und bettelte. 36 Er hörte, dass viele Menschen vorbeigingen, und fragte: Was hat das zu bedeuten?
47 Sobald er hörte, dass es Jesus von Nazaret war, rief er laut: Sohn Davids, Jesus, hab Erbarmen mit mir!	als sie hörten, dass Jesus vorbeikam, riefen sie laut: Herr, Sohn Davids, hab Erbarmen mit uns!	37 Man sagte ihm: Jesus von Nazaret geht vorüber. 38 Da rief er: Jesus, Sohn Davids, hab Erbarmen mit mir!
48 Viele wurden ärgerlich und befahlen ihm zu schweigen. Er aber schrie noch viel lauter: Sohn Davids, hab Erbarmen mit mir!	31 Die Leute aber wurden ärgerlich und befahlen ihnen zu schweigen. Sie aber schrien noch lauter: Herr, Sohn Davids, hab Erbarmen mit uns!	39 Die Leute, die vorausgingen, wurden ärgerlich und befahlen ihm zu schweigen. Er aber schrie noch viel lauter: Sohn Davids, hab Erbarmen mit mir!
49 Jesus blieb stehen und sagte: Ruft ihn her! Sie riefen den Blinden und sagten zu ihm: Hab nur Mut, steh auf, er ruft dich.	32 Jesus blieb stehen, rief sie zu sich und sagte: Was soll ich euch tun? 33 Sie antworteten: Herr, wir möchten, dass unsere Augen geöffnet werden.	40 Jesus blieb stehen und ließ ihn zu sich herführen. Als der Mann vor ihm stand, fragte ihn Jesus: 41 Was soll ich dir tun? Er antwortete: Herr, ich möchte wieder sehen können.
50 Da warf er seinen Mantel weg, sprang auf und lief auf Jesus zu.	34 Da hatte Jesus Mitleid mit ihnen und berührte ihre	42 Da sagte Jesus zu ihm: Du sollst wieder

Mk 10,46–52	Mt 20,29–34	Lk 18,35–43
[51]Und Jesus fragte ihn: Was soll ich dir tun? Der Blinde antwortete: Rabbuni, ich möchte wieder sehen können. [52]Da sagte Jesus zu ihm: Geh! Dein Glaube hat dir geholfen. Im gleichen Augenblick konnte er wieder sehen, und er folgte Jesus auf seinem Weg.	Augen. Im gleichen Augenblick konnten sie wieder sehen, und sie folgten ihm.	sehen. Dein Glaube hat dir geholfen. [Vgl. Lk 7,50; 8,48; Mt 9,22; Mk 5,34] [43]Im gleichen Augenblick konnte er wieder sehen. Da pries er Gott und folgte Jesus. Und alle Leute, die das gesehen hatten, lobten Gott.

Exegese

«In der Darstellung des *Markus* ist Jericho die letzte Station Jesu vor Jerusalem. Am Weg durch Jericho ist die Blindenheilung lokalisiert. Sie wird, besonders durch die Schlussnotiz in Mk 10,52, zu einem letzten Lehrbeispiel zum Thema ‹Nachfolge›. In Jerusalem, dem Ort seiner Passion, heilt Jesus nicht mehr. Der Evangelist hat die Erzählung von der Heilung des blinden Bartimäus als vorgegebene ‹Lokaltradition› an dieser Stelle eingefügt, sie durch die kurze Wegnotiz am Anfang von Mk 10,46 mit dem Kontext verbunden und die Pointe der Erzählung mit dem Nachfolgemotiv am Ende von Mk 10,52 verstärkt. Jesus wird auf seinem Weg durch Jericho von seinen Jüngern und einer großen Menschenmenge begleitet. Die Jünger haben von dem folgenden Geschehen zu lernen, die begleitende Menschenmenge markiert den Bekanntheitsgrad Jesu, den auch der blinde Bettler mit seiner direkten Anrede an ihn bestätigt. Sein Name ist ‹Sohn des Timaios›, Letzteres ein griechischer Eigenname. Die aramäische Schreibung ‹Bartimaios› wird beigefügt; durch die Nachstellung wird der Namensträger eigens als Jude eingeführt. Bekannt war er der urchristlichen Überlieferung wohl aufgrund seiner ‹Nachfolge›. Als Blinder ist er umso mehr auf das Hören angewiesen. So ‹hört› er, dass es Jesus von Nazaret ist, der vorbeizieht. Ihn weiß er gezielt als ‹Sohn Davids› anzurufen. Er weiß also um seine Messianität, und zwar in dieser besonderen, der jüdischen Erwartung entsprechenden Ausprägung, wonach der Erwartete das ‹Reich unseres Vaters David› wieder aufrichten wird. Die Bitte des Blinden ist insofern messianisch motiviert, als das ‹Sehen der Blinden› nach Jes 29,18 dem Ausbruch der messianischen Zeit zugeschrieben wird. Sein Ruf um ‹Erbarmen› rückt allerdings sein beklagenswertes Schicksal als ‹blinder Bettler› in den Vordergrund. Der Ausdruck des Ärgers bei den Mitziehenden steigert nur die Intensität seines Rufens, ein Zeichen seines ungebrochenen Vertrauens. So kommt es zur Begegnung mit Jesus. Die Stimmung der Leute schlägt um: Sie sprechen dem Blinden Mut zu und unterstützen seine Erwartung. Die Frage Jesu ‹Was soll ich dir tun?› sollte sich eigentlich erübrigen, aber sie hat ihren guten Platz im dialogischen Aufbau der Erzählung. Sie führt zur Spezifizierung der Bitte des Blinden. ‹Rabbuni› (‹Mein Meister›) ist eine ehrfurchtsvollere Anrede an Jesus als das schlichte ‹Rabbi› und so auch anders motiviert als vorher ‹Sohn Davids›. In Mk 10,52 spricht Jesus nur noch das heilende Wort, nach dessen Wortlaut dem Glauben des Blinden, wie auch schon in Mk 5,34 bei der Heilung der Frau, eine erhebliche Bedeutung zugesprochen wird. Der ‹Glaube› ist sein Vertrauen zu Jesus, wie er es intensiv bewiesen hat. Mit der Abschlussnotiz in Mk 10,52b erweist sich dieser Glaube aber auch als nachfolgewilliger Glaube. Der Evangelist interpretiert den vorbildlichen Vertrauensglauben des Bittstellers als Ausdruck seiner Offenheit für die Nachfolge Jesu. Danach gilt für ihn auch umgekehrt: In der Nachfolge Jesu auf dem Weg nach Jerusalem erlangt der Glaube des Geheilten seine eigentliche Qualität» (*Kertelge, S. 106f.*) (45).

«Im Zusammenhang mit dem Weg-Motiv (vgl. Mk 8,27+) darf man die Heilung des blinden Bartimäus als ein Bild dessen sehen, was Jesus an denen tut, die sich vertrauensvoll, glaubend, an ihn wenden. Wem der Herr in übertragenem Sinn die Augen öffnet, der ist bereit, Jesus auf seinem Weg zu folgen» (*BJ, Kommentar zu Mk 10,52*) (7).

«Die Heilungsgeschichte, die *Matthäus* aus der Markus-Tradition übernimmt, leitet schon zu den Tagen in Jerusalem über. Das Bekenntnis des Blinden zu Jesus, dem ‹Sohn Davids›, verbindet die Geschichte mit dem Zuruf der Menge beim Einzug in Jerusalem und der Kinder im Tempel. Die von Matthäus auf wesentliche Aspekte reduzierte Erzählung weist typische Züge auf, die für den Gedanken der Jüngerschaft wichtig sind. Auffällige Änderungen gegenüber dem Markus-Text sind: zwei Blinde gegenüber dem einen, namentlich genannten Blinden (Bartimäus); die dreimalige Anrede Jesu mit ‹Herr›; Mitleid Jesu und Berührung der Augen. An der Wegroute nicht interessiert, beginnt Matthäus mit der Situationsangabe ‹als sie Jericho verließen›. Die beiden Blinden werden nicht als Bettler bezeichnet. Sie kennen Jesus bereits wie die ‹nachfolgende› Menge, werden aber am Ende zu wirklichen ‹Nachfolgern›. Ihr Glaube an Jesus spricht sich in der Verbindung von ‹Herr› und ‹Sohn Davids› aus. Beides zusammen kommt dem Anspruch Jesu nahe. ‹Sohn Davids› ist der vom König David abstammende Messias, freilich in einem anderen Sinn, als es die Juden erwarteten. Manche Ausleger vermuten in der Akklamation ‹Herr, erbarme dich unser› schon einen Einfluss der liturgischen Formel Kyrie, eleison. Durch die anderen Leute lassen sich die Blinden nicht beirren, sondern rufen noch lauter – Bekenner Jesu, die sich nicht einschüchtern lassen» (*Schnackenburg, S. 192f.*) (80).

«Jesu ‹Mitleid› mit den Blinden entspricht seinem Erbarmen mit dem Volk als messianischer Hirt. Die Berührung der Augen ist ein Heilungsgestus. Die beiden Blinden bei Jericho bekennen ihren Glauben, schon bevor sie Jesus danach fragt, und betätigen ihn danach in der Nachfolge. In Mt 9,30 verbietet Jesus die Verbreitung des Geschehens, in Mt 20,34 wird rühmlich hervorgehoben, dass die Geheilten Jesus folgten. Dadurch gewinnt die Geschichte Beispielcharakter: Wer durch Jesus ‹sehend› geworden ist, soll ihm folgen. Das ‹Sehen› hat für die Urkirche einen tieferen Sinn. Es wird zum Zeichen eines gläubigen Erkennens und Begreifens, deutlich bei der Heilung eines Blindgeborenen in Joh 9. Im matthäischen Kontext werden die Leser durch das Beispiel der beiden Blinden gemahnt, den Weg Jesu nach Jerusalem gläubig zu bejahen und ihn in eigener Nachfolge mitzugehen» (*Schnackenburg, S. 192f.*) (80).

«Die auf Jesu Leidensankündigung und die Notiz vom Unverständnis der Zwölf folgende Geschichte ist im Rahmen des Reiseberichts mehr als bloße Information über ein Wunder Jesu. Die in der Jordansenke liegende Winterresidenz der Herrscher Jerusalems war für viele Pilger die letzte Station auf ihrem Weg nach Jerusalem. Nach *Lukas* stößt Jesus auf den blinden Bettler (bei *Markus* der blinde Bettler Bartimäus, bei *Matthäus* zwei Blinde), bevor er die Stadt betritt. Dem Bettler wird von den mitziehenden Menschen gesagt:

‹Jesus von Nazaret geht vorüber›. ‹Verkündet: Jesus, der Nazoräer geht vorüber›. Der Terminus ‹vorübergehen› finden sich in Theophanieerzählungen des Alten und Neuen Testaments (vgl. Ex 12,23; Mk 6,48). Wenn Lukas den Terminus ‹vorübergehen› verwendet, könnte er damit die Heilsbedeutung Jesu andeuten. ‹Sohn Davids› als Titel Jesu lässt die Erwartung eines politischen Herrschers aus dem Geschlecht Davids anklingen. Der Bettler wendet sich an Jesus mit einem liturgischen Hilferuf. Dass der Blinde seinen Hilferuf trotz des Widerstandes der Jesus Vorausgehenden wiederholt, drückt sein Vertrauen in die Macht des ihm persönlich Unbekannten aus und macht ihn zugleich zu einem Beispiel inständigen Betens. Im Unterschied zur Menge ‹befahl› Jesus, den Rufenden herbeizuführen. Nach Lukas redet dieser ihn mit ‹Herr› (bei *Markus* mit ‹Rabbuni›) an und bittet um Heilung. Zu dem bloßen Befehl ‹sei sehend› fügt Jesus hinzu ‹dein Glaube hat dir geholfen› und erklärt das Verhalten des Bettlers als Ausdruck seines Glaubens. Der Vorgang der Heilung wird nicht beschrieben. Nach der eingetretenen Heilung folgt der Geheilte Jesus wie ein Jünger nach. Die Augenzeugen stimmen in einen Schlusschor ein und ‹lobten Gott›» (*Kremer, S. 180f.*) (51).

«Nach der Bemerkung über die Blindheit der Jünger (Lk 18,34) zeigt diese letzte Wundergeschichte im Reisebericht, wie Jesus einen Blinden heilt und ihn zur Nachfolge sowie zum Lobpreis Gottes befähigt. Wie wenig der Evangelist am Wunder selbst interessiert ist, zeigen das Fehlen jeglicher Beschreibung. Da schon die markinische Darstellung ganz vom urkirchlichen Glauben geprägt ist, kann der Hergang einer solchen Blindenheilung nicht mehr mit Sicherheit erschlossen werden. Die symbolhafte Schilderung einer Blindenheilung ist in Joh 9,1–7 überliefert. Jesus öffnet jedem, der ihn wie dieser Blinde inständig bittet, die Augen für das Verständnis der Passion und befähigt ihn zu gläubiger Nachfolge» (*Kremer, S. 181*) (51).

Die kurze, aber tiefsinnige Erzählung der Blindenheilung (Lk 18,35–43) ist eine Einladung an jeden heutigen Leser und jede Leserin – und insbesondere auch an jeden Arzt –, das Evangelium zu lesen und zu reflektieren und sich aus der Einseitigkeit eines monokausalen linearen Denkens zu befreien. Es beinhaltet die Chance, so wie der Apostel und Arzt Lukas, in dem Blinden – wie auch in jedem Kind (Lk 18,17) – sich selbst wiederzuerkennen. Dadurch werden uns vielleicht die Augen geöffnet, um angesichts der Unfähigkeit, die Passion Jesu und das Leiden der Welt zu verstehen, den Sohn Davids um Erbarmen anzurufen, ihn um Befreiung von der blendenden Fixierung auf das Vordergründige und Vergebung der Schuld zu bitten und dank eines neuen Sehvermögens ihm gottlobend zu folgen.

Die Bitte des Blinden hat in den Kirchen des Ostens als «Jesusgebet» weite Verbreitung gefunden. dessen ständige Wiederholung unaufhörlich an Jesus denken lässt und das Herz für seine erbarmende Liebe öffnet.

Heilung eines Kranken am Teich Betesda

«Einige Zeit später war ein Fest der Juden, und Jesus ging hinauf nach Jerusalem. In Jerusalem gibt es beim Schaftor einen Teich, zu dem fünf Säulenhallen gehören; dieser Teich heißt auf Hebräisch Betesda. In diesen Hallen lagen viele Kranke, darunter Blinde, Lahme und Verkrüppelte. Dort lag auch ein Mann, der schon achtunddreißig Jahre krank war. Als Jesus ihn dort liegen sah und erkannte, dass er schon lange krank war, fragte er ihn: Willst du gesund werden? Der Kranke antwortete ihm: Herr, ich habe keinen Menschen, der mich, sobald das Wasser aufwallt, in den Teich trägt. Während ich mich hinschleppe, steigt schon ein anderer vor mir hinein. Da sagte Jesus zu ihm: Steh auf, nimm deine Bahre und geh! Sofort wurde der Mann gesund, nahm seine Bahre und ging. Dieser Tag war aber ein Sabbat. Da sagten die Juden zu dem Geheilten: Es ist Sabbat, du darfst deine Bahre nicht tragen. Er erwiderte: Der Mann, der mich gesund gemacht hat, sagte zu mir: Nimm deine Bahre und geh! Sie fragten ihn: Wer ist das denn, der zu dir gesagt hat: Nimm deine Bahre und geh? Der Geheilte wusste aber nicht, wer es war. Jesus war nämlich weggegangen, weil sich dort eine große Menschenmenge angesammelt hatte. Später traf ihn Jesus im Tempel und sagte zu ihm: Jetzt bist du gesund; sündige nicht mehr, damit dir nicht noch Schlimmeres zustößt. Der Mann ging fort und teilte den Juden mit, dass es Jesus war, der ihn gesund gemacht hatte. Daraufhin verfolgten die Juden Jesus, weil er das an einem Sabbat getan hatte. Jesus aber entgegnete ihnen: Mein Vater ist noch immer am Werk, und auch ich bin am Werk. Darum waren die Juden noch mehr darauf aus, ihn zu töten, weil er nicht nur den Sabbat brach, sondern auch Gott seinen Vater nannte und sich damit Gott gleichstellte» (Joh 5,1–18).

Ich entnehme diese Ausführungen größtenteils P. Benedikt Schwank OSB: Evangelium nach Johannes. Eos Verlag Erzabtei St. Ottilien, 1998. (83). – Joh 5,1: «Hinaufziehen» ist der feststehende Ausdruck für die im Gesetz vorgeschriebenen Pilgerfahrten «hinauf» nach Jerusalem zum «Fest»: ein Fest, andere Leseart: «das Fest», vielleicht Pfingsten:

Alttestamentliche Wallfahrten nach Jerusalem «Einige Zeit später war ein Fest der Juden, und Jesus ging hinauf nach Jerusalem»		
Perikope	**Fest**	**Zeit**
Joh 2,13	Nikodemus-Pascha	Pascha 28
Joh 5,1	«ein Fest»	Pfingsten 28
Joh 7,2	Laubhüttenfest	Herbst 29
Joh 10,22	Tempelweihefest	Winter 29/30
Joh 11,55	Leidens-Pascha	Pascha 30

«Wichtig für den Zusammenhang sind die Begriffe ‹Juden› und ‹Jerusalem›. Zur Vorliebe des Evangelisten für scheinbar widersprüchliche Aussagen passt sein Gebrauch des Wortes ‹Juden›: ‹Aus den Juden kommt das Heil› (Joh 4,22), und doch sind ‹die Juden› als die offiziellen Führer des jüdischen Volkes die Menschen, die das Heil, das Jesus in seiner Person bringt, ablehnen (Joh 10,31). Bald beginnen die großen Streitgespräche mit ‹den Juden›; sie dauern bis zum Ende des zwölften Kapitels» (zit. aus *Schwank, S. 174*) (83).

«Im Unterschied zu den Synoptikern wählt Johannes nicht Galiläa, sondern Jerusalem als den Ort aus, an dem Jesus vorzüglich wirkt. Wie die kultischen Zeiten, die Feste, so ist auch der Kultort, Jerusalem, in der johanneischen Darstellungsweise mehr als äußerer Rahmen, beide sind zugleich Hinweis auf die Bedeutung des Geschehens selbst. Mehrmals wird im neuen Testament von *Wallfahrten nach Jerusalem* gesprochen, zu denen Jesus oder nach Ostern die Apostel in die Heilige Stadt ‹hinaufziehen›. Nach dem Gesetz (Ex 23,14–17; 34,23; Dtn 16,1–17) hatte jeder männliche Israelit zum

Zeichen seiner Bundestreue an drei Festen nach Jerusalem zu wallfahren: zum Paschafest, zum Pfingst- oder Wochenfest und zum Laubhüttenfest. Die anderen, zum Teil nachexilischen Feste waren keine gebotenen Wallfahrtsfeste» (*Schwank, S. 174*) (83).

Betesda (bet-eschdâ, bet-hesdâ, Betzata, Betsaida, Belzeta). «Die hebräische Schreibweise des Ortes Betesda (Joh 5,2b), den wir bisher nur in griechischer Umschrift und zudem nur durch mehrfache Schreibfehler verdorben kannten, ist durch die Funde von Qumran geklärt. Der Sinn des Namens bet-eschdâ ist wohl ‹Ort der Ergießung›; die Deutung ‹Ort der Barmherzigkeit› oder ‹Haus der Gnade› bet-hesdâ ist nicht mehr haltbar» (*Schwank, S. 175*) (83).

«In Jerusalem gibt es beim *Schaftor* einen Teich, zu dem fünf Säulenhallen gehören; dieser Teich heißt auf Hebräisch Betesda», steht in der Bibel (Joh 5,2). In der Vulgata (8) lautet diese Perikope: «Est autem Hierosolymis super Probatica piscina quae cognominatur hebraice Bethsaida quinque porticus habens» (Io 5,2). Der beim Schaftor gelegene Teich (probatica piscina) wird als *Schafteich* bezeichnet. «In diesen Hallen lagen viele Kranke, darunter Blinde, Lahme und Verkrüppelte» (Joh 5,3). Ein Teil der Textzeugen fügt nach «Verkrüppelte» hinzu: «die auf die Bewegung des Wassers warteten. Ein Engel des Herrn aber stieg zu bestimmter Zeit in den Teich hinab und brachte das Wasser zum Aufwallen. Wer dann als erster hineinstieg, wurde gesund, an welcher Krankheit er auch litt» (Joh 5,4). Dies ist wohl ein deutender Zusatz zum ursprünglichen Text. Nach dem Zeugnis des Apostels heilte dort Jesus einen jener Kranken, die in den Hallen warteten, bis das Wasser des Teiches aufwallte. Zwar wird der Schafteich – die probatica piscina – in der Bibel sonst nirgends erwähnt, doch glaubten schon die frühchristlichen Kommentatoren an eine ehemals kultische Verwendung des Teiches, dessen aufwallendes Wasser vom Blut der Opfertiere rot verfärbt gewesen sein soll. Im «Bilderhimmel von Hergiswald» findet sich unter den Sinnbildern gegen Westen auch ein barockes Emblem «Der Schafteich» (West 10). «Eine Hand rührt mit einem Stab in einem Teich, dessen Wasser blutrot verfärbt ist. Auf einer Schriftrolle steht: ‹Turbata salutem›, wenn das Wasser aufwallt, bringt es Heil» (*Bitterli, S. 154*) (9)

Das seltene Motiv findet sich – als einziger Eintrag zum Stichwort «piscina» – in *Filippo Picinellis* «Mondo simbolico» (II, 324) (72), von wo auch das Motto stammt. Wie der vom Engel aufgewühlte

Teich sei Maria über die Worte Gabriels aufgewühlt worden: «Sie erschrak (lat. turbata est) (8) über die Anrede und überlegte, was dieser Gruß zu bedeuten habe» (Lk 1,29).

Die Betesda-Anlage ist ausgegraben worden. Die zwei Teiche mit den vier sie umgebenden Säulenhallen und mit einer fünften Säulenhalle auf dem mittleren Damm zwischen Nordbecken und Südbecken sind archäologisch unbezweifelbar nachgewiesen worden. Die fünfte Säulenhalle trennte die rechteckige Gesamtanlage in zwei Teile, in denen das anschließend im Tempel verwendete Wasser gesammelt wurde. Neben dieser großen Doppelteichanlage (etwa 90 Meter lang und 50–65 Meter breit) gab es kleinere Wasserbassins, die mit einem heidnischen Heilungsheiligtum verbunden waren. «Noch während der Grabungsarbeiten hatte *K. H. Rengstorf* (77) darauf hingewiesen, dass die Wendung ‹gesund werden› (hygiäs gínesthai) im ganzen Neuen Testament nur im Johannesevangelium (Joh 5,[4].6.9.14) vorkommt, sonst aber für Berichte über Heilungen in Asklepios-Heiligtümern, vor allem in Epidauros, typisch ist. Unabhängig von dieser rein philologischen Beobachtung stellten die Archäologen fest, dass sich beim Teich Bethesda ein Asklepios-(oder Serapis-) Heiligtum befunden haben muss. Wir werden nicht fehlgehen, wenn wir die auffallende Terminologie mit diesem Grabungsergebnis in Zusammenhang bringen. Wenn aber der Verfasser mit den Verhältnissen am Ort des Geschehens so vertraut ist, dass die Ortsverhältnisse sogar seine Wortwahl beeinflussen, so dürfen wir auch das präsentische ‹ist› und das ‹hat› in Joh 5,2 beachten. Der Satz macht den Eindruck, vor der Zerstörung Jerusalems im Jahre 70 n. Chr. geschrieben worden zu sein» (*Schwank, S. 176*) (83).

«Unmittelbar vor den Stadttoren Jerusalems gab es also zur Zeit Jesu heidnische Kultorte. Das Christentum ist nicht erst außerhalb Palästinas mit dem Hellenismus in Berührung gekommen. Im Johannesevangelium gibt es zum mindesten Teile, die in die Zeit vor 70 n. Chr. hinaufreichen. Ihr Verfasser kennt die Ortsverhältnisse in Palästina, er schrieb aber griechisch; denn in einem hebräischen oder aramäischen Text wäre die typische Asklepios-Terminologie nicht erkennbar geblieben.» (*Schwank, S. 176*) (83).

«Wunder fasst Johannes als ‹Zeichen› auf. Sie wollen wie Wegweiser hinführen zu geistigen Wirklichkeiten. Schon beim ersten ‹Zeichen› an der Hochzeit in Kana in Galiläa war das klargeworden (Joh 2,1–12). Wir werden also das hier (Joh 5,1–18) geschilderte Zeichen nur dann im Sinne des Evangelisten verstehen können, wenn wir einen Blick vorauswerfen auf die geistigen Wirklichkeiten, von denen die nachfolgenden theologischen Gespräche handeln. Von dorther muss unser Abschnitt gedeutet werden» (*Schwank, S. 176*) (83).

«Der Hinweis am Schluss des ganzen Kapitels auf die Schriften des Mose (Joh 5,45–47) gibt uns Grund zur Annahme, dass nicht zufällig fünf Säulenhallen genannt werden, in denen Kranke Heilung suchen. Die Juden vermeinen, in den fünf Büchern Mose, im Pentateuch, ‹ewiges Leben› zu finden. Für Johannes werden die fünf Säulenhallen zum *Symbol für den Pentateuch*» (*Schwank, S. 176*) (83). In den fünf Säulenhallen lagen viele Kranke, darunter Blinde, Lahme und Verkrüppelte (Joh 5,3). Ein Teil der Textzeugen fügt nach Verkrüppelte an: «die auf die Bewegung des Wassers warteten. Ein Engel des Herrn aber stieg zu bestimmter Zeit in den Teich hinab und brachte das Wasser zum Aufwallen. Wer dann als erster hineinstieg, wurde gesund, an welcher Krankheit er auch litt» (Joh 5,4). Dies ist wohl ein deutender Zusatz zum ursprünglichen Text. Die «Bible de Jérusalem» bringt diesen vermutlich späteren Zusatz im Text und merkt an: «Welches auch die Ursache dieser ‹Aufwallung› sein mag (ein nur von Zeit zu Zeit erfolgender Quellwasserzufluss?), Jesus knüpft an diese Umstände an, um sich als der wahre Heiler zu offenbaren, als jener, der das Leben des Leibes und der Seele gibt und wiederherstellt» (*BJ, Kommentar zu Joh 5,4*) (7). «Da ein tieferer Sinn der Fünfzahl naheliegt, ist auch wahrscheinlich, dass der Evangelist die Zahl 38 erwähnt (Joh 5,5), um auf die geistige Wahrheit aufmerksam zu machen. In Dtn 2,14 werden achtunddreißig Jahre genannt, während deren das Volk, das gesündigt hatte, zur Strafe in der Wüste weilen musste: ‹Die Zeit aber unserer Wanderung … war achtunddreißig Jahre …, bis das ganze Geschlecht weggestorben war›. Der Kranke, der Heilung sucht, steht stellvertretend für Israel in seiner Sündennot am Endpunkt seiner Strafzeit» (*Schwank, S. 177*) (83).

«Noch ein anderer Gesichtspunkt tritt in den folgenden Gesprächen hervor. Seine göttliche Wesensart betont Jesus in einer kaum überbietbaren Weise. Er behauptet, ebenso wie sein Vater und zusammen mit ihm zu wirken; er macht sich Gott gleich (Joh 5,17f). Bei dem Wort Jesu ‹Steh auf!› (égeire) tönt jene machtvolle ‹Stimme› an, die Tote aus ihren Gräbern rufen (Joh 5,28) und dem Lazarus befehlen wird ‹Komm heraus!› (Joh 11,43). Jesus wirkt wie der Vater, der ‹die Toten auferweckt› (egeirei – 5,21). Was sich jetzt an einem Kranken, der leiblich geheilt wird, im Sinn-bild ereignet, das wird sich an allen Menschen, die Gutes getan haben, in geistig-leiblicher Wirklichkeit am Ende erfüllen (Joh 5,29)» (*Schwank, S. 177*) (83).

«Wenn wir den Abschnitt Joh 5,1–18 mit den Synoptikern vergleichen, kommt das Besondere der johanneischen Darstellung noch klarer zum Vorschein. In Kafarnaum wird ein Gelähmter von vier Freunden durch ein Dach vor Jesus hin herabgelassen. Jesus würdigt den Glauben der Freunde und sagt zum Gelähmten: ‹Deine Sünden sind dir vergeben› (Mk 2,5 parr). Da einige Schriftgelehrte dieses Wort als Gotteslästerung auffassen, kündigt Jesus an, er könne als Erweis seiner übernatürlichen Macht zum Gelähmten auch sagen: ‹Steh auf, hebe dein Bett auf und geh umher› (Mk 2,9 – wörtlich gleich in Joh 5,8). Zum Gelähmten selbst sagt er dann: ‹Ich sage dir: Steh auf, hebe dein Bett auf und geh in dein Haus!› (Mk 2,11). Nur Markus gebraucht zweimal für ‹Bett› dasselbe, in der hellenistischen Umgangssprache gebräuchliche Wort ‹krábaton› wie Johannes, während in Mt 9,6 das korrektere ‹klínä› gebraucht wird und in Lk 5,24 die davon abgeleitete Verkleinerungsform ‹klinídion›. Die wörtliche Übereinstimmung zwischen Mk 2,9 und Joh 5,8 in zwei sonst ganz verschiedenen Heilungsberichten ist durch das Vorhandensein einer Tradition zu erklären, die in die Zeit vor unseren kanonischen Evangelien hinaufreicht» (*Schwank, S. 177*) (83).

«Der synoptische Vergleich ergibt noch mehr. Was Johannes mit seiner Theologie der Wunder Jesu als ‹Zeichen› verschlüsselt sagen will, das wird bei den Synoptikern durch das schrittweise Geschehen und den begleitenden Dialog offenkundig: Die äußere Heilung ist ein Zeichen ‹damit ihr aber *seht*› (Mk 2,10), ein Zeichen der geschehenen bzw. geschehenden Heilung. Bei den Synoptikern ist damit auch schon der göttliche Anspruch Jesu offen ausgesprochen. Johannes dagegen verknüpft das Heilungswunder erst noch mit der souveränen Übergehung des *Sabbatgebots*, was bei den Synoptikern nicht hier, wohl aber an anderer Stelle geschieht. (Mk 3,1–6 parr; Lk 13,10–17 und 14,1–6)» (*Schwank, S. 178*) (83). «Jesus behauptet nicht, dass die Krankheit die Folge der Sünde gewesen sei. Er sagt dem Kranken, dass die Gnade seiner Heilung ihn verpflichte, sich zu bekehren und dass er, falls er darauf vergäße, Schlimmeres als seine vergangene Krankheit erleben könnte. Das Wunder ist also ‹Zeichen› einer geistigen Auferstehung (Joh 5,24)» (*BJ, Kommentar zu Joh 5,14*) (7). Schwank übersetzt: «weil er solches am Sabbat tat», nicht aber wie die Einheitsübersetzung: «weil er das an einem Sabbat getan hatte». Im Griechischen steht ein Imperfekt, das entweder ein wiederholtes Tun zum Ausdruck bringt, oder aber die Handlung als für Jesu Stellung zum Sabbat charakteristisch erscheinen lassen soll. Wer diesen Imperfekt beachtet, merkt, dass es dem Evangelisten um Grundsätzliches geht. Hier soll mehr als ein Einzelfall berichtet werden (*Schwank, S. 179*) (83).

«Bei den Lesern wird vorausgesetzt, dass sie sehr wohl wissen, wie heilig den Juden der Sabbat ist. Wir denken bei den Sabbatvorschriften gern an die Übertreibungen der frühjüdischen und später der rabbinischen Kasuistik. So haben etwa die Rabbinen neununddreißig Arten von Arbeiten am Sabbat verboten, und zwei volle Traktate der Mischna waren dem Sabbatgebot gewidmet. Doch wichtiger sind die Stellen des Alten Testaments, welche die Beachtung des Sabbats auf das ausdrückliche Gebot Gottes zurückführen. Wie heilig das Sabbatgebot war, zeigen Texte wie die folgenden: ‹Gedenke des Sabattages, dass du ihn heilig hältst! … der siebente Tag ist ein Ruhetag, dem Herrn, deinem Gott, geweiht …› (Ex 20,8–11; ähnlich Dtn 5,12–15). Das Vieh und die Sklaven sollen an diesem Tag ‹aufatmen können› (Ex 23,12). Selbst während ‹der Zeit des Pflügens und der Ernte› soll das Sabbatgebot beobachtet werden (Ex 34,21). Im Hinblick auf den Sabbat gebietet Jahwe dem Mose: ‹Wer ihn entweiht, der soll sterben› (Ex 31,14)» (*Schwank, S. 179*) (83).

«Auf diesem zeitgeschichtlichen Hintergrund wird der Ernst verständlich, mit dem Johannes über den eindeutigen Sabbatbruch Jesu berichtet. Dem Geheilten hat Jesus nicht nur eine lebensnotwendige Handlung am Sabbat gestattet, vielmehr befiehlt ihm Jesus, etwas zu tun, was offenbar auch aufgeschoben werden könnte. Er soll sein Bett als Geheilter aufheben und damit umhergehen. Die Beobachtung der Sabbatruhe ist für den von seinen Sünden Geheilten ebenso verpflichtend wie für den Heilenden, Jesus: Dieser nimmt am Werk seines Vaters teil, der immer noch tätig ist» (*Schwank, S. 179*) (83). «Für das jüdische Denken war es ein Problem, die Ruhe Gottes nach der Schöpfung, jene Ruhe, deren Bild der Sabbat ist, mit seinem ständigen Wirken in der Lenkung der Welt zu vereinbaren. Man unterschied das Wirken des Schöpfers, das ein Ende gefunden hat, und das Wirken des Richters, das niemals aufhört. Jesus setzt sein eigenes Wirken mit dem des höchsten Richters gleich. Daher die Entrüstung der Juden und die Rede, durch die Jesus seinen Anspruch rechtfertigt» (*BJ, Kommentar zu Joh 5,17*) (7).

«Die jüdische Theologie und Philosophie hat mehrfach darauf hingewiesen, dass Gott auch nach der Weltschöpfung noch tätig ist. Um die Mitte des 2. Jahrhunderts v. Chr. schrieb in Alexandria der Diaspora-Jude *Aristobul*: ‹Denn niemals ruht der tätige Gott, sondern so wie es dem Feuer eigen ist zu brennen und dem Schnee kalt zu sein, so ist es Gott eigen, tätig zu sein.› Von den Juden wird daher nicht die Ansicht Jesu angegriffen, Gott sei auch jetzt noch tätig (Joh 5,17), sondern die Art und Weise, wie Jesus daraus für sich das Recht ableitet, über den Sabbat erhaben zu sein» (*Schwank*, S. 179) (83).

«Mein Vater ist noch immer am Werk, und auch ich bin am Werk.»
Joh 5,17

«Der Wortlaut von Joh 5,17, in dem Jesus seine Verbundenheit mit dem Vater, auch im Hinblick auf sein Wirken am Sabbat, bekennt, ist auf den großen Theologen zurückzuführen, der das Vierte Evangelium verfasst hat. Doch auch bei den Synoptikern erfahren wir von Gelegenheiten, bei denen sich Jesus über das *Sabbatgebot* hinweggesetzt hat. Im Zusammenhang mit dem Ährenzupfen am Sabbat heißt es bei Markus: ‹Und er sagte ihnen: Der Sabbat ist für den Menschen da und nicht der Mensch für den Sabbat, so dass der Menschensohn Herr ist auch über den Sabbat› (Mk 2,27f). Auch nach Mk 3,4 und Lk 13,15f hat Jesus keine Bedenken getragen, das Gesetz der Liebe über eines der heiligsten Kultgesetze des Alten Bundes zu stellen. Wer die Mentalität der Orientalen solchen Kultgesetzen gegenüber in Rechnung setzt, wer die Bedeutung des Sabbats gerade bei der religiösen Elite jener Zeit, bei den Essenern, beachtet, wer überdies feststellt, dass die frühe Kirche Jesus durchaus als einen ‹Gerechten› im Sinne der Heiligen Schriften zeichnen will, der wird keine Bedenken tragen, als Ursache der früh festliegenden einstimmigen Tradition, wonach sich Jesus über das Sabbatgebot hinwegsetzte, die Handlungsweise des vorösterlichen Jesus anzugeben» (*Schwank, S. 180*) (83).

Ich zitiere nochmals *Benedikt Schwank*: «Das *Christusbild*, das in der großen Rede (Joh 5,19–47) entworfen werden soll, schwebt nicht im Reich der Ideen. Später behauptet Jesus, er handle nur nach dem Willen und im Sinne des Vaters; unser Abschnitt zeigt anschaulich, wie solche Verbundenheit mit dem Vater, wie solche gemeinsame Sorge um das Heil der Welt in einem bestimmten Einzelfall aussieht. Die Juden verstehen den Anspruch Jesu, mit dem Vater innig vereint zu sein, zugleich richtig und falsch (Joh 5,18). Wer diesen Schlussvers so deutet: Die Juden unterschieben Jesus fälschlich, er habe sich Gott gleich gemacht, der hat übersehen, dass Johannes schon im ersten Vers des Prologs klar verkündet, dem Sohn sei, wie dem Vater, göttliches Wesen eigen. Wer andererseits zu Joh 5,18 einfach bemerkt: Die Juden haben den Anspruch Jesu auf Gottgleichheit ganz richtig verstanden, der übersieht, dass Jesus sich nicht in dem Sinne Gott gleichgestellt hat, in dem in der hellenistischen Welt Männer, welche den Durchschnitt der Menschheit an Macht, Ansehen oder geistiger Kraft überragten, als ‹gottgleich› (isótheos), als Götter und Halbgötter, bezeichnet wurden. Jesus steht nicht in Rivalität neben dem einen und einzigen Gott Israels; vielmehr wirkt er so sehr mit diesem als seinem Vater zusammen, dass er mit ihm ‹gleich› gesetzt werden kann» (*Schwank, S. 179f.*) (83).

Sabbatgebot und Sabbatbruch

Gen 2,3 / Joh 5,9b–18

«Und Gott segnete den siebten Tag und erklärte ihn für heilig; denn an ihm ruhte Gott, nachdem er das ganze Werk der Schöpfung vollendet hatte.»
Gen 2,3

Ein Wort zum Sabbat

Wo Licht ist, da ist auch Schatten. An diesem Septembertag, da ich diese Zeilen schreibe, wird es immer deutlicher: Die Schatten werden länger, die Tage werden kürzer, der Abend fällt früher, Morgennebel breiten sich aus, Erntezeit. Es ist *Elul*, der zwölfte und letzte Monat im bürgerlichen jüdischen Kalender und der sechste des religiösen jüdischen Kalenders nach der Zählung der Tora. Der Monatsname Elul hat seinen Ursprung im akkadischen Monatsnamen «elūlu» des antiken Babyloniens, die von den Juden während der babylonischen Gefangenschaft (586–536 v. Chr.) übernommen wurden. In der Bibel kommt dieser Monatsname nur einmal im Buch Nehemia vor: «Nach zweiundfünfzig Tagen, am Fünfundzwanzigsten des Monats Elul, war die Mauer vollendet» (Neh 6,15). Elul ist der «Monat der Gnade und des Vergebens», eine Zeit der Buße als Vorbereitung auf die jüdischen Hohen Feiertage. *Jom Kippur* ist der jüdische Versöhnungstag. Das Leitmotiv des Hohen Festtags ist die Sühne, die Befreiung des Menschen von der Sünde. Die Juden dürfen an diesem Tag das Jahrespaket ihrer Sünden Gott abgeben, sie müssen nicht die ganze Last aller Lebenssünden tragen.

Auch *Christen* müssen ihre Sünden nicht sammeln und anhäufen. Im Bußsakrament und in jeder Eucharistiefeier dürfen sie ihre Sünden vor Gott tragen, im Vaterunser um Vergebung der Schuld bitten und einen Neuanfang wagen. Dabei wird gerne vergessen, dass der wöchentlich wiederkehrende *Sabbat* diese Feiertage an Wichtigkeit übertrifft.

Zur «Besinnung im Herbst» – im ersten Septembermonat des neuen Jahrtausends im gregorianischen Kalender – schrieb *Lutz O. Zwillenberg* das «Wort zum Sabbath»: «Seine Einhaltung wurde geboten, noch bevor die anderen Gebote auf der Sinai-Halbinsel verkündet wurden. Ein Dichter hat einmal mit Recht sinngemäß gesagt: ‹Das jüdische Volk hat den Sabbath gehütet, aber viel mehr noch hat der Sabbath das jüdische Volk gehütet.› Die Rolle des Sabbath beim Zusammenhalten des jüdischen Volkes und der jüdischen Familie kann tatsächlich kaum überschätzt werden. Darüber hinaus war die Einführung dieses Tages eine soziale und kulturelle Revolution ersten Ranges. Man versetze sich in die Zeit zurück, als vor allem das gewöhnliche Volk ohne Ruhetag arbeiten musste. Der Sabbath ist nicht nur ein Tag der Arbeitsruhe. Schon an seinem Vorabend soll man nicht nur mit der Erwerbstätigkeit aufhören, sondern auch mit vermeidbaren Eingriffen in die Umwelt. Man soll gewissermaßen die Schöpfung genauso in Ruhe lassen, wie ihr Schöpfer es laut dem biblischen Bericht am siebten Tag tat. Man soll umschalten auf geistige Werte und auf die Möglichkeit der Besinnung, unter anderem der Besinnung auf das Wesen der Schöpfung. Daher kommt ja auch der Name Sabbath (hebr. schabbat), abgeleitet vom Wortstamm sch-b-t = er ruhte. Im ersten Schöpfungsbericht heißt es: ‹Und es ward Abend, und es ward Morgen, ein sechster Tag. Und es waren vollendet der Himmel und die Erde und ihre ganze Schar. Und Gott hatte am siebenten Tag sein Werk vollendet, das er getan hatte, und er ruhte am siebenten Tag von seinem ganzen Werk, das er getan hatte. Und Gott segnete den siebenten Tag und heiligte ihn, denn an ihm ruhte er von allem Werk, das Gott schuf zu tun …› Jawohl: ‹zu tun›. Es steht dort nämlich nicht, wie vorher, ‹das er getan hatte›, sondern der Infinitiv zum Wortstamm a-ss-h = er tat, er machte. Die meisten Übersetzer hat das nicht gekümmert. Dieser Infinitiv ‹tun, machen› mag sehr verwirrend sein, aber er steht dort nicht ohne Grund! Man kann ihn wie folgt interpretieren: ‹damit das Werk, die Schöpfung also, tue, wozu sie geschaffen wurde›. Als Teil der Schöpfung können wir Menschen bewusst in ihr mitmachen und unseren Beitrag leisten. Den Gruß ‹Schabbat Schalom›, mit dem ich ende, verbinde ich mit der Hoffnung, dass genügend Menschen sich zu einem positiven Beitrag entschließen» (*Zwillenberg*) (99).

Ein Wort zum Sonntag

Zu den bedeutenden und richtungweisenden Aussagen des Zweiten Vatikanischen Konzils (1962–1965) gehört der Artikel 106 der Konstitution über die heilige Liturgie (Sacrosanctum Concilium): «Aus apostolischer Überlieferung, die ihren Ursprung auf den Auferstehungstag Christi zurückführt, feiert die Kirche Christi das Pascha-Mysterium jeweils am achten Tage, der deshalb mit Recht Tag des Herrn oder Herrentag genannt wird. An diesem Tag müssen die Christgläubigen zusammenkommen, um das Wort Gottes zu hören, an der Eucharistiefeier teilzunehmen und so des Leidens, der Auferstehung und der Herrlichkeit des Herrn Jesus zu gedenken und Gott dankzusagen, der sie ‹wiedergeboren hat zu lebendiger Hoffnung durch die Auferstehung Jesu Christi von den Toten› (1 Petr 1,3). Deshalb ist der Herrentag der Ur-Feiertag, den man der Frömmigkeit der Gläubigen eindringlich vor Augen stellen soll, auf dass er auch ein Tag der Freude und der Muße werde. Andere Feiern sollen ihm nicht vorgezogen werden, wenn sie nicht wirklich von höchster Bedeutung sind; denn der Herrentag ist Fundament und Kern des ganzen liturgischen Jahres» (*SC 106*) (73).

Die 1986 von Alberich Altermatt und Thaddäus Schnitker herausgegebene Festschrift für Jakob Baumgartner zu seinem 60. Geburtstag trägt den Titel: *Der Sonntag* – Anspruch, Wirklichkeit, Gestalt. In seinem Beitrag schreibt *Bruno Bürki*: «Die sozialen Fragen nach Ruhe und Freizeit sind nicht von Christus zu trennen: ‹In der Ruhe, die Gott schenkt, ist es dem Menschen gegeben, sich zu freuen, zu schauen und zu staunen, ist es ihm gegeben, ein wirkliches Fest zu feiern, ein Fest, an dem alle teilhaben. Diese wahrhaft soziale, humanitäre Bedeutung hat der Feiertag nicht als der *Tag des Menschen*, sondern als der *Tag des Herrn*. Die soziale Bedeutung des Feiertages ist nicht eine innerweltliche Angelegenheit, sondern ein *theologisches Problem*. … Der Sonntag ist der Tag der gemeinsamen Freude, des gemeinsamen Dankens und Bekennens der Gemeinde als Leib Christi. Die auf den Herrn wartende Gemeinde kann das Zeichen des Sonntags nicht preisgeben›» (2).

Die Rolle des Sonntags beim Zusammenhalten der Christen und der christlichen Familie kann kaum überschätzt werden. Kann die Feier des Sonntags, das gemeinsame Vaterunser und das Tischgebet die Familie noch zusammenhalten? Oder haben wir das Zeichen des Sonntags nicht schon längst preisgegeben, die Sehnsucht nach dem Ewigen und Unendlichen durch Endliches und Vergängliches ersetzt und dem Lustgewinn und der Profitmaximierung Platz gemacht? Die Glocken der Kirchtürme rufen nicht mehr zum Gebet, ihr Geläut ist zur Belästigung Übernächtigter geworden, die sich darüber beschweren. Wie viele Gläubige gehen am Sonntag noch in den Gottesdienst, um extravertierte Hektik, lärmiges Geschiebe und fahrige Ratlosigkeit in innere Lebendigkeit zu verwandeln und auf den Herrn zu warten? Der christliche Ur-Feiertag ist mancherorts zum Sport-, Lärm- und Einkaufs- und Konsumtag geworden. Im Tumult des «weekend» kann die Stimme Gottes nicht mehr gehört werden. Ein Zeichen der Zeit, das nicht unbeantwortet bleiben darf.

Vom Sabbatbruch des Arztes

Die ärztliche Tätigkeit gilt als *Arbeit* und durfte deshalb nach pharisäischer Auffassung am Sabbat nur dann ausgeübt werden, wenn Lebensgefahr bestand

Im Buch *Exodus* des Pentateuch steht geschrieben: «Sechs Tage darfst du schaffen und jede *Arbeit* tun. Der siebte Tag ist ein Ruhetag, dem Herrn, deinem Gott, geweiht. An ihm darfst du keine Arbeit tun: du, dein Sohn und deine Tochter, dein Sklave und deine Sklavin, dein Vieh und der Fremde, der in deinen Stadtbereichen Wohnrecht hat. Denn in sechs Tagen hat der Herr Himmel, Erde und Meer gemacht und alles, was dazugehört; am siebten Tag ruhte er. Darum hat der Herr den Sabbattag gesegnet und ihn für heilig erklärt» (Ex 20,9–11). Und im Buch *Deuteronomium*: «Achte auf den Sabbat: Halte ihn heilig, wie es dir der Herr, dein Gott, zur Pflicht gemacht hat. Sechs Tage darfst du schaffen und jede Arbeit tun. Der siebte Tag ist ein Ruhetag, dem Herrn, deinem Gott, geweiht. An ihm darfst du keine Arbeit tun: du, dein Sohn und deine Tochter, dein Sklave und deine Sklavin, dein Rind, dein Esel und dein ganzes Vieh und der Fremde, der in deinen Stadtbereichen Wohnrecht hat. Dein Sklave und deine Sklavin sollen sich ausruhen wie du. Denk daran: Als du in Ägypten Sklave warst, hat dich der Herr, dein Gott, mit starker Hand und hoch erhobenem Arm dort herausgeführt. Darum hat es dir der Herr, dein Gott, zur Pflicht gemacht, den Sabbat zu halten» (Dtn 5,12–15).

Jesus Christus, der Arzt, ist «Herr über den Sabbat» (Mk 2,28), wenn er sagt: «Der Sabbat ist für den Menschen da, nicht der Mensch für den Sabbat» (Mk 2,27). Mit dieser Aussage greift Jesus auf den Ursinn des Sabbats zurück: Er sollte für Menschen und Tiere eine Wohltat sein (vgl. Ex 20,9; Dtn 5,12–14). Der «Sabbatbruch» Jesu bestand darin, dass er sich zum Abreißen von Ähren durch seine Jünger äußerte (Mk 2,23–28), dass er am Sabbat Kranke heilte, Gutes tat und Leben rettete (Mk 3,1–6; Lk 14,1–6), dass er Barmherzigkeit fordert (Mt 12,7).

Das Abreißen der Ähren am Sabbat (Mk 2,23–28)

«An einem Sabbat ging er durch die Kornfelder, und unterwegs rissen seine Jünger Ähren ab. Da sagten die Pharisäer zu ihm: Sieh dir an, was sie tun! Das ist doch am Sabbat verboten. Er antwortete: Habt ihr nie gelesen, was David getan hat, als er und seine Begleiter *hungrig* waren und nichts zu essen hatten, wie er zur Zeit des Hohenpriesters Abjatar in das Haus Gottes ging und die heiligen Brote aß, die außer den Priestern niemand essen darf, und auch seinen Begleitern davon gab? Und Jesus fügte hinzu: Der Sabbat ist für den Menschen da, nicht der Mensch für den Sabbat. Deshalb ist der Menschensohn Herr auch über den Sabbat» (Mk 2,23–28).

Die Heilung eines Mannes am Sabbat (Mk 3,1–6)

«Als er ein andermal in eine Synagoge ging, saß dort ein Mann, dessen Hand verdorrt war. Und sie gaben acht, ob Jesus ihn am Sabbat heilen werde; sie suchten nämlich einen Grund zur Anklage gegen ihn. Da sagte er zu dem Mann mit der verdorrten Hand: Steh auf und stell dich in die Mitte! Und zu den anderen sagte er: *Was ist am Sabbat erlaubt: Gutes zu tun oder Böses, ein Leben zu retten oder es zu vernichten?* Sie aber schwiegen. Und er sah sie der Reihe nach an, voll Zorn und Trauer über ihr verstocktes Herz, und sagte zu dem Mann: Streck deine Hand aus! Er streckte sie aus, und seine Hand war wieder gesund. Da gingen die Pharisäer hinaus und fassten zusammen mit den Anhängern des Herodes den Beschluss, Jesus umzubringen» (Mk 3,1–6).

Die Heilung eines Mannes am Sabbat (Mt 12,9–14)

«Darauf verließ er sie und ging in ihre Synagoge. Dort saß ein Mann, dessen Hand verdorrt war. Sie fragten ihn: Ist es am Sabbat erlaubt zu heilen? Sie suchten nämlich einen Grund zur Anklage gegen ihn. Er antwortete: *Wer von euch wird, wenn ihm am Sabbat sein Schaf in eine Grube fällt, es nicht sofort wieder herausziehen? Und wie viel mehr ist ein Mensch wert als ein Schaf! Darum ist es am Sabbat erlaubt, Gutes zu tun.* Dann sagte er zu dem Mann: Streck deine Hand aus! Er streckte sie aus, und die Hand war wieder ebenso gesund wie die andere. Die Pharisäer aber gingen hinaus und faßten den Beschluß, Jesus umzubringen» (Mt 12,9–14).

Die Heilung eines Wassersüchtigen am Sabbat (Lk 14,1–6)

«Als Jesus an einem Sabbat in das Haus eines führenden Pharisäers zum Essen kam, beobachtete man ihn genau. Da stand auf einmal ein Mann vor ihm, der an Wassersucht litt. Jesus wandte sich an die Gesetzeslehrer und die Pharisäer und fragte: *Ist es am Sabbat erlaubt zu heilen oder nicht?* Sie schwiegen. Da berührte er den Mann, heilte ihn und ließ ihn gehen. Zu ihnen aber sagte er: *Wer von euch wird seinen Sohn oder seinen Ochsen, der in den Brunnen fällt, nicht sofort herausziehen, auch am Sabbat?* Darauf konnten sie ihm nichts erwidern» (Lk 14,1–6).

Die Ethik des bedingungslosen Einsatzes für Kranke und Leidende

Wie steht es um den Sabbatbruch des heutigen Arztes? Geblieben ist, wie in der hippokratischen Zeit vor zweieinhalbtausend Jahren, die Ethik der Nächstenliebe und Verfügbarkeit. Sein Beruf verpflichtet ihn zum bedingungslosen Einsatz bei Tag und Nacht. Das ist das Gesetz, unter dem der Arzt dient. Er wird aber dadurch nicht entbunden, den Sonntag zu heiligen. Ein Arzt kann auch in der Praxis, am Krankenbett und am Operationstisch beten: Ora et labora – Bete und arbeite! Praktizierte Nächstenliebe und Gebet heiligen den Sonntag. Es liegt an uns, das heilige Gesetz der Gottes- und der Nächstenliebe mit den heiligen Kultgesetzen des Alten Bundes zusammenzudenken und zu versöhnen. Aus Liebe wird Liebe.

Jesus Christus, der Arzt, und die Medizin

«Das Leben ist kurz, die Kunst ist lang, der rechte Augenblick ist rasch enteilt, der Versuch ist trügerisch, das Urteil schwierig. Man muss nicht nur sich als einer erweisen, der das Nötige tut, sondern auch der Patient, seine Umgebung und die Außenwelt.»
Hippokrates, Aphorismen I

«Bietet sich die Gelegenheit, einem Fremden und Bedürftigen Hilfe zu leisten, so soll man diesem in hervorragendem Maße zu Diensten stehen; denn wo Liebe zum Menschen vorhanden ist, da ist auch Liebe zur Kunst vorhanden.»
Hippokrates, Vorschriften II

«Was ihr für einen meiner geringsten Brüder getan habt, das habt ihr mir getan» (Mt 25,40).
«Was ihr für einen dieser Geringsten nicht getan habt, das habt ihr auch mir nicht getan» (Mt 25,45).
Jesus Christus

Krankheit ist eine Grunderfahrung und Grenzerfahrung des Menschen. Wie können die Wunderheilungen, die Jesus Christus gewirkt hat und von denen das Neue Testament berichtet, mit moderner Medizin konfrontiert und in eine wechselwirkende Verbindung gebracht werden? Wenn es gelingen sollte, einige Aspekte lebendiger Wechselwirkungen aufzuzeigen, dann stellt sich sogleich die Frage nach dem «Nutzen» solcher Erkenntnisse für die moderne Medizin, worunter deren Umsetzung zum Wohle kranker und leidender Mitmenschen zu verstehen ist. Wenn wir die biblischen Erzählungen im Kontext mit der Zeit ihrer Entstehung lesen und zu verstehen suchen und das biblische Menschenbild immer vor dem Hintergrund der jüdisch-christliche Tradition betrachten, dann ist es auch unser Recht, ja sogar unsere Pflicht, die eigenen Fragestellungen in den Kontext mit der Bibel und in das Gespräch mit Jesus Christus einzubringen. Eine solche Frage könnte lautet: Inwiefern unterscheidet sich der griechische Arzt Hippokrates vom jüdischen Arzt Jesus? Gibt es Gemeinsamkeiten?

Ich kann nicht ohne «Nahtmaterial» dieses Kapitel mit den vorangehenden verbinden. Ein «iatros philosophos», der Ursprungstreue zugetan, benötigt für eine «heilsame» Synthese der aus dem Alten (Ersten) und Neuen (Zweiten) Testament gewonnenen exegetischen Erkenntnisse mit moderner Medizin ein «Leitbild»: «Raum geben für das, was heilt»! (vgl. Mt 7,12, Lk 6,31).

Hippokrates heilte – Jesus heilte

Hippokrates (um 460–370 v. Chr.)

Der Gott des *Hippokrates* war Asklepios (lat. Aesculapius), Sohn von Apollon, der griechische Gott der Heilkunde. Der Kult des Asklepios wurde 420 v. Chr. in Athen eingeführt, nach Rom kam er anlässlich einer Pest 293 v. Chr. In Epidauros, Pergamon, Athen und auf der Insel Kos wurden Tempel des Asklepios, des Gottes der Medizin, errichtet. Es gab auch in Griechenland eine religiöse Medizin. Aber selbst diese folgte den Vernunftregeln. Denen, die in seinem Tempel Heilung suchten, gab der Gott, einst selbst Arzt, im Traum Anweisungen, die sich nicht von denen eines zeitgenössischen Arztes unterschieden. Das Attribut des Äskulap ist der Äskulapstab, ein von der heiligen Schlange umringelter Stab, der zum Sinnbild für den Heilberuf wurde.

Im 7. Jahrhundert v. Chr. geschieht in den kleinen griechischen Stadtstaaten eines östlichen Winkels des Mittelmeeres etwas, das man das «griechische Wunder» genannt hat. Der menschliche Geist befreit sich von den Schranken, die er sich seit Jahrtausenden selbst gesetzt hat. Er wird weltlich, kritisch, individualistisch, dynamisch, wissenschaftlich. Gleichzeitig werden Kunstwerke von unerhörter Schönheit geschaffen. Auch die Medizin nimmt teil an dieser gewaltigen Entwicklung. Sie wird griechisch. Der erste große griechische Arzt, von dem die Geschichte uns berichtet, ihr erster Höhepunkt ist Hippokrates. Er ist zum Symbol des griechischen Wunders in der

Medizin, zum Symbol alles dessen geworden, was wir in und an der Medizin verehren. Der hippokratische Arzt ist gleich groß als Beobachter und als ethische Persönlichkeit. Sein Werk umfasst beides: innere Medizin und Chirurgie. Sein Wirken ist ganzheitliches Arzttum. Seine Schriften sind im *Corpus Hippocraticum* zusammengefasst. Der Hippokratiker behandelt nicht die Krankheit, sondern den Kranken.

Jesus von Nazaret

Der Gott *Jesu von Nazaret* ist der «persönliche» Gott der Vorväter, der Gott Abrahams, Isaaks und Jakobs (Ex 3,14–15), der Gott, den Jesus mit der jüdischer Tradition als «Vater» anrief, der gütige, menschenfreundliche, solidarische Gott; der parteiische Gott, der für die Armen und Entrechteten eintritt. Der Gott Jesu, der Gott der annehmenden Liebe, fordert eine radikale Entscheidung. Jesus ist der endzeitliche Freuden- und Friedensbote Gottes, der «jetzt» den Armen, Hungernden, Kranken und Trauernden (Lk 6,20f) die veränderten Verhältnisse des Reiches Gottes ansagt, das «hier und heute» in den alltäglichen Situationen zu verwirklichen sei (vgl. *Vorgrimler, S. 58–62*) (97). Jesus behandelt – wie Hippokrates – nicht die Krankheit, sondern die Kranken; er ist Bezugsperson. Jesus schafft eine Atmosphäre einfühlsamer Partnerschaft, ein Klima der Offenheit, des Vertrauens. und des Glaubens. Sein Wirken ist ganzheitliches Arzttum. Und dazu war er verfügbar. Dienen, nicht sich bedienen lassen, war sein «Leitbild»: «*Denn auch der Menschensohn ist nicht gekommen, um sich dienen zu lassen, sondern um zu dienen und sein Leben hinzugeben als Lösegeld für viele*» (Mt 20,28).

Schon im Alten Testament begegnen uns Menschen, die dienen. Als Rut einen Sohn geboren hatte, erhielt er den sprechenden Namen Obed («Diener»). Obed *diente* zunächst seiner Großmutter Noomi. Er hat ihr Herz erfreut und im Alter für ihren Lebensunterhalt gesorgt, so dass ihr fremde Hilfe erspart blieb. Und seiner Mutter Rut *diente* er zur Integration in das Gottesvolk (Rut 4,15).

Der Arzt ohne Grenzen

Der Gott christlicher Ärztinnen und Ärzte ist der dreieinige Gott, der in Jesus Christus, dem Messias, Mensch geworden ist. Durch Jesus sind wir aufgefordert alles unter dem Aspekt des Reiches Gottes – «sub specie regni Dei» – zu sehen und danach zu handeln. Jesu

Rede von Gott war eine Einheit aus Lehre und Praxis: Sein Reden von Gott wurde in seiner Praxis konkret. Jesu «Leitbild» einer umfassenden Ethik ist im Frühjudentum verwurzelt und im Evangelium grundgelegt: Es ist die «Goldene Regel»: *«Alles, was ihr also von anderen erwartet, das tut auch ihnen! Darin besteht das Gesetz und die Propheten»* (Mt 7,12).

Flüssiges Gold

Im Alten Orient fehlte es an vielem, was in unseren modernen Kulturen als selbstverständlich gilt und uns den Alltag um etliches erleichtert. Hygiene ist längst eine medizinische Disziplin geworden, die an den Universitäten gelehrt wird: Trinkwasser, Lebensmittel, Abwasser, Kehricht, Seuchenbekämpfung. Der Aufgabenkreis wird immer größer und hat existenzielle Bedeutung – nicht nur in Entwicklungsländern der Zweidrittel-Welt –, wo es um das Leben des Menschen und den Umgang mit der Schöpfung geht: Boden, Wälder, Bäche, Flüsse, Seen, Meere, Lufthygiene (Atmung), Auto-Mobilität (Abgase), Klima (Treibhauseffekt), Rohstoffe, Industrieabfälle, u.v.m. Hunderttausende Mütter und Kinder zur Zeit Jesu wären nicht jämmerlich zugrunde gegangen, wenn sie sauberes Trinkwasser gehabt hätten und wenn den damaligen «Ärzten» in ihrem Koffer Impfstoffe, Antibiotica, Tuberculostatica und Bluttransfusionen zur Verfügung gestanden wären. Ihnen kann nicht mehr geholfen werden. Doch man «sah» es vor zweitausend Jahren auch nicht so, wie ich es jetzt dargestellt habe. Wie sieht es heute aus, wenn wir hinschauen und nicht wegsehen? «Man sieht nur mit dem Herzen gut!» (*Antoine de Saint-Exupéry*).

Ein urgeschichtliches Problem verschärft sich weltweit dramatisch. Die Ägypter kannten die Not von Wassermangel und Wasserverschmutzung schon vor 5000 Jahren. Zum Schmutz kommt die Trockenheit. Im Buch Exodus, dem zweiten Buch des Pentateuch, steht: «Alle Ägypter gruben in der Umgebung des Nil nach Trinkwasser, denn das Nilwasser konnten sie nicht trinken» (Ex 7,24). Und im Deuteronomium heißt es: «Dort (in Ägypten) musstest du, wenn der Same gesät war, den Boden künstlich bewässern wie in einem Gemüsegarten» (Dtn 11,10b). «Das Einzige, wofür Ägypten noch einmal Krieg führen würde, ist Wasser». Das sind Worte des

Ägyptischen Präsidenten *Anwar-al Sadat* aus dem Jahr 1979. Und im Jahr 1987 sagte der Ägyptische Außenminister und spätere UN-Generalsekretär *Boutros Boutros-Ghali*: «Der nächste Krieg in unserer Region wird wegen des Nilwassers geführt werden.» Weltweit ist Wasser ein kostbares, köstliches und knappes Gut geworden, flüssiges Gold. Das Schicksal des Yangtse, des Bramaputra, des Mekong und des Nil sind nur vier von vielen Beispielen, die weltweit zu einer dramatischen Wasserknappheit führen.

Über eine Milliarde Menschen – 18 Prozent der Weltbevölkerung – haben keinen Zugang zu sauberem Trinkwasser. Nach einer Schätzung der UNO werden 80% aller Krankheiten und mehr als ein Drittel aller Todesfälle in den Entwicklungsländern direkt oder indirekt von verschmutztem Wasser verursacht. Verunreinigtes Trinkwasser verwirkt täglich den Tod von 6000 Menschen weltweit (*Water Supply and Sanitation Council*). Pränatales Fruchtwasser und postnatales Tötungswasser?

An dieser Stelle drängt sich ein langer *Exkurs* geradezu auf. Er richtet sich an die Erwachsenen zu Gunsten der ungeborenen und geborenen Kinder dieser Welt. Weshalb ist es in den Entwicklungsländern so? Weshalb ist es bei uns anders? Man könnte den Eindruck gewinnen, dass «die große Gier nach Wasser», der Kampf um das kostbare Nass auch in der Schweiz und in ganz Mitteleuropa zu eskalieren droht: Bauern gegen Kraftwerkbetreiber, Touristiker gegen Bauern, Umweltschützer gegen alle. Wann endlich werden wir uns *gemeinsam* den Problemen zuwenden? Wasser bedeutet Leben. Mit guten Gründen sprechen manche Menschen im Wallis ehrfürchtig vom «Heiligen Wasser», vom Lebensstrom, der noch heute durch hölzerne Känel (Bissen) pulst. Wasser kommt vor dem Gold. Vor mehr als zweitausend Jahren erwähnt der griechische Lyriker *Pindar* (522–446 v. Chr.) in den Eingangsworten zu einem Siegeslied *Wasser* und *Gold* und stellt darin das Wasser *vor* das Gold: «Ariston men hydor, ho de chrysos ...» (*Pindar, Olympische Oden 1,1.* 476 v. Chr., zit. in *Bartels, S. 11*) (4). Wasser ist flüssiges Gold geworden. Schon in jener scheinbar fernen Zeit haben die lykischen Bauern das klare und reine Wasser mutwillig getrübt. Zur Strafe dafür verwandelte Latona sie allesamt in Frösche (*Ovid, Metamorphosen 6, 376*, zit. in *Bartels, S. 144*) (4). Welches Schicksal ist unserem Trinkwasser und uns bestimmt? «Wasser ist das Blut der Erde», soll schon *Leonardo da Vinci* (1452–1519) gesagt haben. Ohne Wasser kein Leben. Wie steht es in der Gegenwart und Zukunft mit der Verfügbarkeit von Trinkwasser? Wie lange noch wird es für die Kinder in Kamerun die «tausend Brunnen» geben, die der Engelberger Benediktiner *Pater Urs Egli* gegraben hat? (*Keller*) (44). Wird es den Jakobsbrunnen im Ort Sychar in Samarien noch geben? (Joh 4,5–6). Muss nicht jeder Arzt einen Krug mit frischem Wasser bei sich haben, wenn einer Durst hat und trinken möchte?

«Lass mich ein wenig Wasser aus deinem Krug trinken!»
Gen 24,17

Was setzt Heilen voraus?

Der Berner Ophthalmologe *Hans Goldmann* befasste sich 1965 in seiner Rektoratsrede auch mit diesem Fragenkomplex: «Zunächst, dass Krankheiten klassifizierbar sind, dass es also Krankheitsbilder gibt. Nur Erfahrung gestattet, solche Bilder abzugrenzen. Sind die Bilder erkannt, so ist ihre Entstehung zu untersuchen. Der Weg dazu ist die Hypothese, die an einen bekannten Zustand angepasst ist und einen noch nicht bekannten voraussagt. Trifft dieser ein, so ist die Hypothese vorläufig brauchbar. Das klingt außerordentlich klar, einleuchtend und nach echter Wissenschaft. In Wirklichkeit ist die Sache viel komplizierter …» (*Goldmann, S. 6*) (28). Krank ist der ganze Mensch, die Person. Sie ruft den Arzt um Hilfe an – verbal oder nonverbal – und erhofft sie von ihm. Heilen braucht mehr als nur Kenntnisse von Krankheiten: Vertrauen des Kranken, nicht nur in die Kunst des Arztes, sondern das Gefühl der Geborgenheit in seiner Hand. Das Markusevangelium (Mk 5,28) gibt uns dazu einen Anknüpfungspunkt. Der Mensch ist eine Einheit von Leib und Geist-Seele (hebr. «nefesh»). Krankheit allgemein zu definieren ist schwer. Die Literatur über den Krankheitsbegriff ist äußerst umfangreich und bald unübersehbar. Keine der gegebenen Definitionen ist mehr als ein Versuch einer solchen. Der *Krankheitsbegriff* beinhaltet ein umfassendes und vernetztes Zusammenspiel, die gegenseitigen Wechselwirkungen und Abhängigkeiten von Leib, Seele und Geist (vgl. *Klaesi, S. 3*) (48). Die «Seele» verlieren bedeutet in der Nachfolge Jesu: das Leben verlieren (Mk 8,34–37).

Die alttestamentliche Frage lautet: *Wer* hat gestraft? *Wer* sandte die Krankheit? Fragt noch jemand nach dem *Wer*? Die Frage «*Wer*» ist die Frage nach Gott. *Wer* kann mich heilen? Dazu kommt noch etwas Wesentliches: «Nicht jeder mit einer unheilbaren Krankheit Behaftete ist auch ein unheilbar Leidender, aber viele von diesen Letztgenannten haben keine unheilbare Krankheit. Diejenigen, welchen eine an sich heilbare Störung zur Ursache einer immer tiefer greifenden dauernden Schwäche, Hinfälligkeit und Verkümmerung wird, sind in der überwiegenden Mehrzahl; die andern, die trotz einer unheilbaren Krankheit nicht lebensuntüchtig und minderwertig werden, erfreulicherweise häufig, denn eine unheilbare Krankheit ist nicht ohne weiteres ein Siechbett, sie ist ein Prüfstein – nicht eine unüberwindliche Schranke, sondern ein Tor zu einer neuen Welt – nicht ohne weiteres ein Fluch, vielmehr ein Aufgebot der allerinnersten, ureigensten, wertvollsten Kräfte – und eine Berufung» (*Klaesi, S. 3*) (48). Körperliche Leiden und Schmerzen lassen sich so wenig objektiv messen wie psychische. Dass «das Leiden eine Situation ist, die allein durch menschliche, christliche und glaubende Praxis zu bestehen ist», das dürfen wir von *Walter Bühlmann*, einem Betroffenen, eindrücklich erfahren und lernen (11).

Mens sana in corpore sano?

Psychologische Untersuchungen zeigen unverkennbare Abhängigkeiten der Wahrnehmungs-, Auffassungs- und Erinnerungsschärfe und anderer geistiger Leistungen von Schwankungen im körperlichen Kräftehaushalt, und klinische Erfahrung lehrt, dass gewisse Organerkrankungen und Missbildungen ganz bestimmte kennzeichnende seelische und geistige Abweichungen und Ausfälle im Gefolge haben. Trotzdem ist es bei weitem nicht richtig, dass körperliche Gesundheit absolute Voraussetzung für seelisches und geistiges Wohlbefinden ist. Das Wort *Juvenals*: «Mens sana in corpore sano – Ein gesunder Geist in einem gesunden Körper» (*Satiren 10, 356*) ist ja auch nicht als Lehrsatz, sondern als eine Bitte an die Götter gesprochen.

Moderne Medizin hat die ausstrahlende Macht des Psychischen auf den Körper – Einflüsse von Affektivität, Wille und Vorstellung – bis zur Ausschaltung von Sinnesfunktionen und Schmerzempfindung, und auf neurotischen Weg bis zur Auslösung, Verankerung und Ausweitung allerschwerster körperlicher Krankheitszustände (Krämpfe, Lähmungen) längst erkannt. Medizinische Begriffsbestimmungen müssen berücksichtigen, dass jede Krankheit isolierende Wirkung auf die Tätigkeit und Stellung des Kranken haben. Lockerung und Einbuße seiner Umweltbeziehungen sind daher einzubegreifen. Und darum ist ein tauglicher Krankheitsbegriff heute ein medizinischer und ein sozialer.

Wenn wir wirklich alle Krankheitsbilder erfassen wollen, dann führt kein Weg an der Gesellschaftsanalyse vorbei. Ist unser Gesellschaftskörper gesund? Individuum und Gesellschaft können nicht voneinander getrennt werden, wie es die Wissenschaften des 19. Jahrhunderts aufgenommen haben, weil dadurch im Falle von Kranksein und Leiden die Sachverhalte verschiedenen «Kompetenzzentren» zugewiesen werden. «Die modernen Wissenschaften spalteten Leiden auf in Symptome und Syndrome und machten es so zum Gegenstand der Forschung und Behandlung» (*Gogl*) (27). Dabei ist die Frage durchaus berechtigt, woher wir den Mut nehmen, zu glauben, alles verstehen und alles beeinflussen zu können. Die wirkmächtige Kraft, die uns auf dem Hochseil des Lebens im Gleichgewicht hält, ist Gott.

«Der tauglichste Krankheitsbegriff ist heute ein sozialer»
Jakob Klaesi

Jakob Klaesi schließt den Kreis der Erkenntnis von Krankheit und Leiden, wie er am Anfang im Alten Testament überliefert ist, über den von Jesus eingeleitete Paradigmenwechsel bis hin zum Arztsein heute und morgen. Krankheit verlangt neue Anpassungsfähigkeit an die Anforderungen des Lebens; Krankheit bedeutet Verminderung oder Aufhebung der Genussfähigkeit infolge von Störungen und Ausfällen körperlicher, seelischer oder geistiger Funktionen. Mit dieser Begriffsfassung sind der Therapie fruchtbare Blickfelder eröffnet, handelt es sich doch jetzt nicht mehr nur darum, den ursprünglich gesunden Zustand und (sportlichen) «Funktionserfolg» in möglichst kurzer Zeit wieder herzustellen (Sportmedizin) und zu sichern («Versicherung»), sondern da, wo eine «Restitutio ad integrum» nicht mehr möglich ist, die Anforderungen des Lebens der veränderten Leistungs- und Genussfähigkeit anzupassen. Damit ist auch die für den Hilfesuchenden wie für den Angerufenen verhängnisvolle *Grenze* zwischen Heilbarem und Unheilbarem verwischt, wenn nicht gar aufgehoben, denn es hängt nun von der Erfindungs-, Behandlungs- und Erziehergabe des Arztes ab, wie weit er einen Kranken noch zu einer gewissen Arbeits- und Genussfähigkeit bringt und den Anforderungen des Lebens genügen machen kann. Unter Arbeitsfähigkeit verstehe ich nicht nur die «versicherte» Arbeitsfähigkeit, die Arbeit im gewohnten Beruf, nicht ausschließlich produktive Arbeit, sondern tätige Hinwendung, findende Ausrichtung und ergreifende Persönlichkeitsentäußerung (vgl. *Klaesi, S. 6f.*) (48). Mit diesem Krankheitsbegriff konfrontiert uns auch die blutende Frau im Markusevangelium. Durch die Berührung des Gewandes Jesu konnte sie die verhängnisvolle soziale *Grenze* zwischen Unrein und Rein aufheben und von Jesus geheilt und in Frieden entlassen werden (Mk 5,25–34).

Jesuanische Einheit von Lehre und Praxis

Wie heilte Jesus? Die wesentlichen Aspekte und Paradigmen der Heilstaten und Wunderheilungen Jesu sind durch die Exegese der fünf exemplarischen neutestamentlichen Texte konkretisiert worden. Viele Facetten seines Verhaltens gegenüber Kranken und Leidenden, modellhafte Verhaltensmuster, welche Vorbild für den christlichen Arzt sein sollten, habe ich bereits in den früheren Kapiteln entfaltet. Mancher Text aus der Heiligen Schrift kann Leitbild für ärztliches Wahrnehmen, Sprechen und Handeln werden, auch wenn wir keine göttliche Vollmacht besitzen. Wer sich Jahwe zuwendet, der muss sich in Ihm auch den Menschen zuwenden (Dtn 6,4–9; Lev 19,18). Jesu Reden von Gott wurde durch seine Taten konkretisiert. Seine Taten wurden durch sein Reden von Gott legitimiert. Bei Jesus finden wir in vollendeter Gestalt die Einheit von Lehre und Praxis, ein Hoch-Ethos, welches auch die Einheit von Nächstenliebe und Gottesliebe ist (Dtn 6,4–9; Lev 19,18; Mt 24,36–40).

Den von Jesus bewirkten und vollzogenen Heilungen stehen die alttestamentlichen Fragen von Schuld und Sühne, von Rein und Unrein gegenüber. Jesus hat auf die alttestamentlichen biblischen Fragen angesichts des Leidens heilende Antworten gegeben und Heilung gebracht. Es ging den Menschen um die Zeitenwende sehr schlecht. Jesus hat sich dazu geäußert. Darin war Jesus ein «Grenzgänger»; er überschritt Grenzen (Mk 7,24–30; 5,34) und brachte menschliche Kontakte zustande. Jesus erkannte den Kontext zur Krankheit mit ihrem «Sitz im Leben» der Kranken.

Die Bibel ist die Heilige Schrift der Christen und kein Nachschlagewerk über Organerkrankungen und Heilmethoden! Das Neue Testament ist nicht Harrison's Manual of Medicine; es ist kein Lehrbuch für Pathologie, Innere Medizin, Pharmakotherapie, kein Operationsatlas für Chirurgie und Urologie, kein Handbuch für Gynäkologie und Geburtshilfe. Die neutestamentlichen Texte helfen uns nicht Naturgesetze zu «durch-brechen», um ärztliche «Wunder» an den uns anvertrauten Patientinnen und Patienten zu wirken; sie geben uns keine Anleitungen für invasive Behandlungen oder komplementäre Therapien. Wer solche Erwartungen hatte, der ist von ganz falschen Vorstellungen ausgegangen.

Doch was kann dann der heutige Arzt von Jesus noch lernen? Praxis ist nach Aristoteles das freie Tätigsein des Menschen. In der Medizin heißt «Praktizieren»: Leidenden begegnen, ihre Anamnese erfahren, sie untersuchen, Krankheitsbilder erfassen, von Symptomen und Syndromen zu Diagnosen gelangen, Kranke behandeln, Therapieverläufe überwachen, Begleiter sein. Derjenige Arzt, der «die Zeichen der Zeit» erkennt, der «im Licht des Evangeliums» urteilt, der so orientiert, umfassend und richtig handelt, dessen Wirken ist Orthopraxis. Ärztliche Praxeologie wird sie erst dann, wenn sie im Dienst des Reiches Gottes steht. Jesus hatte für alle Heilungen salutogene Heilungskonzepte.

Durch seine kompromisslosen Worte und Taten hat Jesus die Kranken und Leidenden (Frauen und Männer) aus ihrer «Gefangenschaft» (lat. mancipatio oder mancipium) in einem Netz gesetzlicher religiöser Vorschriften (z.B. Reinheitsgesetz, Lev 15; 12) befreit (entlassen, e-manzipiert) und ihnen die inhaltliche Fülle des Reiches Gottes (Basileia tou theou) gezeigt. Bei der Entlassung der Kranken nach den von ihm gewirkten Heilungen hat Jesus ihnen Heil und Segen zugesprochen. Jesu emanzipierte «die blutende Frau» (Mk 5,25–34) aus ihren gesellschaftlichen Fesseln und aus ihrer sozialen Isolation, aus ihrer Gegenwarts- und Hoffnungslosigkeit. Er entließ (emanzipierte) sie aus der Abhängigkeit patriarchaler Unterwerfung in die Unabhängigkeit der Selbstbestimmung. Durch Jesus fand sie zurück zu ihrem Ich-Bewusstsein und zu ihrer Selbst-Bejahung, zu ihrem Person-Sein.

Ein kleiner (altphilologischer) Exkurs zur Emanzipation. *Klaus Bartes* analysiert und formuliert: «Wer einmal Latein gelernt hat, wird in dem ‹E-› am Anfang der ‹Emanzipation› mit ein wenig Spürsinn unschwer das Präfix *ex-* bzw. *e-*, ‹aus-›, erkennen: Die ‹Emanzipation› soll die Frauen ja ‹aus› der Abhängigkeit in die Selbstbestimmung führen, sie ‹aus› der Unterwerfung unter die Männergesellschaft befreien. Aber wer dann, so ermutigt, die nach diesem befreienden ‹E-› noch verbleibende ‹-manzipation› im Lexikon nachschlagen will, findet zunächst verwirrende Bedeutungen: Da bezeichnet das lateinische Substantiv *mancipium* erstens im eigentlichen Sinne als juristischer *Terminus technicus* die förmliche Erwerbung eines Eigentumsanspruches, zumeist durch Kauf, und dies vollzogen vor fünf Zeugen, und zweitens im übertragenen Sinne den durch den Kauf erworbenen – nicht im Haus geborenen – Sklaven oder eine Sklavin. Ob männlich oder weiblich, tut dabei nichts zur Sache; das sächliche Geschlecht des *mancipium* erinnert deutlich genug daran, dass wir es hier mit einer ‹Sache›, einer Ware, zu tun haben.» … «Zusammengesetzt aus dem lateinischen Substantiv *manus*, ‹Hand›, und dem Verb *capere*, ‹greifen›, bezeichnete das *mancipium* oder auch die *mancipatio* den im Sinne des Wortes ‹handgreiflichen› rechtswirksamen Akt, in dem der Käufer seine Hand auf die Ware legt und so von ihr förmlich, wie man sagt, ‹Besitz ergreift›, sei diese Ware nun eine Kopie der Venus von Knidos, eine Sklavin von Fleisch und Blut oder eben eine symbolisch ‹gekaufte› Braut. Umgekehrt bezeichnet die auch schon klassisch-lateinische *emancipatio* die ebenso förmlich Aufgabe eines solchen Eigentumsanspruches, insbesondere die Entlassung eines Sohnes aus der väterlichen Gewalt, und dies wiederum vor fünf Zeugen. Die Entwicklung dieser alten *emancipatio* scheint ja, so rein wortgeschichtlich betrachtet, die langweiligste Sache der Welt zu sein, wäre da nicht der kleine Unterschied, dass wir dieses ‹Emanzipieren› heute nur noch reflexiv, als ein ‹Sich-Emanzipieren›, gebrauchen können: Bei den alten Römern (zur Zeit Jesu) emanzipierte ‹man› dieses oder jenes und insbesondere die eigenen Söhne;» … heute emanzipiert, wer «nicht lebenslänglich unverwirklicht bleiben möchte, eigenhändig kurzerhand ‹sich› selbst» (*Bartels, S. 193f.*) (3).

Doch wieder zurück zum Dialog mit dem Evangelium. Da stellt sich die Frage: Kann moderne Medizin alle Patientinnen und Patienten *geheilt* aus der Abhängigkeit von Krankheit, Leiden und Schmerz, aus der Abhängigkeit von Arzt, Sprechstunde, Klinik in die Unabhängigkeit der Selbstbestimmung und eines neuen Lebens entlassen? Die Frage muss in Demut negiert werden, mit der Ehrfurcht vor dem, was wir nicht wissen. Ungeheiltsein ist nicht ohne weiteres ein Fluch, sondern vielmehr ein Aufgebot an die innersten Kräfte, eine Situation, die nur im Glauben bestanden werden kann.

Es bleibt auch noch eine Vertrauensfrage zu beantworten. Wir werden mit dem Hoch-Ethos Jesu und mit der Moral der *Goldenen Regel* konfrontiert: «Alles, was ihr also von anderen erwartet, das tut auch ihnen! Darin besteht das Gesetz und die Propheten» (Mt 7,12). Die Vertrauensfrage lautet: Wie möchte ich selbst ärztlich behandelt werden? Wie möchte ich, dass meine Frau behandelt wird? Wie möchte ich, dass unsere Kinder und Enkelkinder behandelt werden? Beachten Sie: Ich sage ausdrücklich: «ich». Diese Vertrauensfrage ist äußerst wichtig. Jeder Arzt und jede Ärztin sollte sich diese Vertrauensfrage bei der Behandlung jeder Patientin und jedes Patienten immer wieder neu stellen. Die Frage richtet sich jedoch nicht nur an die Behandelnden, sondern auch an die Behandelten, genauer: an alle Menschen in gesunden und kranken Tagen.

Dazu gesellen sich heutzutage weitere Fragen: Liegt eine notariell verurkundete Patientenverfügung vor? Gibt es dazu ein rechtsverbindliches Mandat? Die Behandlung im eigenen Krankheitsfall ist vorzugsweise Gegenstand einer Patientenverfügung. Das bedeutet: Ich möchte von einem umfassend ausgebildeten «Schularzt» nach meinen Vorstellungen «so oder so» behandelt werden. Der Arzt, den ich in kranken Tagen und eines Tages auf dem Sterbebett brauche, der müsste – wie Jesus – vor allem ein Mensch sein, ganz Mensch sein, kein Chefarzt, kein «Macher», kein distanzierter «Übermensch», der über alles erhaben ist und höchstens ein paar Rat-Schläge («Schlagen!») für mich und ein paar «Erklärungsmodelle» für sich auf Lager hat. Ein solcher Unarzt darf ruhig bei der Visite an der Tür vorbeigehen mit der Begründung, dass – für ihn – an diesem Krankenbett ja doch nichts mehr zu «machen» sei. Nur der Arzt, der begnadet ist zu synästhetischer Wahrnehmung, kann aus Gebärde und Worten des Leidenden die «Dissonanzen in der Musik des Lebens» wahrnehmen und sie verwandeln in Heilung und Heil.

Der Arzt, den ich allen Leidenden wünsche, ist «heilig» und profan; er ist ein Sohn des Lichts (Joh 1,5), und seine Gaben sind verwandt der Musik. Er hilft den Kranken ihr Kreuz tragen. Dieser Arzt sieht das Licht in den Augen des Kranken und ist selber Licht. «Licht ist Voraussetzung alles Lebens. Doch das göttliche Leben ist lebendiges Feuer (vgl. Ex 3,2; Hebr 12,29), ist göttliche Liebe, die sich ausdehnt und erstrahlt (1 Joh 1,2); *zuerst* ist das Leben da. Solches Leben, das aufleuchtet, wurde für die Menschen zum ‹Licht›. In diesem Licht wandelt (1 Joh 1,7), wer teilnimmt an der Liebe Christi (Joh 15,9–17); denn damit nimmt er teil am Leben des Weinstocks (Joh 15,1–8). Jeder, der Gutes tut und Gutes tun will, fühlt sich angezogen von diesem Licht (Joh 3,21). Und wer dem göttlichen Leben, das als Licht erstrahlt, folgt, ‹wird nicht mehr in der Finsternis wandeln› (Joh 8,12)» (*Schwank, S. 25*) (83). Dieser Arzt hört die «Musik des Lebens» – die Worte Jesu – in den Worten, Blicken und Gebärden der Kranken und ist selber Musik. «Wir wissen in der Tat, wie wichtig schon der Wohlklang seiner Stimme sein kann, und noch mehr, wie schon sein Erscheinen zu entheben und in eine Welt hineinzuführen vermag, wo Schweben ist und Weite und klammernde Sorgen und Schmerzen Vergessen. Er weiß von seiner gemeinschaftsbildenden Kraft, von der ‹Droge Arzt›, die seine Berufung ist» (*Klaesi, S. 23*) (48). Ein solches Arztbild verlangt Demut, nicht Selbstdarstellung – Verankerung im Glauben.

> *«Die Vollkommenheit der Liebe besteht nicht in der Gewissheit der Erkenntnis, sondern in der Stärke des Ergriffenseins.»*
> Thomas von Aquin (1225–1274)

Der Arzt, den ich allen Leidenden wünsche, stellt keine Regeln auf, weder Gebote noch Verbote. Er ist, wann immer er dem Kranken gegenübertritt, mit seiner ganzen Aufmerksamkeit und seinem Können bereit zu dienen, damit sich der Kranke im Gegenüber zu ihm besser erkennt.

Der Arzt, den ich allen Leidenden wünsche, ist gütig und wohlwollend, damit sich der Kranke nicht für alles und jedes zu rechtfertigen hat. Er ist bereit und fähig, sich in die Einstellung anderer Menschen einzufühlen. Er ist weitherzig und großzügig zugleich, damit der

Kranke alles in seinem Innern sehen und annehmen lernt, auch das Dunkel und die Schuld.

Der Arzt, den ich allen Leidenden auf dem Sterbebett wünsche, weiß, dass es außer dem Kranken und dem Helfer noch etwas anderes, ein Drittes gibt: Gott. Gott ist bei jeder Heilung mit im Spiel; ja letztlich ist er entscheidend, denn zu groß sind die Widerstände, die sich einer Heilung entgegensetzen.

> *«Alles Heil von dem das Neue Testament weiß, wird auf Gott als die einzige Quelle zurückgeführt.*
> *(Vorgrimler, S. 69)* (97).

Das alles ist der Arzt, den ich allen Leidenden wünsche: «Ein Wissenschafter, ein Krieger, ein Erbarmer, ein Erzieher, ein Priester und ein Künstler» (*Klaesi, S. 24*) (48). Er ist auch ein Gärtner, ein Weinbauer, ein Organist. Denn Krankheit und Leid will weniger begriffen (Wissenschaft) als bekämpft werden. Daher ist der Arzt auch ein Krieger. Sein höchstes ärztliches und priesterliches Wirken und Können setzt da ein, wo er – mitleidend – in Demut seine Waffen niederlegen muss, da, wo die Heilbarkeit der Krankheit aufhört. Weil Gott bei jeder Heilung mit im Spiel ist, bleibt auch da für die Kranken Hoffnung, wo die Grenzen der Medizin erfahren werden und die Hoffnungen der Welt zerbrochen sind. Er kennt die Wüste, er pflegt Gemeinschaft (Koinonia), er ist verfügbar für die Kranken wie der Mönch für Gott, er kann zuhören, er gehorcht Gott, er ist schweigsam, er ist demütig, er ist diskret, er kann Freude zeigen, er kann zornig werden, er ist Liebe, er zieht sich zurück zum Gebet, zur Besinnung und zur Orientierung.

Der Arzt, den ich allen Leidenden wünsche, und an den ich so hohe – hippokratische und christliche – Anforderungen stelle, ist Jesus Christus, der Arzt, selbst, unser Herr und Bruder und Freund, mein Lehrer!

Heilung und Heil im Lichte des Evangeliums

«Expergiscere, homo: quia pro te Deus factus est homo.»
Hl. Augustinus (354–430)

«Erwache, o Mensch: für dich ist Gott Mensch geworden.» *Papst Benedikt XVI.* hat sich dieses Zitat des heiligen Augustinus für die erste Weihnachtskarte in seinem Pontifikat zu Eigen gemacht. Die Hilferufe, die Klagen, die Bitten von Notleidenden bekommen in der Präsenz Jesu einen neuen Klang, der inniger und drängender ist, seit der Mensch angesichts des Bundesmahles Jesu, des Kreuzes und der Auferstehung die unermessliche Liebe Gottes erfahren hat. Die Ganzheitlichkeit Jesu im Denken («Herz») und im Tun (Hände) ist eine dauernde Herausforderung für den modernen Arzt: Selber immer Mensch sein und den Kranken das Menschsein ermöglichen, selber beseelter Leib sein und ein ungeteiltes Herz und Hände haben, die handeln. Jesus ist kein «Wunder-Macher» sondern Bezugsperson, dessen vorbehaltloses Gegenüber den Kranken eigenständiges Handeln ermöglicht. Die Kranken und Leidenden werden neu dazu befähigt, Person zu sein, Mensch in leib-geistiger Einheit und Existenz mit reflexem Selbstbewusstsein: Ich-Bewusstsein, Selbst-Bejahung, Selbst-Bestimmung.

Es geht in jeder Arzt-Patienten-Beziehung, bewusst oder unbewusst, zunächst um menschliche, zwischen-menschliche, philosophische, religiöse, psychologische, soziale, kulturelle Probleme und die Frage der fachlichen Qualifikation. Am Anfang jeder Behandlung stehen die Fragen des Sehens, Erkennens und Wahrnehmens der/des Leidenden. Krank ist der ganze Mensch in seiner leib-geistigen Einheit und Existenz, die Person (griech. prósopon: das, dem man sich gegenübersieht), das Gegenüber, ein Mitmensch. Person ist nicht isoliert der Körper, der Wille, die Freiheit, der Geist des Menschen (Kranken), sondern gleichsam erst deren «Stoff». Das Personengeheimnis ist ein anderes, ob sich der Mensch als Geschöpf Gottes oder als Treibsand der Evolution betrachtet. «Person wird als die Tatsache bestimmt, dass der Mensch in sich stehe, aus sich handle, für sich verantwortlich und in Würde Zweck seiner selbst sei» (*Guardini*) (32).

Immer wieder ist in den Evangelien davon die Rede, wie Jesus «gebeugte Körper» aufrichtet (Mk 1,31; Joh 5,8). Für Menschen aller alten Kulturen ist der Körper Modell für die Gesellschaft. Daher ist dem Körper des Einzelnen die politische und soziale Gesellschaft anzusehen. Die Juden hatten nicht Angst vor ansteckenden Krankheiten (Aussatz), sie hatten Angst um die eigene Religion vor dem Hellenismus, vor dem griechischen Denken. Die Reinheitsgebote galten den drei Körperöffnungen: Wo der «Austausch» durch die Körperöffnungen geregelt ist, ist die Gesellschaft intakt. Der kranke Körper hat überall durchlässige Grenzen, er wird zur politischen Oberfläche (Lev 11–15).

Was der Kranke braucht, ist wohl körperliche Heilung, aber auch Ausblick auf die (seine) Zukunft, Menschenwürde, von Arzt und Patient bestätigte Heilung, ärztliche Empathie, wie sie Jesus immer wieder neu unter Beweis stellte. Ärztliche Empathie heißt: Fähigkeit und Bereitschaft, sich in das Denken, Empfinden, Handeln anderer Menschen, in ihren körperlichen und seelischen Zustand einzufühlen. «Kranke brauchen täglich neue Hoffnung. Kranke brauchen Gewissheit, an der sie sich befestigen können, Gewissheit, aus der heraus Fügung einsetzen kann» (*Moser, S. 100*) (61). Darin kann auch ein Hinweis auf die Bedeutung der Wechselwirkung zwischen dem Anteil des Arztes und demjenigen des Patienten an der Heilung gesehen werden.

Letztlich kommen aber Hoffnung und Gewissheit nur von Gott. «Der Arzt muss sich brauchen» lassen, sagt der Psychiater *Arthur Trenkel*, aber er darf nicht bloß «Objekt» eines «Zugriffs» durch den Patienten sein, sondern muss sich persönlich in eine «verhaltene Berührung seines Gewandes», in eine zwischenmenschliche Beziehung hineinnehmen («verwickeln») lassen. Je mehr sich der Arzt «verschenkt», desto mehr wird ihm für sein Arztsein geschenkt. Der Arzt benötigt dazu immer wieder neu jene Lebenskraft (grch. Dynamis), die von Jesus bei seinen Heilungen ausging. Die menschliche Wirklichkeit sieht komplexer aus, als das einfache Modell wahrhaben möchte, dass die gute Moral dem bösen Verhalten gegenübersteht. Nur der Arzt, der sich hineinnehmen lässt in die lebendige Wechselwirkung zwischen dem christlichen Glauben und der Heilkunst – dem Arzttum –, gelangt auch zu einem christlichen Menschenbild, dem *Albert Schweitzer* (1875–1965) und vor und nach ihm viele andere Ärzte nachgelebt haben. Wenn ich von einem christlichen Arztbild spreche, kann ich mich des Eindrucks nicht erwehren, in unserer pluralistischen Konsumgesellschaft, deren Bekenntnis die

Diffamierung des christlichen Glaubens ist, vielleicht eine zeitgemäße Unzeitgemäßheit ausgesprochen zu haben.

Denen, die immer mehr christliches Kulturgut über Bord werfen, möchte ich antworten: Die Religiosität des Abendlandes ist kein Autounfall. Ärztliches Handeln – Arzttum – muss «theo-nom» sein: gottgesetzt, gottgewollt. Darunter verstehe ich demütiges autonomes ärztliches Handeln (Dienen) vor dem Hintergrund eines christlichen Schöpfungs- und Menschenbildes. In solchem Handeln setzt sich der Arzt selbst Grenzen, indem er als «Gesetz» sein ihn verpflichtendes Gewissen anerkennt.

In der tausendjährigen Geschichte von Schmerz und Freude ist göttliches Heil verborgen. «Angesichts des menschlichen Leides kann ich nicht argumentieren und nicht diskutieren, hier helfen auch keine Diskurse und Spekulationen. Hier bleiben nur Verstummen; Meditieren, Einfühlen ...» (*Reinhold Bärenz*). Die Medizin ist in den Geistes- und Kulturwissenschaften verwurzelt. Diese stellen Heils-Konzepte (lat. salus, Heil) *vor* heilende (lat. reparare) (*Stulz, S. 9*) (87). Das Wissen explodiert. In der Medizin waltet eine uferlose und immer weniger überblickbare Wissensinflation. Die Expansion des Wissens führt zum Auseinanderdriften des Wissens und zu einer tiefen Kluft zwischen heilenden Konzepten und Heilskonzepten.

An dieser Stelle soll nochmals *Frank Nager* zu Wort kommen: «Die stürmische Anhäufung neuen Wissens und die immer kürzere Halbwertszeit seiner Gültigkeit ist zu einer Kräfte verschießenden Herausforderung für Ärzte und Studenten geworden – ganz abgesehen von den wachsenden apparativ-technischen Anforderungen und den bürokratischen Zumutungen. Ein humanes, Patienten gerechtes Arztsein wird zunehmend erschwert. Im Zeitalter der elektronischen Medien mit ihrer immer raffinierteren Datensammlung, -speicherung und -verbreitung, mit ihrer Schwemme an Textblocks, Journals, Abstracts, Editorials und Papers, CD-Roms, Websites, Homepages ist das Wissensangebot zu einem reißenden Strom von Einzelerkenntnissen geworden mit entsprechender Tendenz zu einer immer mehr verästelten Subspezialisierung, mit der beängstigenden Perspektive, dass wir immer mehr von immer weniger wissen. Der medizinische Wissensstrom hat inzwischen zu etwa vierzigtausend Krankheitsdiagnosen, zu abertausenden, vorwiegend unnötigen pharmazeutischen Präparaten, zu gegen zwanzigtausend Fachzeitschriften in über fünfzig Sprachen geführt» (*Nager, S. 9*) (67).

«Medikamente und Sakramente dürfen nicht willkürlich ausgeteilt werden» (Carrel, S. 13) (12)

Das Wissen um Wesentliches für den Menschen ist bedroht und scheint verlorenzugehen. «Heute muss man sich wieder darauf besinnen, dass Medizin mehr als Naturwissenschaft ist. Dieses Besinnen lehrt zugleich, dass die Geisteswissenschaften auch in unseren Tagen ihren Wert behalten haben, weil das brennende Interesse für das, was Menschen tun, was sie erschaffen, wie sie die Welt sehen, erleben und bauen, ob in ihren gesunden oder in ihren kranken Tagen, nie aufhören wird» (*Goldmann, S. 21*) (28). Der Ophthalmologe und Physiker *Hans Goldmann* schrieb diese Worte im Jahre 1965. Sie müssen in unserer säkularisierten Welt, umgeben von wissenschaftlichem und wirtschaftlichem, gottesleugnerischen Materialismus, nicht nur wiederholt, sondern betont werden. Eine Rückbesinnung auf die Wurzeln der Geisteswissenschaften und unserer christlichen Kultur ist dringend notwendig. Strukturierte christliche Rückbesinnung setzt das Erkennen der «Zeichen der Zeit» voraus.

Zukunft braucht Herkunft. Um «die Zeichen der Zeit» für die Mitgestaltung einer hoffnungsvollen Zukunft der Medizin zu ergründen, habe ich den Versuch gewagt, mich Jesus Christus zu nähern, ihn zu befragen und die Medizin im Lichte seines Evangeliums zu betrachten. Die Idee «fiel auf guten Boden und brachte Frucht; die Saat ging auf und wuchs empor» (Mk 4,8), doch die Ernte muss in den Händen eines Laien Fragment bleiben (vgl. 1 Kor 13,9). Ein paar Früchte möchte ich in eine Schale legen. Diese Früchte sind gleichsam die «Summa» der Erkenntnisse, die mir im Dialog mit Jesus geschenkt wurden und die es mir ermöglichten, die Beziehungsebene Arzt – Patient «sub specie regni Dei» besser kennenzulernen. «Es gibt verschiedene Kräfte, die wirken, aber nur den einen Gott: Er bewirkt alles in allen» (1 Kor 12,6). Manchmal habe ich das Gefühl, erst jetzt Arzt geworden zu sein durch die Arbeit an diesem Buch, nachdem ich mich gewagt hatte, mich Jesus zu nähern, ihn zu «berühren», und von ihm «berührt» wurde. Mögen alle die praktizierenden Ärzte von heute die Kraft Gottes empfangen, so wie der Arzt aus Nazaret sie empfing, um umherzuziehen, Gutes zu tun und zu heilen, da Gott mit ihm war (Apg 10,38).

Jesus ist für die Kranken und Leidenden ein «alter ego» – ein zweites Selbst. Sie werden von ihm bedingungslos angenommen

Jesus Christus Medicus Heilung und Heil «sub specie regni Dei» Wechselwirkungen auf der Beziehungsebene Arzt – Patient	
Der Kranke gibt / konfrontiert den Arzt	**Der Arzt gibt / ermöglicht dem Patienten**
– Konkret leidender Mit-Mensch – Vertrauen – Seine Person – Lebensdaten, Biographie (Anamnese) – Leidenserzählung – Leidensdruck – Handlungsimpulse – Krankheitssymptome – Berührungsängste – Verletzung, Verzweiflung – Schuldgefühl – Schuldzuweisung – Aggression – Leibhaftigkeit – Zerrissenheit (vgl. Jeremia 20,7–18) – Zerbrochene leib-geistige Existenz – Gestörtes Ich-Bewusstsein – Frage nach der Zukunft	– Der Arzt stellt sich ihm – Arzt-Sein kann nicht delegiert werden – Gefühl der Geborgenheit – Seine Person (Solidarität) – Betroffenheit – Zeit und Geduld (nicht Kassenfunktionär) – Heilungserzählung (Mit-Leiden) – Respektvolles Verstehen, Information – Körperliche Untersuchung: «Berührung» – Beziehungsebene: «Heilendes Wort» – Entschuldung – «Annäherung» / Distanz – Diskretion (Arztgeheimnis) – Hoffnung – «Vergleichsmaterial» im eigenen Leben – kennt den Schrei Jesu am Kreuz (Mt 27,46) – Tragender Entwurf gegen das Chaos (Schöpfungslied Gen 1,1–2,4a)

und ernst genommen. Durch das Angenommensein erhalten sie ihre Würde als Person zurück. Der Arzt Jesus steht als Mittler (wie ein «Engelsbote») zwischen seinem Vater (Gott) und dem kranken Mitmenschen. Es gab im Leben Jesu keine Zeit, wo er «keine Zeit» hatte für die Nächsten. Er schenkte den Mitmenschen seiner Zeit das Wesentlichste, was er im Auftrag seines Vaters in seinen Erdentagen zu verschenken hatte. Er musste dafür am Kreuz sein Leben hingeben.

Der hl. *Vinzenz von Paul* (1581–1660) hatte sein Leben ganz in den Dienst der Kranken gestellt. Er wurde zum Begründer der neuzeitlichen Krankenpflege (Caritas).

«Das Zeithaben bezeichnet den Inbegriff aller Wohltaten,
die ein Mensch dem andern erweisen kann.
Wenn ich jemandem meine Zeit wirklich schenke,
dann schenke ich ihm damit das Eigentlichste und Letzte,
was ich überhaupt zu verschenken habe,
nämlich mich selbst.»

Karl Barth (1886–1968),
Basler Theologe

Inneres Erbe
Zeit Lade

Epilog

«Das alles ist der Arzt: Ein Wissenschafter, ein Krieger, ein Erbarmer, ein Erzieher, ein Priester und ein Künstler. Sein höchstes ärztliches Wirken und Können setzt da ein, wo die Heilbarkeit der Krankheit aufhört.»

Jakob Klaesi (48)

In der Dunkelheit von Krankheit, Schmerz, Leiden und Sterben heimisch sein und Keime des Lichts und der Hoffnung anzuzünden, das ist widerspruchsvoll genug und gehört dennoch zum Schönsten des Arztseins. Jesus Christus war im Leiden heimisch, deshalb konnte er heilen. Er musste die Heiligen drei österlichen Tage – das «Triduum sacrum» – durchleben und durchsterben, um verherrlicht zu werden. Schreiben über Krankheit, Schmerz, Leiden und Tod ist etwas ganz anderes als selber leiden. Mitleiden ist nicht Leiden. Jesus lässt uns an seiner Passio und Compassio teilnehmen. Die therapeutische Absicht des Arztes Jesus geht dahin, mit den Kranken eine Gemeinschaft zu bilden und pathogenetisches und salutogenetisches Denken und Handeln in Harmonie zu vereinen. Was *Peter Friedli* vom Hausarzt sagt, das gilt in vollendeter Form von Jesus: Jesus ist «begleitender Therapeut» (*Friedli*) (22). Der Luzerner Internist *Frank Nager* bezeichnet dieses Arztbild als «Vollorchestrierung» (*Nager, S. 171*) (69). Eine synästhetische und harmonische Mischung von Sehen, Hören, Fühlen, von Handwerk, Kunst und Wissenschaft, Wissen und Weisheit, und Caritas.

Anhand einer Auswahl von fünf neutestamentlichen Erzählungen wurden exemplarische Heilungen Jesu analysiert und ausgelegt. Die Texte wurden vor dem Hintergrund der jüdischen Religion und Kultur, wie sie durch das Alte Testament überliefert ist, betrachtet. Die gemachten Beobachtungen wurden mit theologischen Zusammenhängen verknüpft. Es wurde versucht, aufzuzeigen, wie Jesus seine

Botschaft vom kommenden Gottesreich nicht nur in Worten verkündete, sondern auch die Grunderfahrung Israels («Ich bin Jahwe, dein Arzt», Ex 15,26) neu erfahrbar machte. Auf diesem Fundament wurde schließlich das Experiment gewagt, die exegetischen Erkenntnisse mit der heutigen Medizin konstruktiv zu verknüpfen, hoffend, aus dieser Wechselwirkung wiederum neue (interdisziplinäre, transdisziplinäre) Erkenntnisse zu gewinnen. Das aufmerksame Lesen eines biblischen Textes ist vergleichbar mit der «ergriffenen» (haptischen) Betrachtung eines Kunstwerkes. Der Buchtext wird nicht als passive unbewusste Perzeption des Auges, sondern als aktiver und kreativer Vorgang wahrgenommen: «Lesen ist nicht etwas wie Musikhören, sondern wie Musizieren. Das Instrument ist man selbst» (*Martin Walser*). Je aufmerksamer wir lesen, desto offener werden unsere Sinne für das Wunder und das Wunderbare, um das es in den Jesuserzählungen geht.

Zeichen der Zeit

Wo ist die Medizin hingelangt? Die Medizin, aus Helferwillen geboren, hat zwar ihre größten Triumphe gesehen, seitdem sie die Wege angewandter Naturwissenschaft verfolgt. Sie wächst aber mit ihren Fortschritten immer mehr in schwierige ethische und weltanschauliche Fragestellungen hinein. Der Arzt wird zum «interdisziplinären Grenzgänger» zwischen Medizin, Biologie, Philosophie, Ethik und Theologie. Die große Tradition philosophischer Besinnung auf den Geist der Medizin und das Arzttum scheint versandet zu sein. In manchen Fragen haben Vorstellungen von Machbarkeit, Nutzen und Wunscherfüllung das Erbe angetreten. Wissenschaftliche Segnungen könnten sich in Fluch verwandeln. Naturwissenschaftliche Medizin kann die Ideale des Paradieses – ewige Jugend, Schönheit, Gesundheit, Unsterblichkeit – nicht im Diesseits verwirklichen. Ein historischer Rückblick kann der Gegenwart wie der Zukunft dienen.

> *«Die Heilkunst umfasst dreierlei: die Erkrankung, den Kranken, den Arzt. Der Arzt ist der Diener der Heilkunst. Der Kranke muss zusammen mit dem Arzt sich gegen die Krankheit wehren.»*
> Hippokrates, Epidemien

Das Verständnis von Gesundheit und Krankheit, Leiden und Tod, Wissen und Weisheit, Heilung und Heil prägen die Therapiekonzepte des Arztes und das Wesen der Arzt-Patienten-Beziehung. Dazu gehört auch der Umgang mit Sünden und Schuldgefühlen, Vergebung der Sünden und Neubeginn. Das Therapiekonzept muss auch den Abschied beinhalten. Ohne Vorbereitung auf den Tod gibt es keine wahre Lebenskunst – «ars vivendi». Das Sterben ist immanent in das Leben eingebettet. Daher sind Heilen und Sterbebegleitung gleichermaßen geistige Werk der Barmherzigkeit.

Ein Zeichen der Zeit: Immer mehr *Kranke* vermissen salutogene Heilungskonzepte. «Salus et voluntas aegroti suprema lex» – Wohl und Wille des Kranken als oberstes Gesetz stehen seit der Antike in einem Spannungsverhältnis, das sich wohl nie ganz überwinden lässt. Vielfältige Sichtweisen und Zugänge zum Heilen und Heil erschweren den Dialog. Von *Franz Kafka* (1883–1924) stammt das tiefe Wort: «Der Kranke fühlt sich vom Gesunden verlassen, der Gesunde aber auch vom Kranken» (Kafka an Milena Jesenska). Der Kranke, der sein Zuhause verlassen muss, um in ein Spital eingeliefert zu werden, erfährt einen tiefgreifenden und schmerzlichen Wandel seiner Umwelt. An uns allen ist es, dafür zu sorgen, dass die *Einlieferung* in das Spital nicht zur *Auslieferung* an ein bürokratisch-technisches System wird, das der Kranke nicht durchschaut und ihn erst recht zu einem «Patienten» (Leidenden) macht. Der Kranke wird auf sich selbst zurückgeworfen. Darin kann auch eine Chance liegen, die Chance, sich selbst zu finden. Erlittene Passivität kann vitale Kräfte aktivieren.

Angesichts des medizinisch-technischen Fortschritts stellt sich die Frage nach analytischer Vertiefung gegebener Möglichkeiten. Spezifische Sonderbereiche der Medizin erfordern ein solideres ethisches Fundament und Gesetze (Humangenetik, Reproduktionsmedizin, Transplantationsmedizin, Notfallmedizin, Pädiatrie, Psychiatrie). Ethik geht in Recht nicht auf, ist aber auf Gesetze angewiesen. Die gemeinsame Schnittmenge soll möglichst groß sein. «Medizinische Ethik ist philosophische Begründung sittlichen Verhaltens in der Medizin; medizinische Ethik ist keine Sonderethik, wohl aber Ethik besonderer Situationen» (*Dietrich von Engelhardt*) (19). Das sind Aufgaben unserer Gesellschaft, die nicht nebenamtlich von beruflich überforderten Ärzten – ohne Ethikstudium – durch die gelegentliche Teilnahme an Sitzungen von Ethikkommission erfüllt werden können. *Teleologisches* Denken argumentiert situativ und nur von den Folgen her: «Der Zweck heiligt die Mittel». *Deontologisches* Denken argumentiert bei der Wahrheitssuche und Urteilsfindung nicht nur von den Folgen her, Intention und Objekt sind bedeutsam für die sittliche Qualität, die Umstände und Folgen können die sittliche Qualität lediglich steigern oder abschwächen. Die Gratwanderung zwischen teleologischem und deontologischem Denken muss im Glauben begangen werden. Teleologisches und deontologisches Denken schließen sich im Ethischen nicht aus, «Nützlichkeitsdenken» (Utilitarismus) ist fragwürdig.

> *«Das sittlich Böse ist mehr als nur ein Mangel an Gutem, es ist bewusst gesetzter Wille.»*
> Hl. Augustinus (354–430)

Das Gute muss sich im Handeln, im Tun oder Lassen konkretisieren. Die Frage lautet: Wie kann ich das, was Jesus uns vorgelebt hat, in meine Möglichkeiten integrieren und umsetzen? Der *hl. Vinzenz von Paul* (1581–1660), der französischer Priester und Ordensgründer aus der Gascogne, gibt uns ein Beispiel. Er hat sein Leben ganz in den Dienst der Kranken gestellt. Er wurde zum Begründer der neuzeitlichen Krankenpflege, der neuzeitlichen Caritas.

Ein Zeichen der Zeit: Die Rolle des Arztes wird von Kassenfunktionären umgedeutet als «Dienstleister», die des Patienten als «Kunde». Profitorientierte Manager machen sich keine Gedanken zur Person des Arztes, ihr Interesse gilt der «Bettenbelegung» und Gewinnmaximierung. Der Arzt ist zum «notwendigen Übel» geworden, beliebig austauschbar. Ich zitiere dazu den Tübinger Theologen *Dietrich Rössler*: «Der Logik bloßer Naturwissenschaft folgend müsste jeder Arzt durch einen anderen umstandslos austauschbar sein, sofern nur die von der Wissenschaft vorgeschriebenen objektiven Verrichtungen jeweils korrekt ausgeführt werden. Das aber ist selbst in operativen Fächern, die möglicherweise diesem Ideal nahezukommen trachten, ganz ausgeschlossen. Der Arzt wird immer auch als Person wahrgenommen. Wenn er versucht, sich vor allem als Vertreter der Wissenschaft und objektiver Techniken zu verstehen und darzustellen, so wird auch das noch das Bild seiner Person bestimmen» (*Rössler, S. 182*) (78). Wenn dieser Sachverhalt für den gewöhnlichen Arzt gilt, um wie viel mehr muss das vom Arzt Jesus von Nazaret ausgesagt werden. Jesus ist begleitender Therapeut. *Begleitung* ist ein wesentliches Instrument in der «Vollorchestrierung» von allem Tun und Lassen an leidenden und kranken Mitmenschen. In dem von Jesus dirigierten Orchester sitzen Ärzte und Krankenschwestern und Hebammen. Wie sieht die Realität von heute aus? Woran erkennt man den christlichen Arzt? Der christliche Arzt ist bescheiden und demütig, weil er weiß, dass es zur Heilung Medikamente und Sakramente braucht. Er weiß, dass er durch sein heilendes Handeln dem Kranken nicht einen «By-Pass», einen Weg an der Krankheit und am Leiden *vorbei,* anbieten kann, wohl aber einen Weg durch Krankheit und Leiden *hindurch.* Das unterscheidet ihn vom Macher, vom ehrgeizigen Egomanen, der im Voraus erkennbare Risiken eingeht, welche ein umsichtiger Arzt in derselben Situation nicht eingehen würde. Der Sinnbegriff des Machers ist auf das rein Pragmatisch-Zweckgerichtete eingeengt. Schon durch sein Auftreten verschafft er sich Respekt und begründet sein Unwirken an betagten polymorbiden Kranken mit dem Schwierigkeitsgrad seines fragwürdigen Eingriffs. In der Palliation ist mit den Worten von *Paracelsus* «Barmherzigkeit der erste Schulmeister der Ärzte» und natürlich auch der Pflegenden (*Nager*) (66).

Ein Zeichen der Zeit: An die Stelle der vertrauten, gottesfürchtigen, liebenden und begleitenden Ordens- und *Krankenschwester* ist die Pflegefachfrau mit ihren eigenen Krankenvisiten getreten. Oft ist es täglich eine andere. Die Pflegefachfrau begleitet den Arzt auf seiner Krankenvisite nicht mehr bis zum Krankenbett, um *gemeinsam* heilend und hoffnunginduzierend vor den Kranken zu stehen. Die traditionelle Krankenschwester ist durch ein Pflegeteam abgelöst worden, das durch Rapporte außerhalb des Krankenzimmers eine Kontinuität der Behandlung anstrebt. Die Kranken sind von diesen Gesprächen ausgeschlossen und dadurch entmündigt. Im täglich wechselnden Pflegeteam vermissen die Patienten eine persönliche Bezugs-, Begleit- und Vertrauensperson, die umfassend ihre Biographie kennt und verständnisvoll am Krankheitsverlauf Anteil nimmt. Akademisierung der Pflege droht die Gottes- und Nächstenliebe zu verdrängen, kartesianische Pseudowissenschaft ist an die Stelle christlicher Handreichung getreten. Forderungen haben den Platz von Demut und Entsagung eingenommen, die bedeutsame Position des benediktischen «ora et labora» ist durch Selbstverwirklichung ins Wanken geraten, an die Stelle von Sinnfindung sind Wunscherfüllung und Machbarkeit getreten. Barmherzigkeit und Humanitas sind gefordert, dann Fachkompetenz. Das kann die Matura nicht garantieren.

Ein Zeichen der Zeit: Aus dem «Hôtel Dieu» von Beaune (1443) sind kopf- und schreibtischlastige Kliniken geworden, mit getrennten «Rapportoasen». Im mittelalterlichen Hospiz waren Pilger und Kranke *Gäste* (lat. hospes), in der modernen Klinik sind sie bezahlende Kunden. Niemand monierte, als in einem Spital die kleine Spitalkapelle einem Coiffeursalon weichen musste. Ausgrenzung der Liebe vom Krankenbett durch Expertentum, Management und Protokolle. Christliche Berufung zu dienender Nächstenliebe ist zu einem Job entartet. Ich habe ein düsteres und pauschalisierendes Bild gemalt. Die Beurteilung muss Betroffenen überlassen werden, denen, die krank waren und gelitten haben. «Leiden geht vorüber, gelitten haben nie» (*Léon Bloy*) (1846–1917).

Nur was angenommen ist, kann geheilt werden

Der *hl. Franz von Assisi* (1181–1226) hatte seine Leiden angenommen. Als er schwer krank und fast erblindet in San Damiano lag, verfasste er seinen Sonnengesang (1224/25), ein Hymnus auf die Schöpfung. Wir müssen bereit sein hinzuschauen, auch wenn es schmerzt. Kein Beinamputierter hat in Lourdes sein Bein zurückbekommen, aber es könnte sein, dass ihm Heil geschenkt wurde. «Wir dürfen dem Wahn des Machbaren nicht unreflektiert unterliegen. Welcher Geist steht hinter dem Machbaren? Der Mensch darf nicht alles, was er (denken) kann» (*Moser, S. 76f.*) (61). Es ist daher kein Wunder, wenn sich in der heutigen Situation immer mehr Forscher und Ärzte in die Stille zurückziehen und auf die Bibel zurückgreifen, um in der «Norma normans non normata» nach Antworten auf ihre Fragen und Anleitungen für ihr Handeln zu suchen, denn der Wunsch von denen, die in der Dunkelheit der Krankheit, des Leidens und des Sterbens heimisch sind, durch menschliches Tun Keime des Lichts und des Lebens aufleuchten zu lassen, wird nie aufhören, solange es Menschen gibt. In der Dunkelheit der Krankheit, des Leidens und des Sterbens kann uns im Glauben Heilung und Heil geschenkt werden. Aus dieser Einsicht heraus konnte der *hl. Patrick* († 461) sagen: «Was immer mir begegnet, Gutes wie Böses, ich muss es in Gleichmut annehmen und Gott immer danken, weil er mich gelehrt hat, ihm ohne Zweifel unbegrenzt zu glauben, und weil er mich erhört hat» (*Monastisches Lektionar I/I, 17. März, Hl. Patrick, Bischof, Glaubensbote*) (57).

Die kranken Brüder und Schwestern

Das Buch trägt den Untertitel «Krankheit und Heilung in der Bibel». Am Schluss angelangt möchte ich ihn ändern. Denn aus der wissenschaftlichen Analyse und Betrachtung ist allmählich – ganz langsam und beinahe unbemerkt – ein visionäres Berufs-Leitbild hervorgekeimt: «Medizin unter der Führung des Evangeliums». Das ist mehr, weil Erkenntnisgewinn dazu gekommen ist. Alles – auch Medizin und Arzttum – muss «sub specie regni Dei» betrachtet, untersucht, gedeutet und konkretisiert (praktiziert) werden, denn die Welt und der Mensch sind Schöpfungen Gottes und Ort seines Wirkens. Jesus Christus ist Symbol und Beispiel einer offenen egalitären Tisch- und Spitalgemeinschaft (Lk 14,21). Nimm dieses Bild in dein Herz: Ein Sonntagmorgen im 15. Jahrhundert im Armensaal des Hôtel-Dieu von Beaune. Pflege und Begleitung, Gemeinschaft, Medikamente und Sakramente, Heilung und Heil. «Im Kranken Christus sehen», wie es in der Benediktsregel heißt (*RGB – Regula Benedicti – 36*). – Das ist das «Gesetz», unter dem der Arzt und die Pflegenden dienen sollen: Nachfolge (*RGB 58,10*) (76). Was im 15. Jahrhundert möglich war, muss doch auch heute möglich sein, angereichert durch die Segnungen der modernen Medizin. Wir dürfen uns in der Hektik des Alltags in den modernen Kliniken – mit ihrem großen Schatz echten Fortschritts – von diesem (Leit-)Bild nur nicht ablenken lassen. (Der Idealisierung bin ich mir bewusst.)

Ich sagte einiges über Frauenheilungen. Vergessen wir nicht: Es war eine Frau, die im Haus Simons des Aussätzigen Jesus mit kostbarem Nardenöl salbte, worüber einige sehr aufgebracht waren (Mk 14,13), und Frauen werden schließlich, als die einzig verbliebenen Getreuen, aus der Ferne die Zeuginnen seines Leidens sein. Es sind jene Frauen, «die ihm schon in Galiläa gefolgt waren und ihm gedient hatten, und noch viele andere Frauen, die mit ihm nach Jerusalem hinaufgezogen waren», wovon als Erste namentlich Maria Magdalena genannt wird (Mk 15,40–41). Die Heilung des blinden Bartimäus (Mk 10,52) darf als ein Bild dessen gesehen werden, was Jesus an denen tut, die sich vertrauensvoll, glaubend an ihn wenden.

Wem der Herr in übertragenem Sinn die Augen öffnet, der ist bereit, Jesus auf seinem Weg zu folgen.

Der Arzt Jesus hat in allen Situationen die körperlichen, seelischen, sozialen und geistigen Phänomene, die Krankheit und Leiden darstellen, in ihrer Gesamtheit, ihrer Ganzheitlichkeit und in ihren Wechselwirkungen begriffen und beurteilt, in einem umfassenden Seinsurteil und Werturteil. Darin liegt ein Geheimnis seines Erfolges (vgl. *Engelhardt, S. 13*) (18). Die Beschäftigung mit diesem Thema hat mich dem Gott Jesu, dem Gott der «annehmenden Liebe» nähergebracht und mich im Gefühl bestärkt: Aus je größerer Nähe einer Gott kennt, umso besser versteht er die menschliche Kreatur. Und die Beschäftigung mit dem Thema ließ mich mit großer Deutlichkeit erkennen, dass Matthäus 25,40–45 auch für Ärzte absolutes Kriterium ist. Doch bleiben auch offene Fragen: Was hindert mich dann noch daran, mit der Bibel und dem Skalpell in der Hand auf das Spitalschiff «Anastasis» zu gehen? Bedenken, Bequemlichkeit, Wohlstand, die Familie, das Alter? Und noch etwas: Wie spreche ich in einer Welt des Leidens von Gott, so dass es nicht zynisch ist? Es darf keine Rechtfertigung des Leidens geben.

Sehen ist gläubiges Erkennen und Begreifen (Mk 8,22–25; Joh 9). In dem Blinden (Lk 18,35–43) wie in dem Kind (Lk 18,17) habe ich mich selbst wiedererkannt. Die Arbeit hat meine eigene Blindheit geheilt, durch die mir bisher die vielfältige Sicht der biblischen Zeugnisse verwehrt war. Während des Schreibens wurden meine eigenen Augen geöffnet und weit-sichtiger gemacht für die vielschichtigen Aspekte der Heilungen Jesu. Darüber hinaus weckte die Arbeit in mir das Verständnis für das Alte Testament, wo der Hintergrund der exemplarischen neutestamentlichen Texte angesiedelt ist. Und schließlich wurde mir durch die Beschäftigung mit dem Thema ein besseres (neues) Verständnis für das «Gesetz des Lebens», die Tora, geschenkt. Darüber freue ich mich, denn ich bin dem etwas nähergekommen, was die alten Philosophen Glück genannt haben.

Handreichung zum interdisziplinären Dialog

«In Hinsicht auf die Heilkunde ist zu sagen, dass verehrende und betende Hände auch heilende – heilbringende – Hände sind. Darin unterscheidet sich ein Mediziner von einem Arzt: Ein Arzt hat heilende Hände.»
Max Thürkauf (1925–1993)
(Christuswärts, S. 76) (90).

Welches sind «die Zeichen der Zeit» in unserem so viel gelobten und so stark kritisierten Gesundheits(un)wesen. Der Politiker sagt: «Krankes Gesundheitswesen». Der Dichter deutet: «Unserer Krankheit schwer Geheimnis schwankt zwischen Übereilung und zwischen Versäumnis» (*Goethe*). Das Spannungsfeld moderner Medizin ist daran erkennbar, dass Größe und Gefährdung, Gesinnung und Haltung aufeinanderprallen. Heute ist dieses Spannungsfeld zu einer Zerreißprobe geworden. Und auch Ansporn zu ethischer Reflexion. Eine Gratwanderung» (*Moser*) (63).

Moderne Medizin lässt in manchen Disziplinen salutogene Heilungskonzepte vermissen, die nur aus interdisziplinären Quellen geschöpft werden können. Die moderne technisierte Medizin ist auf den engen interdisziplinären Dialog mit den Geisteswissenschaften, der philosophischen Wissenschaft, der Theologie und der Ethik angewiesen. Nur so wird es den Verantwortlichen in unseren Kliniken und in den Forschungslaboratorien gelingen, das Gleichgewicht zwischen Agape, Technik und Fortschritt wieder herzustellen. Das «Verfalldatum» von dem, was man gelernt hat, hat sich beschleunigt. Das, was *Hans-Joachim Störig* von der Philosophie sagt, «dass die Philosophie heute, wenn sie zu Ergebnissen kommen will, auf enge Zusammenarbeit mit den empirischen Wissenschaften angewiesen ist», gilt im übertragenen Sinn mindestens ebenso für die Medizin und die Naturwissenschaften (*Störig, S. 841*) (84).

Theologie nimmt auch heute neuere Einsichten über den Menschen von anderen Wissenschaften (Medizin, Biologie) auf und integriert sie theologisch. Und so muss heute auch Medizin dazu bereit sein, neue Einsichten über den Menschen von anderen Wissenschaften, insbesondere den Geisteswissenschaften (Theologie, Philosophie, Ethik, Soziologie, Politik), aufzunehmen und diese medizinisch zu integrieren. «Interdisziplinär» ist ein Schlagwort geworden. Doch manchmal habe ich den Eindruck, dass bei der Suche nach interdisziplinärer Zusammenarbeit unnötige Widerstände aufgebaut werden gegen das, was weiterhelfen könnte. Die Wichtigkeit der Erweiterung unseres irdischen Gesichtsfeldes (Horizont) durch interdisziplinäre Bildung kann nicht genug betont werden. Die Medizin steht auch heute noch zwischen den Natur- und Geisteswissenschaften.

Weshalb ist die interdisziplinäre Handreichung so schwierig? Ist es Angst oder sind es Vor-Urteile, welche eine neue (andere) Fokussierung unserer Augen auf gemeinsame und damit ganzheitliche(re) Sicht-Weisen der Dinge ermöglichen könnten? Unser Denken muss interdisziplinär, transdisziplinär sein, auf Syndrome ausgerichtet. Jesus Christus hat gesellschaftlich-kulturell-religiöse Syndrome aufgezeigt. Sie treten immer und überall wieder auf. Sie zu «bekämpfen» und den Betroffenen Wege zur Heilung aufzuzeigen ist die dankbare Aufgabe des Arztes.

«Wie arm sind die Menschen, für die es nur Begreifliches gibt.»
Jeremias Gotthelf (1797–1854)

Medicus curat – Deus sanat

«Herr, ich bin nicht würdig,
dass du eingehst unter mein Dach,
aber sprich nur ein Wort,
so wird meine Seele gesund.»
Einladung zur Kommunion

Als Jesus das Haus des Hauptmanns von Kafarnaum betreten wollte, um seinen gelähmten Diener, der große Schmerzen hatte, zu heilen, sagte der römische Hauptmann zu Jesus: «Herr, ich bin es nicht wert, dass du mein Haus betrittst; sprich nur ein Wort, dann wird mein Diener gesund» (Mt 8,8). Das Leben kann nicht in eine Formel gepresst werden. Nochmals: Körperliche Leiden und Schmerz lassen sich so wenig objektiv messen wie psychische. Das Leben muss erlebt und erlitten werden. Die Substanz des Lebens besteht aus Freude und Leid, aus Arbeit und Gebet. «Leiden ist nicht ein theoretisches Problem, das es zu verstehen gilt. Leid kann nie verstanden werden»

(*Bühlmann, S. 70*) (11). «Verwunden und Verwundetsein sind jenes Dunkel, das zum Aufleuchten als Heilwerden gehört, das den ärztlichen Beruf erst möglich, ja zu einer der logischen und organischen Notwendigkeiten der menschlichen Existenz macht» (*Klaesi, S. 22*) (48). Verzweiflung liegt hinter dem Handeln des Arztes, das nicht das Gewollte bewirkt hat. Der «verwundete Arzt» gilt gerade deshalb als besonders einfühlsam und verständnisvoll. Der christliche Arzt gibt Gott Raum im Alltag; er betet, bevor er handelt, um Gott und Gegenwart zusammen vereint zu sehen und in ihrem Miteinander wahrzunehmen. Gebet, Besinnung und Orientierung haben im Tagesablauf einen festen Platz. Er wohnt bei sich selbst – im Angesicht Gottes. Das benediktinische «Ora et labora» möge in einer globalisierenden Welt Richtschnur sein.

Christo in pauperibus
(Inschrift über dem Haupteingang des Burgerspitals Bern)

Bei meinem spirituellen Suchen nach dem *Leben* wurde mir erst so recht bewusst, wie vielfältig sich Ärzte und Ärztinnen, Pflegende, Priester und Seelsorger für das Heil der Menschen einsetzen, «damit in allem Gott verherrlicht werde» (*RB 57,9*) (76). Bei diesem Suchen bin ich öfter vom Dauernden zum Zeitlichen geraten, hoffend, dass die Betrachtung des Zeitlichen hilft, das besser zu sehen, was der Dauer wert ist: Zweitausend Jahre nach Christus Arzt zu sein, um heute und jetzt kleine Wunder zu vollbringen. Arzt zu sein für Christus, der uns in den armen Menschen begegnet. Jesus Christus, lass uns Boten und Zeugen sein für ein Leben in Fülle, in Gemeinschaft mit dir.

Der Leser darf mir entgegenhalten, dass ich vom Arzt ein Idealbild entworfen habe, dem ich selbst nicht gerecht zu werden vermöge. Das mag zutreffen. Aber die Ärzte sollten dieses in Jesus Christus grundgelegte Berufsbild – das Leitbild der Berufung – täglich neu reflektieren und anstreben und durch Ausstrahlung dieses berufliche Ideal fördern. Wir gehen viel zu oft zu Konkursiten des Glaubens in die Schule, die uns daran hindern wollen, auch im Nebel das Leben zu sehen und zu bejahen.

Der Arzt sollte sich und seine Arbeit wieder vermehrt in den Dienst Gottes hineinstellen und das entwickeln, was von Gott in ihn gelegt ist; eine globale Berufsgemeinschaft bilden, in der jeder Arzt weiß, was der Wille Gottes ist, und wo dieser als «Standesregel»

(Gesetz) gilt. Das, worum es geht, die Nächstenliebe (Lev 19,18), ist von Gott in uns eingepflanzt. Der christliche Arzt kennt wie Jeremia (Jer 20,7–18) Verzweiflung; er weiß, was Gottverlassenheit ist; er versteht den Schrei Jesu am Kreuz (Mt 27,46). Da wo die Heilbarkeit der Krankheit aufhört und er die von Hygieia, Panakeia und Chiros geliehenen Waffen zurückgeben muss, beginnt sein höchstes Wirken: barmherziges, begleitendes Ausharren beim Leidenden, nicht ratloser Rückzug. Damit der Kranke und Sterbende nicht friert, wird er ihm seinen *Mantel* umlegen (lat. pallium). Daher der Name Palliation, Palliativmedizin. Etymologie erschließt uns kulturelle Vorgänge der Wortbildung. «Quid ut Deus» (Inschrift über der Uhr im Chor des Klosters Engelberg).

Medizin ist Wissenschaft und Kunst. Heilung und Heil kann nur auf dem Fundament des Glaubens geschehen. Es ist unsere Aufgabe, das Hoch-Ethos Jesu unter den endlichen Bedingungen der Welt in die Tat umzusetzen. Medizin ist ein lebenslanger Weg der Handreichung. Kranke heilen beschränkt sich nicht auf eine medizinische Diagnose und Therapie, sondern beinhaltet auch religiöse Betreuung (Mit-Behandlung). Elija galt in der jüdischen Tradition als Nothelfer. Der Kranke braucht sämtliche Wohltaten der modernen Medizin und alle himmlischen Helfer! Dem Arzt müssen Medikamente und eine optimale medizintechnische Ausrüstung zur Verfügung stehen sowie entsprechend gut ausgebildetes Personal. Doch ein Höchstmaß an Medizintechnologie allein garantiert noch nicht optimale menschliche Hilfe. Die Nachtkerze (Oenothera) kann kein ungeimpftes Kind, das bei Diphtherie-Krupp an Atemnot leidet, vor dem Erstickungstod retten. Hier helfen nur moderne Medikamente und/oder die Nottracheotomie.

Der Kranke braucht Medikamente und Sakramente, die Heilszeichen, in denen Gott etwas bewirkt. Im Jakobusbrief heißt es: «Ist einer von euch krank? Dann rufe er die Ältesten der Gemeinde zu sich; sie sollen Gebete über ihn sprechen und ihn im Namen des Herrn mit Öl salben» (Jak 5,14–15). Gebete und *Krankensalbung* sind Zeichen des Heils für den ganzen Menschen, für Leib und Seele. Die moderne naturwissenschaftliche Medizin hat die Krankensalbung nicht «verdrängt»; sie kann auch Lourdes nicht «ersetzen», sowenig wie umgekehrt.

Nur was angenommen ist, kann erlöst werden. Der Kranke braucht ein «Gegenüber» – ein Du –, das ihn begleitet. Ärzte, Pflegende und

Berechte / Füllers

Ich suchte Christus,
den Arzt

Angehörige sollen den Kranken – nach dem Vorbild des Arztes Jesus Christus – in seiner Ganzheit ernst nehmen, in seiner Einheit von Leib und Seele, und ihm die Erfahrung menschlicher Nähe und Geborgenheit schenken. Hilfe zur Bewältigung der Krankheit schließt immer die menschliche Hilfe ein, aber sie erschöpft sich nicht darin. Begleitung, Berührung und Dialog sind wesentliche Elemente der Heilungen Jesu. *Origines* kannte das «Therapiekonzept» Jesu, wenn er vom Arzt nicht nur Mitleid fordert, sondern körperlich-seelisches Mitleiden, das jede Empathie weit überschreitet: «infirmari cum infirmante, flere cum flente» – mit dem Kranken erkranken, mit dem Weinenden weinen. Nur das, was ich vor Gott nicht verberge, kann geheilt werden. Ich suchte Christus, der mich in das ewige Evangelium einweihen sollte, und fand ihn in einem recht bunten Kleide. Das Evangelium ist ein Geschenk, das sich durch das Weitergeben vermehrt. Das Vaterunser ist die Kurzformel des ganzen Evangeliums. Das Gebet verbindet mich mit Gott, der es möglich macht, in seiner Liebe auch den Kranken zu begegnen und in ihnen Christus zu sehen. Heilung und Heil ist der gemeinsame Nenner von salus und voluntas. «Der lehrende Jesus ist zugleich der heilende Jesus» (*Benedikt XVI.*) (74). Jesus Christus, der Arzt, ist «der Weg und die Wahrheit und das Leben» (Joh 14,6).

«Willst du gesund werden?»
Joh 5,6

Verwendete Quellen

1 *Ackerknecht, Erwin H.*: Das Reich des Asklepios – The World of Asklepios. Verlag Hans Huber, Bern und Stuttgart 1963.

2 *Altermatt, Alberich M., Schnitker, Thaddäus A.*: Der Sonntag. Anspruch – Wirklichkeit – Gestalt. Festschrift für Jakob Baumgartner. Echter Verlag, Würzburg; Universitätsverlag, Freiburg/Schweiz 1986.

3 *Bartels, Klaus*: Zeit zum Nichtstun. Streiflichter aus der Antike. Ferdinand Schöningh, Paderborn München, Wien, Zürich 1989.

4 *Bartels, Klaus*: Veni vidi vici. Geflügelte Worte aus dem Griechischen und Lateinischen. Wissenschaftliche Buchgesellschaft, Darmstadt 1992.

5 *Bartels, Klaus*: Die neue schweizerische Maturität. Manuskript. Persönliche Mitteilung.

6 *Bärner Chronik*. Berner Festzug 1953. Dreissig Kunstblätter von Friedrich Traffelet. Kümmerli & Frey, Bern.

7 *Bibel*: Neue Jerusalemer Bibel, Einheitsübersetzung, mit dem Kommentar der Jerusalemer Bibel (Bible de Jérusalem). Verlag Herder Freiburg-Basel-Wien, 1985 (Im Text verwendete Abkürzung: BJ).

8 *Biblia Sacra Vulgata*: Biblia Sacra Iuxta Vulgatam Versionem. Deutsche Bibelgesellschaft, Stuttgart 1994.

9 *Bitterli, Dieter*: Der Bilderhimmel von Hergiswald. Der barocke Emblemzyklus der Wallfahrtskirche Unserer Lieben Frau in Hergiswald bei Luzern, seine Quellen, sein mariologisches Programm und seine Bedeutung. Wiese Verlag, Basel 1999.

10 *Brosi, Urs*: Kirchenrecht. Skriptum für den Studiengang Theologie (TKL). Theologiekurse.ch, Zürich, 2005.

11 *Bühlmann, Walter*: Warum gerade ich? Biblische Meditationen eines Krebskranken. 2. Auflage. Rex Verlag, Luzern 2003.

12 *Carrel, Thierry*: Besuch in Hauterive. In: Leben im Kloster Hauterive. Fotos: Paul Joos. Paulusverlag, Freiburg Schweiz 2006.

13 *Charcot, Jean-Martin*: La Foi qui guérit. Erstveröffentlichung 1892. Zitiert nach: *Charcot, Jean-Martin; Paul Richer:* Les démoniaques dans l'art. Paris 1984, S. 111–123.

14 *Dondelinger, Patrick*: Kann der Glaube heilen? In: *Stulz, Peter (Hrsg.)*: Theologie und Medizin. Ein interdisziplinärer Dialog über Schmerz und Leiden, Heil und Heilung, S. 117ff. Chronos Verlag, Zürich 2004.

15 *dtv-Lexikon*: Erarbeitet nach den Unterlagen von F.A. Brockhaus, in 20 Bänden. Band 20 Wel–Zz. Deutscher Taschenbuch Verlag, München 1999.

16 *Eigenmann, Urs*: Praktische Theologie. Skriptum zur Vorlesung. Herausgeberin: Theologie für Laien TKL, Zürich 2003.
17 *Eigenmann, Urs*: «Das Reich Gottes und seine Gerechtigkeit für die Erde». Die andere Vision vom Leben. Edition Exodus, Luzern 1998.
18 *Engelhardt, Dietrich von*: Schmerz und Leiden im Dialog von Natur und Kultur. In: *Stulz, Peter (Hrsg.)*: Theologie und Medizin. Ein interdisziplinärer Dialog über Schmerz und Leiden, Heil und Heilung. Chronos Verlag, Zürich 2004.
19 *Engelhardt, Dietrich von*: Aufklärung in der Medizin zwischen diagnostischer Information und Wahrheit am Krankenbett. Ansprache am Medizinischen Fakultätentag in der Hansestadt Lübeck 2009. *www.mft-online.de/buch2/pdf/ansprache_vonengelhardt.pdf.*
20 *Escher, Franz*: Vom Sinnvollen in der Medizin. IX. Kumpfmühler Symposium vom 19. bis 22. Juni 1986. Schirmherrin Frau Dr. med. Veronica Carstens zum Thema: Vom Arztsein in unserer kranken Zeit. Veranstaltet von Max Josef Zilch, dem Begründer des Kumpfmühler Collegiums für Ärztliche Bildung im historischen Dollingersaal des Alten Rathauses zu Regensburg. Walhalla und Praetoria-Verlag, Regensburg.
21 *Evangelien-Synopse*: Neue Luther Evangelien-Synopse. Hrsg.: Carl Heinz Peisker. Oncken Verlag, Wuppertal und Kassel 1995.
22 *Friedli, Peter*: Der Hausarzt als begleitender Therapeut. Referat, gehalten anlässlich des 13. Int. Balint-Treffens 1985. Schweizerische Ärztezeitung / Bulletin des médecins suisses Band 66, 1985, Heft 28, Seiten 1289–1291. 10.7.85. Verlag Huber, Bern, Stuttgart, Wien 1985.
23 *Galling, Kurt (Hrsg.)*: Die Religion in Geschichte und Gegenwart. Handwörterbuch für Theologie und Religionswissenschaft. In Gemeinschaft mit Hans Frhr. von Campenhausen, Erich Dinkler, Gerhard Gloege und Knut E. Løgstrup hrsg. von Kurt Galling. Dritte, völlig neu bearbeitete Auflage. Ungekürzte Studienausgabe in 7 Bänden. UTB für Wissenschaft: Große Reihe. Dritter Band. C.B. Mohr (Paul Siebeck), Tübingen 1986.
24 *Gasser, Albert*: Kirchengeschichte. Skriptum zur Vorlesung. Herausgeberin: Theologie für Laien TKL, Zürich 2004.
25 *Gebser, Jean; Houtermans, Friedrich; Lüthy, Herbert; Marti, Hans; Portmann, Adolf*: Wege zur neuen Wirklichkeit. Verlag Hallwag, Bern 1960. Die Vortragsreihe «Wege zur neuen Wirklichkeit» wurde von der Ortsgruppe Bern der Neuen Helvetischen Gesellschaft, unter der Leitung ihres Präsidenten, Herrn Peter Käser, veranstaltet und im April und Mai 1960 in Bern unter Mitwirkung des Studios Bern des Schweizerischen Landessenders Beromünster durchgeführt.
26 *Gloege, G.*: Zitiert in: *Gubler Marie-Louise*: Im Haus der Pilgerschaft. Zugänge zu biblischen Texten. Seite 62, Universitätsverlag, Freiburg Schweiz 1999.
27 *Gogl, Anna*: Die Linderung von Leiden als originäre Aufgabe der Pflege. In: *Stulz, Peter (Hrsg.)*: Theologie und Medizin. Ein interdisziplinärer Dialog über Schmerz und Leiden, Heil und Heilung. Chronos Verlag, Zürich 2004.

28 *Goldmann, Hans*: Vom Geist der Medizin. Rektoratsrede. Berner Rektoratsreden. Verlag Paul Haupt, Bern 1965.
29 *Goldschmidt, Lazarus*: Babylonischer Talmud, Bd. 12, Berlin 1967, Nidda II, 1,3 (14ab); ebd. 383ff.
30 *Greshake, Gisbert*: Warum lässt uns Gottes Liebe leiden? Verlag Herder, Freiburg im Breisgau 2007.
31 *Grünenfelder, Regula; Bieberstein, Sabine; Hecking, Detlef*: Neues Testament 1. Skriptum zur Vorlesung. Herausgeberin: Theologie für Laien TKL, Zürich 2003.
32 *Guardini, Romano*: Welt und Person, Würzburg, 1950, S. 87. [Zit in: *Noti, Odilo; Senn, Felix*: TKL (Hrsg.): Dogmatik 1: Skriptum zur Vorlesung, S. 12. Herausgeberin: Theologie für Laien TKL, Zürich 2003].
33 *Gubler, Marie-Louise*: Wer wälzt uns den Stein vom Grab? Die Botschaft von Jesu Auferweckung. Matthias-Grünewald-Verlag, Mainz 1996.
34 *Gubler, Marie-Louise*: Im Haus der Pilgerschaft. Zugänge zu biblischen Texten. Universitätsverlag, Freiburg Schweiz 1999.
35 *Gubler, Marie-Louise*: Neues Testament 1, TKL Vorlesungskurs Zürich, Sommersemester 2003. Eigene Vorlesungsnotizen.
36 *Haller, Albrecht von*: Ernennungsbrief zum Mitglied der Königlichen Akademie der Wissenschaften in Uppsala, 1733. Zit. bei *Hintzsche, E.*: Gesnerus 16, 1, 1959.
37 *Hascoët, Didier*: L'aventure de la foi. Edition Sarment-Fayard, Toulon 1999.
38 *Hintzsche, Erich*: Albrecht von Hallers Ernennungsbrief zum Mitglied der Königlichen Akademie der Wissenschaften in Uppsala, 1733. Gesnerus 16, 1, 1959.
39 *Hinkelammert, Franz J.*: Der Schrei des Subjekts. Vom Welttheater des Johannesevangeliums zu den Hundejahren der Globalisierung. Edition Exodus, Luzern 2001.
40 *Kafka, Franz*: Zit in: Messbuch 2004: Lesejahr C, Seite 159. Einführungen von Hildegard Nies. Verlag Butzon & Bercker, Kevelaer 2003.
41 *Kant, Immanuel*: Kritik der reinen Vernunft. Nach der ersten und zweiten Originalausgabe hrsg. von Jens Timmermann. Mit einer Bibliographie von Heiner Klemme. Philosophische Bibliothek PhB 505. Meiner, Hamburg 1998.
42 *Katechismus der Katholischen Kirche*: Oldenbourg, München Wien / Benno, Leipzig / Paulus, Freiburg Schweiz / Veritas, Linz 1993.
43 *Katechismus der Katholischen Kirche. Kompendium*: Deutsche Bischofskonferenz, Bonn 2005. Libreria Editrice Vaticana, Città del Vaticano 2005. Pattloch Verlag, München 2005.
44 *Keller, Rosemarie*: Tausend Brunnen. Engelberger Benediktiner in Kamerun. Verlag Victor Hotz, Steinhausen 2006.
45 *Kertelge, Karl*: Markusevangelium. Die Neue Echter Bibel: Kommentar zum Neuen Testament mit der Einheitsübersetzung, hrsg. von Joachim Gnilka und Rudolf Schnackenburg, Band 2. Echter Verlag, Würzburg 2000.

46 *Kirchschläger, Walter*: Die Anfänge der Kirche. Eine biblische Rückbesinnung. Verlag Styria, Graz 1990.
47 *Kirchschläger, Walter*: «Dein Glaube hat dich geheilt» – Wege zum Heil aus biblischer Sicht. In: *Stulz, Peter (Hrsg.)*: Theologie und Medizin. Ein interdisziplinärer Dialog über Schmerz und Leiden, Heil und Heilung. Chronos Verlag, Zürich 2004.
48 *Klaesi, Jakob*: Der unheilbar Kranke und seine Behandlung. Rektoratsrede. Berner Rektoratsreden. Verlag Paul Haupt, Bern 1950.
49 *Kommentar der Jerusalemer Bibel*: Neue Jerusalemer Bibel, Einheitsübersetzung, mit dem Kommentar der Jerusalemer Bibel. Sechste Auflage. Verlag Herder, Freiburg-Basel-Wien 1985.
50 *Konkordanz*: Konkordanz zur Einheitsübersetzung der Bibel. Erarbeitet von *Franz Joseph Schierse*. Patmos Verlag, Düsseldorf 1985; Verlag Katholisches Bibelwerk, Stuttgart 1992.
51 *Kremer, Jacob*: Lukasevangelium. Die Neue Echter Bibel: Kommentar zum Neuen Testament mit der Einheitsübersetzung, hrsg. von Joachim Gnilka und Rudolf Schnackenburg, Band 3. Echter Verlag, Würzburg 2000.
52 *Marti, Kurt*: Leichenreden. Deutscher Taschenbuchverlag dtv, München 1996.
53 *Meier, Abt Dominicus M.*: Siehe das Gesetz, unter dem du dienen willst. Benedikt und Recht. In: *Wolf, Abtprimas Notker (Hrsg.)*: Die Botschaft Benedikts. Die Weisheit seiner Äbte und Äbtissinnen. Vier-Türme-Verlag, Münsterschwarzach 2008.
54 *Melters, Karl-Heinz, Toni Görtz, Ingelore Haepp*: Danke Mutter Teresa. Zur Erinnerung an die Frau, die unserem Jahrhundert die Liebe zurückgegeben hat. Pattloch Verlag, Augsburg 1995.
55 *Messbuch 2004*: Lesejahr C. Einführungen von Hildegard Nies. Verlag Butzon & Bercker, Kevelaer 2003.
56 *Meves, Christa*: Aufbruch zu einer christlichen Kulturrevolution. Christiana-Verlag, Stein am Rhein ^{2}2007.
57 *Monastisches Lektionar*: Die Feier des Stundengebetes. Für die Benediktiner des deutschen Sprachgebietes. Authentische Ausgabe für den liturgischen Gebrauch. Erster Band / Erster Teilband. Advent bis Pfingsten. EOS Verlag, St. Ottilien 1981.
58 *Monastisches Lektionar*: Die Feier des Stundengebetes. Für die Benediktiner des deutschen Sprachgebietes. Authentische Ausgabe für den liturgischen Gebrauch. Erster Band / Zweiter Teilband. Pfingsten bis Advent. EOS Verlag, St. Ottilien 1981.
59 *Moser, Roland*: 75 Jahre Rotkreuzstiftung für Krankenpflege Lindenhof Bern. Festvortrag, gehalten an der Stiftungsfeier vom 6. Mai 1983. Schweizerische Ärztezeitung 38 (1983) 1–4. Editiones Medicorum Helveticorum EMH / Schweizerischer Ärzteverlag.
60 *Moser, Roland*: Vom Kerzenlicht zur Endoskopie. «Renovatio». Zeitschrift für das interdisziplinäre Gespräch. Heft 2, 52. Jahrgang, Juni 1996. Herausgeber: Katholischer Akademikerverband Deutschlands (KAVD). Verlag Ernst Knoth, Melle 1996.

61 *Moser, Roland*: Lux et Lumen – Vom Licht der Medizin. Viktoria-Verlag, Konolfingen 2001.
62 *Moser, Roland*: Wasser. Jahrring 2007 von RubMedia (Rub Graf-Lehmann AG Bern). Der Jahrring 2007 erschien als unverkäuflicher Privatdruck für Freunde, Kundinnen und Partner der Rub Graf-Lehmann AG und des Autors.
63 *Moser, Roland*: «Medizin ist Kunst und Wissenschaft.» Leserbrief. Erschienen am Samstag, 25. April 2009 in der Tageszeitung «Der Bund», 160. Jahrgang Nr. 95, Seite 49.
64 *Moser, Roland*: «Schulmedizin: ein pejorativer Name.» Leserbrief zur Klärung des Begriffes «Schulmedizin» im Vorfeld der Volksabstimmung vom 17. Mai 2009. Aus Liebe zur Sprache und zur Schulmedizin. Erschienen unter dem Titel «Klärung eines Begriffs» am Freitag, 1. Mai 2009 in der Tageszeitung «BZ», S. 39.
65 *Munier, Charles*: Ehe und Ehelosigkeit in der Alten Kirche (1.–3. Jahrhundert). Aus dem Französischen ins Deutsche übertragen von Annemarie Spoerri. Verlag Peter Lang, Bern 1987. *Epistula ad Diognetum* V, Nr. 6–8, Nr. 59, S. 90.
66 *Nager, Frank*: Das Arztbild des Paracelsus – und wir heute. In: Schweizerische Rundschau für Medizin Praxis 82 (1993), S. 1485.
67 *Nager, Frank*: Wissen und Weisheit. Zur Eröffnung des Wintersemesters 2000/2001 der Senioren-Universität Luzern. Herausgegeben von der Senioren-Universität Luzern.
68 *Nager, Frank*: Mythos Gesundheit. Vom Wandel eines geheimnisvollen Begriffs. Vortragsreihe «panta rhei» der Hans Erni-Stiftung. Band 28. Verlag Hans Erni-Stiftung, Luzern 2006.
69 *Nager, Frank*: Von der Vielfalt des Heilens – aus der Sicht des Arztes. In: *Stulz, Peter (Hrsg.)*: Theologie und Medizin. Ein interdisziplinärer Dialog über Schmerz und Leiden, Heil und Heilung. Chronos Verlag, Zürich 2004.
70 *Noti, Odilo; Senn Felix*: TKL (Hrsg.): Dogmatik 1: Skriptum zur Vorlesung. Herausgeberin: Theologie für Laien TKL, Zürich 2003.
71 *Nouwen, Henri J.M.*: Nimm sein Bild in dein Herz. Geistliche Deutung eines Bildes von Rembrandt. Titel der amerikanischen Originalausgabe: Canvas of Love. Reflexions on a Rembrandt, Toronto, 1991. Verlag Herder, Freiburg im Breisgau 1991.
72 *Picinelli, Filippo*: Mondo simbolico formato d'imprese scelte, spiegate, ed' illustrate con sentenze, ed eruditioni, Sacre e Profane; in questra impressione da mille, e mille parti ampliato. Mailand 1669.
73 *Rahner, Karl; Vorgrimler, Herbert*: Kleines Konzilskompendium. Sämtliche Texte des Zweiten Vatikanums. Herderbücherei. Verlag Herder, Freiburg im Breisgau 1966.
74 *Ratzinger, Joseph;* Papst Benedikt XVI.: Jesus von Nazareth. Band 1. Verlag Herder, Freiburg im Breisgau 2007, S. 94.
75 *Ravasi, Gianfranco*: Hiob. Der Mensch im Leid. Verlag Neue Stadt, München, Zürich, Wien 2005.

76 *Regula Benedicti*: Die Benediktus-Regel. Lateinisch/Deutsch. Herausgegeben im Auftrag der Salzburger Äbtekonferenz. Beuroner Kunstverlag, Beuron 1992.
77 *Rengstorf, Karl Heinrich*: Die Anfänge der Auseinandersetzung zwischen Christusglaube und Asklepios-Frömmigkeit, Münster 1953, S. 16. (Zit. in: *Schwank, Benedikt*: Evangelium nach Johannes. Erläutert für die Praxis von Benedikt Schwank OSB. 2. verbesserte und erweiterte Auflage. EOS Verlag Erzabtei Beuron, St. Ottilien 1998, S. 176).
78 *Rössler, Dietrich*: Der Arzt zwischen Naturwissenschaft und Metaphysik. In: *Stulz, Peter (Hrsg.)*: Theologie und Medizin. Ein interdisziplinärer Dialog über Schmerz und Leiden, Heil und Heilung. Chronos Verlag, Zürich 2004.
79 *Schnackenburg, Rudolf*: Matthäusevangelium 1,1–16,20. Die Neue Echter Bibel: Kommentar zum Neuen Testament mit der Einheitsübersetzung, hrsg. von Joachim Gnilka und Rudolf Schnackenburg, Band 1/1. Echter Verlag, Würzburg 2000.
80 *Schnackenburg, Rudolf*: Matthäusevangelium 16,21–28,20. Die Neue Echter Bibel: Kommentar zum Neuen Testament mit der Einheitsübersetzung, hrsg. von Joachim Gnilka und Rudolf Schnackenburg, Band 1/1. Echter Verlag, Würzburg 2000.
81 *Schnelle, Udo*: Einleitung in das Neue Testament. 4. Auflage. Vandenhoeck & Ruprecht, Göttingen 2002. UTB für Wissenschaft, Uni-Taschenbücher, Nr. 1830.
82 *Schroer, Silvia; Staubli, Thomas*: Die Körpersymbolik der Bibel. Wissenschaftliche Buchgesellschaft, Darmstadt 1998.
83 *Schwank, Benedikt*: Evangelium nach Johannes. Erläutert für die Praxis von Benedikt Schwank OSB. 2. verbesserte und erweiterte Auflage. EOS Verlag Erzabtei Beuron, St. Ottilien 1998.
84 *Störig, Hans Joachim*: Kleine Weltgeschichte der Philosophie. Fischer Taschenbuch 14432. S. Fischer Verlag, Frankfurt am Main 2002.
85 *Strack, Hermann Leberecht*: Einleitung in Talmud und Midrasch, Verlag C.H. Beck, München 1976, S. 63.
86 *Studer, Basil*: Mysterium Caritatis. Studien zur Exegese und zur Trinitätslehre in der Alten Kirche. Studia Anselmiana Band 127, Rom 1999.
87 *Stulz, Peter (Hrsg.)*: Theologie und Medizin. Ein interdisziplinärer Dialog über Schmerz und Leiden, Heil und Heilung. Chronos Verlag, Zürich 2004.
88 *Stuttgarter Altes Testament*: Einheitsübersetzung mit Kommentar und Lexikon. Herausgegeben von *Erich Zenger*. Verlag Katholisches Bibelwerk, Stuttgart 2005.
89 *Theissen, Gerd; Merz, Annette*: Der historische Jesus. Ein Lehrbuch. Vandenhoeck & Ruprecht, Göttingen 2001.
90 *Thürkauf, Max; Adolf Portmann*: Die Gottesanbeterin : Zwei Naturwissenschaftler auf der Suche nach Gott. Christiana-Verlag, Stein am Rhein 1984.

91 *Thürkauf, Max*: Christuswärts. Glaubenshilfe gegen den naturwissenschaftlichen Atheismus. Christiana-Verlag, Stein am Rhein 2000.
92 *Thürkauf, Max*: Wissen ist noch lange nicht Weisheit. Aphoristische Notizen eines Naturwissenschaftlers. Christiana-Verlag, Stein am Rhein 2008.
93 *Trummer, Peter*: Die blutende Frau: Wunderheilung im Neuen Testament. Verlag Herder, Freiburg im Breisgau, Basel, Wien 1991.
94 *Unter der Führung des Evangeliums*. Handbuch für Benediktineroblaten. Herausgegeben von der Arbeitsgemeinschaft Benediktineroblaten für den deutschen Sprachraum. Beuroner Kunstverlag, Beuron 1999.
95 *Valdes, Giuliano*: Das Land Jesu. Meine Wallfahrt ins Heilige Land. Photos aus dem Archiv der Casa Editrice Bonechi, Florenz. Text: Giuliano Valdes. Deutsche Ausgabe, Übersetzung: Brigitte Hansen, Florenz. Casa Editrice Bonechi & Steimatzki, Florenz 1993.
96 *Vorgrimler, Herbert*: Neues Theologisches Wörterbuch. Verlag Herder, Freiburg im Breisgau 2000.
97 *Vorgrimler, Herbert*: Theologische Gotteslehre. Patmos Verlag, Düsseldorf 2002.
98 *Wolf, Abtprimas Notker (Hrsg.)*: Die Botschaft Benedikts. Die Weisheit seiner Äbte und Äbtissinnen. Vier-Türme-Verlag, Münsterschwarzach, 2008.
99 *Zwillenberg, Lutz Oscar*: Besinnung im Herbst. Wort zum Sabbath. In «Der Bund», Samstag, 9. September 2000, 151. Jahrgang, Nr. 211, S. 13. Dr. phil. nat. Lutz Oscar Zwillenberg (1925–2011) war Mitglied der Jüdischen Gemeinde Bern und von 1991 bis 1994 deren Präsident.